蒋锡荣太极拳术

蒋锡荣 著

上海教育出版社
SHANGHAI EDUCATIONAL
PUBLISHING HOUSE

太极拳法妙无窍 掤捋挤按
变不尽抱虎归山采挒成肘
如封似闭护正中十字手法
打又称雄进步搬拦肘
精贴身靠近横肘
拗步斜中找手挥琵琶穿化
翅变挑打软不容情搂膝
身提手把着封海底捞

蒋锡荣先生青年照

蒋锡荣先生拳架照

蒋锡荣先生武当剑照

武当太极拳社念五周纪念摄影

后排：左起第 4 人为蒋锡荣先生，左起 1—3 人为蒋锡荣先生学生

四

武當太極拳社念

叶大密先生与蒋锡荣先生师徒推手照

蒋锡荣先生与叶敏之先生武当对剑照

1958 年 9 月，上海裁判及武术队参加全国武术大会，摄于北京天安门

后排左起：蔡龙云、王菊蓉、王效荣、褚桂亭、王子平、徐致一、顾留馨、卢振铎、濮冰如、李福妹

前排左起：胡汉平、邵善康、胡月祥、蔡鸿祥、杨炳诚、章海深、蒋锡荣、佟佩云

1958 年 9 月，上海裁判及武术队参加全国武术大会，摄于北京中山公园

后排左起：卢振铎、佟佩云、濮冰如、王菊蓉、褚桂亭、王效荣、王子平、徐致一、顾留馨、杨炳诚、蒋锡荣

前排左起：胡汉平、李福妹、胡月祥、蔡鸿祥、邵善康、章海深、蔡龙云

上海市武术队全体合影 59.6.6.

1959 年 6 月 6 日上海武术队全体合影

后排左起：章海深、胡汉平、傅钟文、蔡鸿祥、顾留馨、邵善康、蒋锡荣、杨炳诚、侯长信、丁金友

前排左起：濮冰如、陈俊彦、李福妹、金露莉、张海凤、汪佩琴、王菊蓉、陈业兴

蒋锡荣先生与老一辈武术家合影

前排左起：顾留馨、吴寿康、濮冰如
后排左起：蒋锡荣、金仁霖、(3 不详)、陈帮琴

欢迎杨振铎老师来沪访问留念

第一排左起：叶大密、张达泉、杨振铎、褚桂亭、傅钟文
第二排左起：濮冰如、吴英华、吴桂钦、华春荣（5、6 不详）
第三排左起：蒋锡荣、马岳梁、张玉、叶敏之、张海东

1961 年上海市简化太极拳辅导员训练班，蒋锡荣先生为总辅导员

师徒照

前排：叶大密
第二排左起：曹树伟、蒋锡荣、金仁霖

作者（张克强）与蒋锡荣先生

作者（张克强）与蒋锡荣先生及众弟子于叶传太极拳年会合影

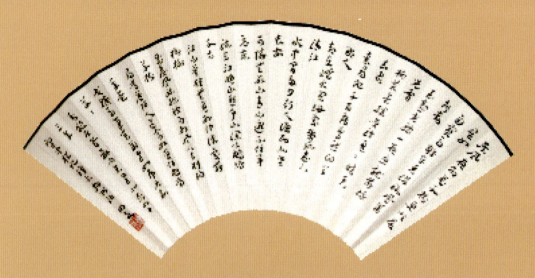

王遽常　题字

王遽常　题字

王遽常（1900—1989）字瑗仲，浙江嘉兴人，受业于沈寐叟，精于章草。中年后糅合古代章草与汉简帛为一体，自辟蹊径。书作笔力坚劲，骨势峻迈，独具风貌。著有《书法答问自述篇》《秦代史》等。生前为中国书法家协会会员、上海书法家协会名誉理事、复旦大学教授。

为吴东迈　题字

吴东迈（1886—1963）又名吴迈，浙江安吉人，寓上海。吴昌硕第三子。曾任昌明艺术专科学校校长。1956年起任上海中国画院画师，中国美协上海分会会员，上海市文史馆馆员，中国书法篆刻研究会会员。

高式熊　九十七岁时题字

太极拳大宗师

太極拳

高式熊（1921年－　）浙江鄞县人。中国著名书法家、金石篆刻家。中国书协会员、西泠印社名誉副社长、上海市书协顾问、上海市文史研究馆馆员。上海民建书画院院长、棠柏印社社长。

吴超 题字

龙马精神海鹤姿

吴超（1952－）生于上海。字苏梅，号缶丁。吴昌硕先生四世孙。幼时在祖父吴东迈、父亲吴长邺指导下学习书法，后从王个簃先生学习金文石古书体。现为中国西泠印社社员，上海书法家协会会员，海上书画家后裔联谊会会长，上海吴昌硕艺术研究协会副会长，上海吴昌硕纪念馆副馆长，上海海派书画院副院长。

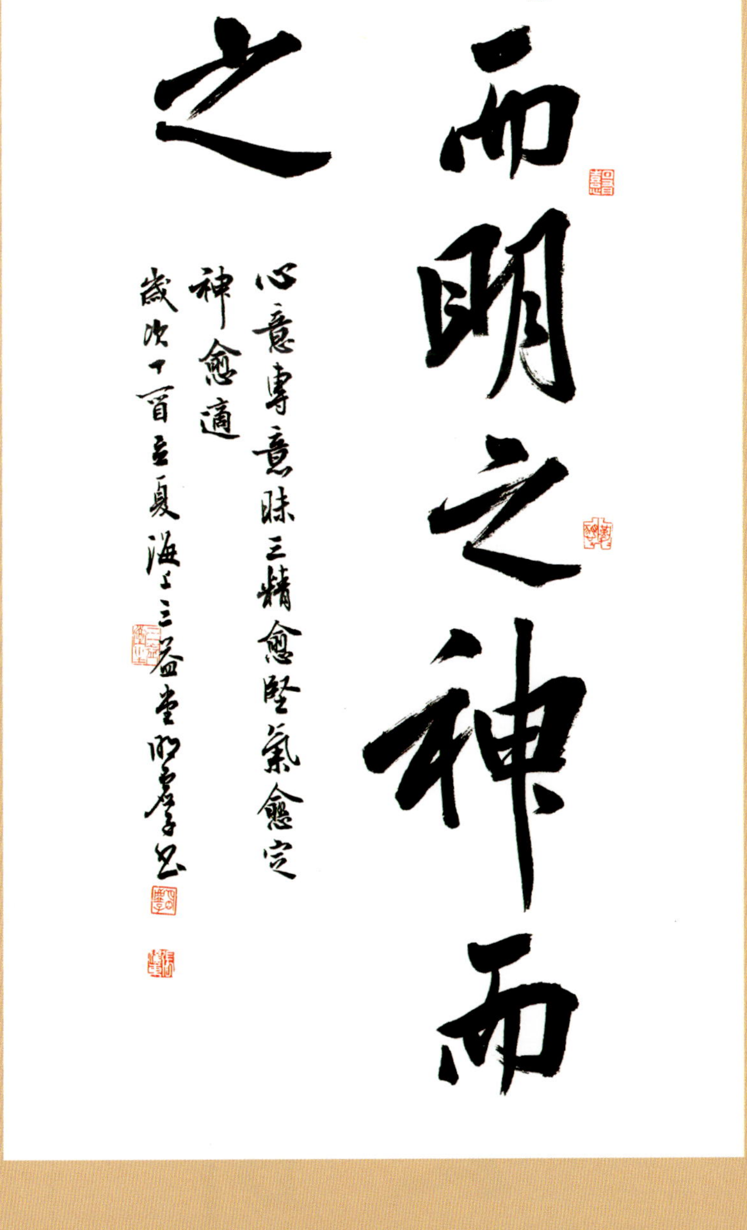

神而明之
神而往之

心意专意昧三精愈坚气愈定
神愈适

岁次一首壬夏海上三盈堂耀东书

张耀东 题字

神而明之
神而往之

张耀东（1964- ）生于上海。任职于上海公安学院，现为上海宝山画院画师，上海书法家协会会员。作品曾入选上海市书法大展、上海书协新人新作展和2001、2002上海新人新作展。多次参加国际展览并获奖，作品入选多部专辑。作品曾入选全国职工美术书法展并获二等奖，多次参加省市级、国际展览，被亚运会组委会、周恩来纪念馆、新四军纪念馆等收藏。河南省宋陵神墨碑林、翰园碑林、江苏省徐州天涯行碑林有其作品收藏及刻碑。

邱丕相 题字

一击之间
恍若轻风不见剑
万变之中
但见剑光不见人

邱丕相（1943- ）山东青岛人。汉族。上海体育学院博士生导师，教授。师从蔡龙云教授，曾任上海体育学院武术系主任、民族传统体育理论研究中心主任。上海市政协委员，中国武术九段、国际级裁判，国务院学位委员会体育学科评议组成员，中国体育科学学会理事兼武术分会副主任，中国武术协会常委兼裁判委员会副主任，全国体育学院武术教材组长，全国武术教练员岗位培训指导组副组长，全国武术十大名教授之一。

张建平 题字

通易合虚
性命葆真

张建平（1953年– ）生于上海。现为上海体育学院中国传统文化艺术中心主任，副教授，中国武术博物馆副馆长，上海书法家协会会员。

泉清水
静翻江
闹海尽
性立命

唐老道子授秘歌

丙申七古二清

刘小晴 题字

无形无象 全身透空 忘物自然 西山悬磬
虎吼猿鸣 泉清水静 翻江闹海 尽性立命

刘小晴（1942- ）号一瓢、二泉，斋名"一瓢斋"，上海崇明人。毕业于鲁迅美术学院国画系，曾任上海书法家协会副主席，现为中国书法家协会学术委员会会员，上海大学文学院兼职教授，上海沪东书院院长，上海书画出版社《书法》杂志副主编，上海文史馆馆员。师从钱瘦铁、应野平，善工楷、行。

张建春　题字

百寿图

张建春（1960- ）生于上海，字荐青，号铁农，平斋，五心堂，铁农书屋主人。从事书法学习和创作40余年。1989年毕业于中国书画函授大学书法专业。现为浦东新区书法家协会会员，上海市书法家协会会员，中国硬笔书法协会会员，中国书法家协会会员。2009年被浦东新区文广局、浦东新区文联评为"浦东百名文化才俊"。

蒋锡荣先生近照

全體大用訣

太極拳法妙無窮掤攦擠按
雀尾生斜走單鞭胸膛佔囬
身提手把着封海底撈月亮
翅變挑打軟肋不容情摟膝
拗步斜中找手揮琵琶穿化
精貼身靠近橫肘上護中反

右蹬式囬身蹬脚膝骨迎野
馬分鬃攻腋下玉女穿梭四
角封摇化單臂托手上左右
用法一般同單鞭下勢順鋒
入金鷄獨立佔上風提膝上
打致命處下傷二足難留情
十字腿法軟骨斷指襠錘下
靠為鋒上步七星架手式退
步跨虎閃正中轉身擺蓮護

腿進彎弓射虎挑打胸如封
似閉顧盼定太極合手勢完
成全體大用意為主體松氣
固神要凝

丙申桂月應
克強先生之囑書此奉呈
坐忘居張建平

前　　言

　　太极是中国古代最具特色和代表性的哲学思想之一，而太极拳是以中国传统儒、道哲学中的太极、阴阳等辩证理念为核心思想，集颐养性情、强身健体、防身自卫等多种功能为一体，结合易学的阴阳五行变化、中医经络学、古代导引术和吐纳术，形成的一种内外兼修、柔和、舒缓、轻灵、刚柔相济的拳术。它承载着厚重的中国传统文化，用肢体语言表达着这些优秀文化的思想。它是高层次的人体文化，是中华民族文化的一部分，是国家级非物质文化遗产。太极拳已成为东方文化的一种符号象征，并逐渐成为连接不同种族、不同民族、不同语言、不同国家的文化纽带，成为促进东方文化与西方文化交流的重要载体和桥梁。作为一种饱含东方理念的运动形式，它非常符合人体生理和心理的要求，通过太极拳的锻炼，人们可以修身养性、陶冶情操、健体强身、益寿延年。它对人类个体身心健康以及人类群体的和谐共处，有着极为重要的促进作用。太极拳的出现，不能不说是中华民族伟大创造力的完美展现。为此，我们编辑整理了太极拳名家蒋锡荣先生 70 余年以来的太极拳技艺探索硕果，让世人更深层次地了解太极拳。

　　据观察，目前太极拳界较为普遍存在"教不得其法，练不肖其形"现象，造成了学员动作规范、练习方法导向等方面的问题，减弱了太极拳的健身价值。错误的练习方式还会影响人体的健康发展而达不到强身健体的效果，更甚者反而身受其害，极大违背了太极拳"益寿延年不老春"的宗旨。

　　帮助更多太极拳练习者获得"真实、原始"的太极文化和正确、系统的太极拳技艺传播，帮助太极拳爱好者提高技艺水平，扭转习拳者"误读"太极拳的局面，帮助培养更多专业、优秀的太极拳人才，是我们出版《蒋锡荣太极拳术》的初衷。

希望这本书的出版，能提高太极拳的健身价值，使太极拳文化、技艺得到传承和弘扬，能服务于发展太极拳事业，有助于营造良好的社会文化氛围，推动社会和谐发展，促进国内外太极交流项目以及活动等。同时，也为研究太极拳文化的深厚内涵，传承和弘扬中华民族文化及太极拳文化的精髓，以更好地造福人类，造福社会，贡献自己的绵薄之力。

目　　录

第一章　对太极拳术源流的探索　1

第一节　明清时期的太极拳　3

第二节　清末民初时期的太极拳　10

第三节　1949 年后的太极拳　16

第二章　太极拳术之探索　27

第一节　叶大密太极拳　29

第二节　叶大密太极拳十法摘要　35

第三节　太极拳练功体悟　39

第三章　蒋锡荣太极拳技艺　45

第一节　蒋锡荣太极拳单练式拳架　47

第二节　蒋锡荣太极拳拳术技法　93

第三节　蒋锡荣太极拳推手　137

第四章　蒋锡荣太极拳术内容　177

第一节　蒋锡荣太极拳　179

第二节　蒋锡荣太极剑　185

第三节　蒋锡荣太极刀及太极枪　190

第五章　太极拳解疑　193

第一节　关于太极拳拳谱的解疑　195

第二节　关于太极拳三十二目录的解疑　202

第三节　关于探究太极拳的解疑　204

第六章　太极拳拳谱摘录及名家体悟录　215

第一节　拳谱太极拳论　217

第二节　杨家老拳谱　220

第三节　太极拳名家语录　230

第七章　蒋锡荣太极拳传承名录　235
　　第一节　传承简略　237
　　第二节　传承名录　238
　　第三节　传承系谱　240

第八章　太极缘　243
　　第一节　媒体文摘　245
　　第二节　亦师亦友　252
　　第三节　弟子感悟　259

第九章　历代太极名家拳照赏析　275
　　第一节　清末民初太极拳大师的拳照　278
　　第二节　太极名家拳架影像参照　286
　　第三节　现代太极拳拳架与传统太极拳拳架赏析　290

附录　297
后记　305

蒋锡荣太极拳术

对太极拳术源流的探索

第一章

引 言

易曰："一阴一阳之谓道"。夫道者，阴阳之根，万物之体也，其道未发，悬于太虚之内，其道已发，流行于万物之中，人亦莫能逃乎于外。黄帝内经《素问》曰："上古之人，其知道者，法于阴阳"。朱子云："盖人心之灵，莫不有知。而天下之物，莫不有理"。可见，明理识道乃认识万事万物的根本规律，不明理识道难究其根。太极即一气，一气即太极。以体言，则为太极；以用言，则为一气。太极拳乃虚实之理也，一气活泼自然，圆活无方，周流无碍，放之则弥六虚，卷之则退藏于密，变化无穷，此太极拳之道也。习练、研究太极拳，不能把它当成简单的体育运动或广播操一样对待，要理解"道"怎样贯穿在太极拳之中，清楚太极拳的历史发展轨迹、文化内涵及拳理拳道。以下是我整理蒋锡荣先生讲述太极拳的源流和不同时期的太极拳发展之精要。

第一节 明清时期的太极拳

20 世纪以来，关于太极拳的源流传说各不相同，从各方面的材料看，基本上都是为了各式太极拳的发展而流传的。我下面讲述一下太极拳的起源（其中有蒋锡荣先生曾听叶大密老师及太极拳老前辈们讲述太极拳的起源，和我自己多年的整理），它应该是这样子的。

太极拳薪火相传六百余年了，其传承在历史上主要有南派和北派之分，其祖庭是武当山。

截至 2017 年，太极拳如果以武当张三丰为太极拳的鼻祖，张三丰为第一代已有 600 多年历史，称"三丰派"；如果按赵堡蒋发为第一代，太极拳已有 400 多年历史，这时候的传承脉络较 600 年的传承要清晰多了。由赵堡蒋发传陈家沟陈王庭的太极拳也有 300 多年，由陈长兴传河北永年杨露禅的太极拳也近 200 年了。应该说自张三丰初创内家拳，其薪火相传几百年到陈长兴时，都还没有真正叫太极拳，自河北永年杨露禅将内家拳带到北京后，这种按照中国哲学的太极、阴阳、五行理论演绎的内家拳，才被当时的文人墨客称为"太极拳"。

▌一、太极拳源出武当道人张三丰

（一）太极拳祖师张三丰

张三丰

据有关典籍记载：张三丰名全一，字君宝，号三丰。辽东懿州（今辽宁阜新）人。生于元定宗贵由二年，卒于明英宗天顺八年。身材顽伟，龟形鹤背，大耳圆目，须髯如戟，才华横溢，过目成诵，学识渊博，医术高明，道行高深，武功超绝。张三丰出身书香门第，幼年时，拜张云庵道长为师，后还俗专修儒学，师从终南山火龙真人，传以大道，命出山修炼。元泰定甲子春，南至武当，住在少祖山洞穴（人称为"祖师洞"，俗称"无梁殿"），修炼"内丹功"。

张三丰为什么在武当山创造太极拳，这是有其悠久的历史和特殊的地理渊源的。武当山雄踞中国腹部，主峰天柱峰"一柱擎天"与北斗星对应，周围环绕俯首朝拜的七十二峰，使武当山处于"上贯天枢，下蟠地轴"的特殊地理位置，风景壮美，其"气场"举世罕见，被历来注重"气场"的修真之士视为理想的修炼之地。汉代的戴孟、马明生、阴长生，唐代的吕洞宾、孙思邈，宋代的陈抟等名僧高道、仙丹药家，均在此修炼。

（二）创立太极拳的拳法理论

张三丰在山洞居住九载，终于练成九转还丹。张三丰练"内丹功"的实践与体会，在他的著作《玄机直讲》《玄要篇》中多有记述。内丹功的行气需要肢体动作进行导引，张三丰根据练内丹的需要，创造了太极拳。张三丰创造内家拳有几种传说，一种是他看到鹊、蛇相斗(俗称"龙凤斗"),一种是他看到猫、蛇相斗(俗称"龙虎斗"),从中得到启发,创造了一套静如处子,动如飞羽,柔如灵蛇,刚如猛虎的全新拳法"武当内家拳",即"太极拳"的前身。"武当内家拳"是"以内丹为体、技击为用、养生为首、防身为要,以意领气、以气化神、以神还虚、以虚合道,以柔克刚、以静制动、后发制人、借力打力、四两拨千斤"的全新的拳法。这套拳法区别于"技击为首,主于搏人,直线运动,先发制人"的少林外家拳,故名"武当内家拳"。这是开天辟地以来,张三丰首创的武当内家拳(太极拳),是武当内家拳的母拳。

张三丰创造的武当内家拳的功理功法源自武当道教,集前人内丹术和武术之大成,并吸取老子的《道德经》,为创立独特的"武当太极十三势"打下了坚实的基础。张三丰创造太极拳的实质,就是为了延年益寿,这符合道教的特点,道教一贯视养生为"首",视技击为"末"。他把道家的内丹功、养生家的导引术、武术家的拳法、军事家的兵法,加以糅合、编创和演化,作出了集大成的贡献,创造了具有独特功理功法、运动体系和形式的武当拳,又称"道拳",它可以健身、医身、防身、娱身,其宗旨为养生祛病,延年益寿。具体说来,武当内家拳的功理功法,可以用武当道教的"三说四论"加以概括,即"养生健身"的起源说、"拳法自然"的本体说、"圆弧运动"的轨迹说、"拳法阴阳"的技击论、"后发制人"的战术论、"守柔处雌"的战略论、"化恶扬善"的道德论。

张三丰在其著作《大道论》《玄机直讲》和《玄要篇》中,大量记载了为何练内丹功,如何练内丹功。而且他的《太极歌诀》,经过太极拳北派宗师王宗岳的解释,写成《太极拳论》,成为指导练太极拳的经典著作,从理论到实践,都证明了张三丰是太极拳的祖师。

陈式太极拳是在二百多年前陈长兴手上完善和推广的,因此陈式太极拳的源流,陈长兴应最有发言权。陈长兴家传的祖传秘诀《太极拳谱》(乾隆年间抄本)和陈长兴亲传杨露禅的拳谱上,最后落款为:"以上系三丰祖师所著,欲天下豪杰延年益寿,不徒作技艺之末也"(陈微明《太极拳术》)。

▌二、太极拳源远流长

张三丰作为太极拳祖师,创拳后云游天下多年,踪迹遍及大江南北，为其传授拳提供了便利。由于道教择徒十分慎重，相传"道不传六耳"，因此一般为单传。所以，太极拳在明朝的发展比较缓慢。一直传到张松溪和蒋发，太极拳才有了较快发展，出现了南派太极拳和北派太极拳。

（一）南派太极拳

王征南

按照南派太极拳的承传关系，张三丰先传拳于陕西王宗。王宗为陕西西安坝桥官厅村人，祖居浙江余姚。王宗师从张三丰习拳后，回到了浙江余姚老家，其家族世代习武。王宗之子王守仁，号阳明，习武有成，后来官至兵部尚书。王宗传拳于陈州同，他与王宗同乡，曾在西安府衙任文案多年。陈州同传拳于张松溪，张松溪又传徒数人，创立南派太极拳，亦称松溪派武当内家拳。张松溪之后，武当派人才济济，形成了太极拳南派。张松溪传弟子四人，以四明（宁波古称四明）叶继美（近泉）所学最好；叶继美传弟子吴昆山、周云泉、单思南；单思南传王征南。

王征南（1617—1669），名来咸，字征南。明末清初的大文学家、思想家。黄宗羲写的《王征南墓志铭》还记载了王征南与松江武艺教师的一场精彩比武。王征南晚年秘密收徒传武多人，黄宗羲之子黄百家，就拜王征南为师，学练武当内家拳。王征南去世同年，黄宗羲给他写了墓志铭，在中国武术史上，首次提出："少林以拳勇名天下，然主于搏人，人亦得以乘之。有所谓内家者，以静制动，犯者应手即仆，故别少林为内家。盖起于宋之张三峰（丰）"。王征南死后七年（1675），他的弟子黄百家即著《内家拳法》和《王征南先生传》，比较全面地介绍了王征南的内家拳法。南派太极拳传承关系：武当张三丰——武当王宗——陈州同——张松溪。1506 年前后，张松溪生于温州，泰昌元年（1620）左右卒于贵州玉屏，开创太极拳南派，又传叶继美——单思南——王征南——黄百家（黄宗羲之子）——甘凤池——甘淡然——……武当四明（太极）内家拳。

（二）北派太极拳

从南北两派太极拳的承传时间看，北派太极拳的承传比南派略晚。张三丰之后，太极拳传于山西（古称山西为"山右"）王宗岳，受传拳人刘古泉（云游道人）告诫，对后人不明示师父姓名，只说是"云游道人"所传。

王宗岳（1525—1606），字林桢。明嘉靖四年出生于山西绛州府（今新绛县西北五里思贤里）王庄村。嘉靖三十六年（1546），云游道人自陕道来到绛州，与王宗岳渐渐熟识。后经王宗岳引荐，道人在"三官庙"落足"布道"，经过长期的接触和观察，道人发现王宗岳知书达理、恭敬谦逊，做事踏实，能持之以恒，故打开山门，收纳了这个俗家弟子，始将"三丰祖师"传授的武当内家拳艺悉数传授于王宗岳。

因年代久远，又无史料证实，从明中叶至清中叶大约200多年的历史，中间的传承关系实难考证。但王宗岳在太极拳的发展史上贡献十分突出。首先，他对张三丰的六首太极拳经进行解释，写出《太极拳论》，概括了太极拳理论与实践的真谛，引导太极拳的发展，被后来的太极拳各流派尊为经典之首。再者，他独具慧眼，按照武当内家拳的择徒原则，选择河南蒋发作为衣钵传人，使太极拳北派能够开创形成，功莫大焉。

王宗岳

蒋发（1574—1655），河南怀庆府温县赵堡小留村人。据说蒋发少时喜武，习外家拳。20岁左右在赵堡街的一次庙会上同众人操练拳术，恰遇王宗岳一行二人。王宗岳因赴郑州检查生意，在渡黄河前投宿赵堡，发现蒋发的习武资质良好，适于培养，于是故意呼蒋发为秃小子，激起蒋发大怒，与王宗岳交手，三次被王宗岳击出数丈，始知所遇二人为拳艺高人，就尾随至无人处，长跪二人面前，恳求拜师。年长者见蒋发心诚，便说若决心学艺，请于下月某日午时，在此垂杨柳下等候。届时蒋发正在垂杨柳下恭候，果然二人乘马而来。年长者即是王宗岳，王宗岳察其诚收为徒，带回山西传授。经过王宗岳十来年的倾囊而授，蒋发系统地掌握了太极拳的精髓，三十多岁回归故里。蒋发遵师命，物色人选，弘扬其术，后收赵堡街的邢喜怀为徒。又因传到第四代陈敬柏时，此术传入陈家沟，陈式太极拳在乾隆时代正式兴起。太极拳传入陈家沟，也就是蒋发的间接传承，无可否认。

陈王廷

蒋发回河南温县传太极拳，有记载的为二人，一为赵堡的邢喜怀，一为陈家沟的陈王廷（1600—1680）。据说明末清初，政治腐败，民不聊生，蒋发流落到陈家沟，被陈王廷收留为仆。陈王廷在登封好友李际遇那里，和蒋发曾有一面之遇，曾与蒋发交手一次，领略到蒋发拳术的神秘莫测，想来可以收为护院拳师，又能得拳术传授，所以收留蒋发，并供养其晚年生活，故陈王廷对待蒋发，外称为仆，曰蒋把式，内作为友。

在陈家期间，蒋发教陈王廷三个月左右的太极拳，教拳之中，蒋发发现陈王廷放不下祖传的三皇炮捶，已经练成刚硬的少林外家拳，可以说陈王廷是一代外家拳师，与自己拳术的理论"道家的无为思想"（炼法："舍己从人"；外形："圆的运动"）完全不一样，很难改变他以前的练功方法，蒋发再没有深教，没有讲解太极拳的心法等要诀。陈家沟人在传承中，认为蒋发传的拳术要求放松，拳架很容易变形，陈王廷根据体悟身知，将炮捶的一些理念和招式糅进太极拳中，把其头套炮捶改造成"太极拳"。因此，陈王廷的太极拳，遗留了外家拳的不少痕迹，由于各种原因改造的头套炮捶没有流传下去，以至于陈王廷后，陈家沟的太极拳承传断了两代。据说是这样的，我也是听老辈人讲的。

蒋发将太极拳传与陈家沟的陈王廷这一历史真实度较高，在等级森严的封建社会里，蒋发的画像和陈王廷的画像在一起，就说明了他们的"师徒关系"，即蒋发是师，陈王廷是徒，非这种关系，这幅图就无法解释。其实，就在1931年，唐豪到陈家沟调查太极拳史的时候，陈家沟人实事求是地对他说"蒋发为陈王廷之师"，就连唐豪后来写的《太极拳研究》中，也不得不承认"蒋为奏庭之师，合于画像"。蒋发比陈王廷大二十六岁，教授陈王廷功夫符合传统武术传承习惯，"蒋发向陈王廷学拳"的说法不符合传统文化习惯，也不符合习练武功的基本规律。

蒋发

邢喜怀（1589—1679），河南温县赵堡镇人。蒋发经过两年对邢喜怀的考察，1606年才正式收徒传拳。邢喜怀为太极拳第二代传人，他遵从师训又将太极拳传给了自己的同盟兄弟张楚臣（1628—1712），是为太极拳第三代传人。张楚臣又传给河南温县赵堡陈敬柏（1653—1738），他太极拳的技艺达到很高境界，人称"神拳手"，他传拳给张宗禹，张宗禹传其孙张彦，张彦传陈清平。陈清平是赵堡镇人，不仅拳艺高超，而且善于总结教拳经验，并上升为理论。

在北派太极拳的发展史上，陈敬柏作出了卓越贡献。他不仅在赵堡镇传拳，还打破了太极拳不外传的禁锢，广收门徒八百余人，培养了一批高手弟子，陈王廷后族重孙陈继夏（十二世）就是在陈敬柏广收门徒时，在赵堡镇学的太极拳。陈继夏传太极拳于（十三世族侄）陈秉旺，陈秉旺传太极拳于其子陈长兴（十四世）。

陈长兴（1771—1853）生于乾隆三十六年，得到太极拳真传，其学的太极拳与九世陈王廷的太极拳大不一样，被称之为"老架"。有文章说，是陈长兴开创了"陈式太极拳派"，也有文章说，是陈长兴完善了"陈式太极拳"。两种说法都承认陈长兴是陈派太极拳的关键性人物。从陈长兴起，陈式太极拳日益兴旺。但是，陈长兴不忘师祖，终其一生一直尊张三丰、王宗岳为太极拳祖师，并以此教导弟子。

陈长兴

向陈家沟陈长兴学太极拳术，向赵堡镇陈清平学太极拳理的杨露禅（1799—1872），创造了一个重要流派"杨式太极拳"，把太极拳带到了北京，向皇亲国戚、王公大臣们传授，从此使太极拳发扬光大，在太极拳发展史上竖了一块光辉的里程碑。从此，太极拳流派纷呈：武式太极拳创始人武禹襄，从陈清平那里学到了太极拳精妙的技艺和拳理，还从他那里得到了王宗岳的《太极拳谱》，并据此创造了武式太极拳；李瑞东向杨露禅学太极拳，创造了"李式太极拳"；吴保亭（全佑）向杨露禅学拳，还向杨露禅之子杨班侯拜师，创造了"吴式太极拳"；孙禄堂师从郝为真，创造了"孙式太极拳"。由于杨露禅的作用，这时北派太极拳后来居上，超过了南派太极拳的发展。

北派太极拳传承关系：武当张三丰传武当刘古泉，明嘉靖年间内家拳（太极拳）传山西王宗岳，王宗岳（明朝万历年间）传赵堡镇蒋发（明万历年）。蒋发开创太极拳北派，在明万历三十三年，又将内家拳传赵堡镇邢喜怀和陈家沟陈王廷（明末清初）。邢喜怀在清初传张楚臣，康熙年间张楚臣传陈敬柏，乾隆年间陈敬柏在赵堡镇开武馆授太极拳，弟子800余人，张宗禹所学最好。张宗禹又传张彦，张彦再传张应昌，同时传赵堡镇陈清平。乾隆年间，陈敬柏将武当太极拳再传陈家沟陈继夏——陈秉旺——陈长兴。陈长兴将赵堡蒋发所传太极拳为一路，陈家沟原有炮捶为二路，其后将炮捶发力劲融入太极一路中，行拳发力，外方内园，所以陈式太极拳又称炮捶架，事实上陈长兴应该是陈式太极拳真正的创造者、推广者。

（三）太极拳其他流派

在太极拳发展过程中，除了南北两大派系，还出现了其他一些流派。这些流派，或在家族内部承传，或在南北交叉中承传，都为太极拳的发展作出了重大贡献。诸如：由明代嘉靖年间安徽人宋远桥在武当山学的"太极十三势"，在家族中秘传到民国年间的十七代传人宋书铭，推手功夫十分精湛。由一代武术大师甘凤池创立的"武当嫡传金蟾派太极功"，流传江南广大地区。这些太极拳都在各地广为流传，而且各自有其传递程序，与陈家沟的太极拳发展没有关系。

总之，太极拳经过六百余年的薪火相传，如今已是流派纷呈，习练者亿万，遍及海内外。我们应该继承并发扬太极拳术，让其更好地造福社会，同时不忘初创太极拳那滴水之源的祖先！

第二节　清末民初时期的太极拳

武术的历史，向来缺少文字资料，口头流传者居多，我的这部"口传史"保存了那个时期人们对太极拳形成和发展的看法、说法。现在就把我所见所闻的历史讲述出来，供大家参考。

据老辈人讲，清中叶嘉庆至道光年间，确有河北永年人杨露禅与同乡李伯魁曾拜河南温县陈家沟人陈长兴为师，学习蒋发所传的太极拳。杨露禅跟随陈长兴有十余年，在山东、河北，一边押镖，一边学拳，终于学业大成，陈长兴并传授弟子杨露禅《王宗岳太极拳谱》，因得陈长兴早期拳架没有受到炮捶影响，杨式仍保持武当内家拳的风范。杨露禅是杨式太极拳的代表，杨露禅传吴全佑（代表吴式），吴式又传常式等。杨露禅弟子王兰亭传李瑞东（**李氏太极拳创始人**）。当时陈家沟除陈长兴会太极拳外，其他村民所练的全是炮捶，所以被人们称为炮捶陈家。

清嘉庆年间陈长兴定太极拳为一路、炮捶为二路拳传于四儿子耕耘与永年县的杨露禅。耕耘传长子陈延年、传次子陈延熙，陈延年传子陈登科，陈延熙传子陈发科（1887—1957）。陈登科传次子陈照丕（1893—1972），1928年陈发科定居北京，传太极拳于子陈照奎。1962年陈照奎到郑州教拳，收陈小旺、陈正雷、王西安、朱天才等人，传陈式大架，俗称北京架。

永年武禹襄（1818—1880）去温县找陈长兴学习太极拳，陈长兴以年迈为由拒之不教，武禹襄没办法又去赵堡镇陈清平处学太极拳，然所学拳架与陈长兴传杨露禅拳架稍有区别。武禹襄是一个文人，将陈清平教授的拳术和杨露禅从陈家所学的拳架和理论结合起来，形成了武式太极拳。

太极拳传到北京的第一步，也是第一阶段，是在清朝同治年间，传到宫室、王府和旗营，习练人群是王公大臣、将军贝勒、王子和八旗子弟。

杨露禅

那是清朝同治年间的事，先从杨露禅说起。他是河北永年县人，绰号"转杆子三爷"，那时他已然成名，号称"杨无敌"。永年县另有一家姓武的，是武禹襄的族人，有一人叫武汝清，他考中了进士，后来到河南温县做知县。所以，他对陈家沟的太极拳和同乡杨露禅的功夫都很了解。再后来，武汝清屡升，先到北京任编修，后又升为侍郎，如同现在的副部长，按现在来说是高级官员了。所以，他与王公大臣们都有来往，其中有一个石贝勒，患半身不遂，没练过武功，想让他儿子练武功，要请个名师来教，就让武汝清帮忙请一个功夫高明的人过来。据说是这样的，我也是听老人讲的。

于是把杨露禅请来了，请来后，杨露禅当场露了一手，石贝勒很佩服地说："就让儿子石少男跟你学了"。那是杨露禅进京后收的第一个徒弟，听说不久一个将军就闻名而来跟着学习太极拳。以后王宫各大臣、贝勒爷们，到府里来跟杨露禅学一手两手的，慢慢人数就多了，但那些不是正式的徒弟。后来又介绍杨露禅到旗营里做教官。

旗营是培养中级军官的，都是八旗子弟，那么在这里教的人就更多了。其中有三个人万春、凌山、全佑（吴式的第一代）拜杨班侯做老师，但实际上练拳还是跟杨露禅练。这三人的功夫是各有不同，万春得刚劲，凌山善发人，全佑公是刚柔相济，有刚有柔。

跟杨露禅学习太极拳的将军，功夫提高较大，后来带兵打仗，杀了不少八国联军，但他后来没有传人，听说万春、凌山后来也没有传人，其他学过三手两手的就更没有传人了。

只有全佑吴式这一代，一直传下去了。曾听马岳梁老师讲，全佑外号叫"全三爷"。因为全佑和马岳梁老师的祖母原来就是亲戚，一年有多半的时间住在马老师家里。马老师年轻的时候学过通臂、摔跤、查拳，练的是硬功夫，不相信太极拳，但是后来总是打不过练太极的，这才改学太极拳。马老师30岁时和吴英华老师在上海结婚。

第二阶段，是把太极拳传到社会上。那是"民国"二年（1913），当时杨式门中的一位弟子许禹生，在北平创立体育研究社，社址在西城劈柴胡同，那里房子很大，有五个院子，开设很多项目，有田径、足球、少林拳、太极拳。开始时邀请杨少侯、杨澄甫、吴鉴泉三位教授太极拳。从那时起，太极拳开始公之于众，传于门墙之外，造福社会。在此之前，太极拳是关起门来练的。换句话说是在家里练的，不给人家看，这叫内家拳。在公开场合看不见，也找不到。外家拳是保镖护院，行侠卖艺，是打给人看的。内家拳是武当拳，外家拳是少林拳。

体育研究社成立后，首次向社会公开招生，报名者有年轻人也有老年人，面对新的学习对象，太极拳原有跳跃、发劲等高难度的复杂动作显然是不适合了。于是，杨澄甫老师和吴鉴泉老师就把原有的跳跃、发劲等复杂动作都取消了，将太极拳改为慢架子，这样算是

杨澄甫

杨少侯

吴鉴泉

太极拳的进步，变成连绵不断、缓慢柔和、适合大众的健身运动。所以，杨式太极拳的定型人是杨澄甫老师，吴式太极拳的定型人是吴鉴泉老师，这以后，杨式太极拳和吴式太极拳就在北京公开流传开来。而当时杨家另一位杨少侯，很固执，脾气也很大，坚持不变，能跟杨少侯练下去的学员很少。

第三阶段，各流派太极拳逐渐传入上海，各自发展。1919—1920年间，孙禄堂次子孙存周（1893—1963），受杭州友人施承志的聘请，去杭州教授内家拳时，每月必来上海耽搁半个月，住在成都路白克路（现成都北路凤阳路）三多里，和师兄吴得波研究太极拳，并代其父亲教授沪宁铁路职工内家拳。这是孙氏太极拳传入上海的时间，也是各流派太极拳传入上海的开始。

1949年以后，孙氏太极拳只有在复兴公园孙禄堂的再传弟子王禧奎处有所传授。20世纪60年代初期，上海"体育宫"曾设想过开办孙式太极拳学习班，终因师资问题不能解决而作罢。

1925年5月，陈微明（1882—1958）从杭州来到上海，将杨式太极拳传入上海。他和陈志进二人在七浦路北江西路（现江西北路）周紫珊家后门，创办了"致柔拳社"，后迁西藏路（现西藏北路）宁波同乡会。教授内容以杨氏大架太极拳、剑、杆和推手为主，另外也兼教孙氏内功拳中的八卦掌和形意拳，是为杨氏大架太极拳在上海公开教授的开始。1926年11月，叶大密老师（1888—1973）在坡赛路望志路（现淡水路兴业路）205弄南永吉里19号寓所，创办了"武当太极拳社"（当时属法租界），和"致柔拳社"（当时属英租界），一南一北，遥相呼应，教的是统一的杨氏大架太极拳。而"太极拳社"这个专业性明确的武术团体，也是从"武当太极拳社"开始的。

孙存周　　　　　　陈微明　　　　　　叶大密

1928年，杨少侯、杨澄甫兄弟先后来到南京。叶大密老师就赶到南京，向杨氏兄弟学习太极拳、刀、剑、杆和推手。当时，武汇川、褚桂亭等人也随杨澄甫老师在南京。由于中央国术馆安置不下这么多人，杨澄甫老师就托叶大密老师把武汇川、褚桂亭以及武汇川的学生张玉三人，带到上海来另谋生路。三人先是住在叶老师家里，武、褚二人帮助叶老师在"武当太极拳社"授课，再由叶老师分别介绍到几家公馆教太极拳。半年后，武汇川在霞飞路（现淮海中路）和合坊创办了"汇川太极拳社"。褚桂亭则除了在几家公馆教拳外，也曾在"汇川太极拳社"协助武老师授课，后来被南京总统府聘去做国术教官。

1929 年，杨澄甫老师带了学生董英杰从南京来上海，起初住在圣母院路巨籁达路（现瑞金一路巨鹿路）的圣达里，后来才迁居到福熙路（现延安中路）的安乐村。他们师徒俩虽然没有公开设馆教拳，但私人来延聘受教的人数很多。至于田兆麟老师，虽然他早在 1917 年就从北京来到江南，由于他很长一段时间居住在杭州，直到 1938 年才全家迁居上海。田老师来上海后，最早在白克路（现凤阳路）登贤里教董柏臣、金明渊、龚锡源等太极拳。随后在宁波路钱江会馆教沈容培等，在申新九厂教王金声等，在新闻报馆教吴荫章，在南市珠宝公所设馆教授太极拳。1944 年 10 月，傅钟文（1903—1994）在武昌路鲁关路 31 弄 14 号寓所，成立了"永年太极拳社"，吸收社员教授太极拳。因之，杨氏大架太极拳得以广泛地流行于上海。

田兆麟　　　　　　　傅钟文

1925 年，吴鉴泉（1870—1942）的女儿吴英华，由北京达仁堂乐家介绍，来上海北四川路施高塔路（现四川北路山阴路）德商西门子洋行华人经理管子菁家，教授管子菁以及家族太极拳。但时间不长，半年左右就回北京。1927 年，徐致一从北京来上海，在水泥公司担任工作，是年 9 月，文华图书印刷公司出版了他撰著的《太极拳浅说》。入冬后，受"精武体育会"的聘请，担任了该会的太极拳教师，业余教授太极拳。1930年，徐致一离开水泥公司，之后，他一直在工商界工作，没有再当过太极拳教师。

1928年，吴鉴泉受时任上海久福公司经理黄楚九的聘请，带了学生金玉琦、葛馨吾等，从北京来到上海。除了担任当时上海市国术馆的武当门主任和"精武体育会"的太极拳教师外，其他私人来聘请授教的人也很多。1929年，马岳梁从北京来上海红十字医院工作，业余时间协助其岳父吴鉴泉在国术馆教授太极拳，并于1931年创办了"鉴泉太极拳社"。

马岳梁与吴英华

1935年春，该社迁到了福煦路（现延安中路）慈惠里，后又迁到八仙桥青年会十楼。1935年，吴鉴泉的外甥赵寿村从苏州来到上海，专门从事太极拳的教授工作。1942年，吴鉴泉学生张达泉，因马岳梁介绍来到上海新星制药厂工作，业余也教授太极拳。从此，吴式太极拳也就逐渐普遍地流行于上海。

1930年春，河南温县陈家沟陈旭初（俊之）之子陈子明，受江子诚邀请来上海担任了两年"上海太极拳社"的教师，教授陈氏太极拳。陈氏太极拳也就此开始传入上海。此后数十年间，陈氏太极拳的公开传授，几乎濒临无人以继。

1932年秋，郝为真（1849—1920）的次子郝月如，因徐哲东、张士一的介绍来新亚制药厂教授经理许冠群及其家属、职工等武式太极拳，不到半年就回南京了。次年1933年春，郝月如的儿子郝少如（1908—1983），由吴上千介绍来上海，

郝少如

教授当时私立上海中学师生太极拳，并代父在新亚制药厂继续教拳。之后，郝少如成了新亚制药厂职工，授拳便成了他的业务生涯。

1848年徐哲东来上海，任常州旅沪中学校长，执教于沪光大学、震旦大学，课余也大力提倡太极拳。这是民国时期各流派太极拳传入上海和发展的大致情况。

第三节　1949年后的太极拳

1952年6月，毛泽东主席为中华全国总会第二届代表大会写了"发展体育运动，增强人民体质"的题词，并号召提倡做体操、打球类、跑跑步、爬山游水、打太极拳。主席为武术事业的健康发展，特别是太极拳的发展指明了方向，太极拳在工人、农民和学生中很快得到了开展，迎来了它的春天。

第一部分我先讲一讲，一些有名的太极拳前辈在上海传授太极拳的情况。1949年前，我经季允卿先生介绍，到武当太极拳社学习太极拳，投入叶大密先生门下，系统学习太极拳、武当对剑等。之前我曾随季允卿先生学过吴式太极拳，还跟郝湛如学练形意拳。1952年，我正式在上海复兴公园教授太极拳，复兴公园教拳的老师很多，

武当太极拳社照片

其中有吴式的赵寿村、杨式的张玉、少林的卢振铎等，其间，我担任了复兴公园与上海武术联谊会的联络员。

叶大密老师先生出生于浙江温州文成县，曾得田兆麟、杨澄甫、杨少侯、孙存周、李景林等各位名家的传授，融会贯通，不断研究创新，成为当时太极拳大家。当年上海第一批武术队的太极拳项目组共三人，其中我与濮冰如是叶大密的学生，另外一位杨炳诚是张达泉的学生，教练是傅钟文老师。

上海第一批武术队队员

叶大密与田汉

我把老师（叶大密）传的太极拳视为自己一生的武学根底。1951 年，我成为上海市武术界联谊会会员，当时住在叶老师家里，晚上随老师练拳，白天做些杂事。当年田汉从北京来看望叶老师，就是我在门口引进客堂的。有时也随老师外出，看望一些武术名家。

1957 年，我参加上海市武术集训队，1958 年代表上海武术队赴北京参加全国武术表演大会，与濮冰如成功地表演了武当对剑。1960 年，我离开上海武术队，被聘为"上海市武术简化太极拳师资总辅导员"，教授各个区县的太极拳辅导老师，并一直担任上海市武术比赛太极拳项目的裁判工作。上海第三届运动会武术比赛太极拳组裁判，是由我与金仁霖、濮冰如、傅钟文、张玉等担任。当时我专职在上海市政府机关宿舍、上海市教委、海关俱乐部、曙光医院、华东医院、电力设计院、静安体育俱乐部等场所教授太极拳，为上海太极拳的普及和发展尽了自己一点绵薄之力。

蒋锡荣授拳

1966 年，"文化大革命"开始。太极拳被定为"四旧"，我被迫停止教授拳术，转入上海第四机床厂工作，此时更把全部可能的时间和精力都放在探索太极拳术上。历经数十载不断地印证、求索，真正体会到拳术之技，进乎道者，不在形似，而在神通。

其间，我有幸认识了很多武术界的老前辈，特别是武术界的大家，比如王子平、佟忠义、吴翼翚，建立了深厚的友谊。当时，我经常向在上海的陈微明、褚桂亭、姜容樵等前辈请教，当时外地的孙存周、李天骥、陈照奎等老师来上海时，我也经常去请教。

王子平（1881—1973），河北沧州人，回族，字永安，武术名家，伤科医生。我在老家随哥哥在学校学习练步拳的时候就知道王子平先生是中央国术馆的教务长，功夫非常厉害。我和王子平先生的缘分始于 1951 年的上海武术联谊会，并有机会和王子平先生一起多次同台表演。1958 年，我和王子平先生一起，代表上海武术队赴北京参加全国武术表演大会。

王子平先生出身武术世家，自幼习武，擅长查拳。1919 年曾在北京打败在中山公园设擂的俄国大力士康泰尔，后在陆军部马子贞部下任武术教练。王子平曾被誉为"千斤大力王"，后来曾在济南击败日本柔道家宫本。王子平离开中央国术馆来到上海，以治伤正骨为业，为国家在武术与伤科界培养了许多人才，并为新中国武术事业的发展作出了巨大贡献。

王子平　　　　　　　　佟忠义

佟忠义（1879—1963），字良臣，满族，武术名家。在我的正骨老师陆文那里，与佟忠义先生相识，他的功夫很好，在上海武术联谊会时，也经常和我们一起同台表演。他的女儿佟佩云是我们武术队的队员，我们一起训练时，佟先生经常过来指导。

佟先生出身河北沧州武术世家，从小习武，后在清宫禁卫军任武术教官。辛亥革命后，任保定陆军军官学校武术教官等职，兼理伤骨科。民国时期，任上海市国术馆少林门主任及摔跤教练，曾受聘为市国术馆董事。1949 年后，佟先生曾多次参加武术表演，并开办伤科诊所，是全国当时有名的武术大家。

吴翼翚（1887—1958），满族，六合八法拳一代名家。吴先生和我老师是好朋友，他们经常往来，因此我就熟悉了吴先生，他待人很和善，知识很渊博，当时的武术界对吴先生都很尊重，直至现在我还和吴先生的后代保持来往。

吴先生原籍东北铁岭，寄居北京，出身于书香门第。1936 年，中央国术馆馆长张之江先生仰慕其文武全才，特聘为中央国术馆教务长、编纂委员会主任；1948 年，再被张之江聘为体育师范专科学校副教授兼国术系主任。1949 年后，吴先生任上海电力公司工人俱乐部国术教师，兼任沪西工人俱乐部国术教师；1957 年，被陈毅市长聘为第一批上海市文史馆员，专门研究武术史料；1958 年在上海辞世，享年 73 岁。

吴翼翚　　　　　褚桂亭

褚桂亭（1892—1977），名德馨，字桂亭。出生于河北省任丘市。褚先生是杨家太极拳的传人，1949 年前在南京，由于中央国术馆安排不下，杨澄甫先生就托付叶老师带武汇川、褚桂亭、张玉来上海谋生，三人都住在叶老师家里，武汇川和褚桂亭先在"武当太极拳社"授课，后由叶老师介绍到其他地方授拳。

我和褚先生的感情很深，他经常出席武术联谊会的活动，我有机会和褚先生一起多次同台表演。1958 年，我和褚先生一起，代表上海武术队赴北京参加全国武术表演大会。褚先生精通多种拳术，对少林、武当等派别颇有研究，尤擅形意拳、八卦掌、太极拳，堪称一代武术名家。

陈微明，又名慎先，男，湖北蕲水人，武术名家。陈先生 1925 年在上海创办了"致柔拳社"，叶老师 1926 年创立了"武当太极拳社"，同时教授杨家太极拳，两家拳社关系密切。1949 年后，我正式开始授拳，陈先生的后代曾到我这里练拳，我经常到陈先生的家里，听他讲授拳艺。

陈先生曾随孙禄堂先生学习形意拳和八卦掌，亦心慕武当太极拳，随往拜候杨澄甫先生，并集结多年习拳心得，出版了《太极拳讲义》《太极拳问答》两书。太极拳能从北京南传上海、广州等地，陈微明先生应居首功，为公开传授太极拳的模范。

姜容樵（1891—1974），现代著名武术家、武术教育家、武术理论家。新中国成立初期，姜先生在上海，那时候他的家庭生活比较困难，经济来源不稳定，我当时没有家庭负担，就把平时的积蓄拿出来，帮助姜先生，一直到他晚年眼睛看不清楚的时候，我还经常去看望姜先生，并向先生请教拳艺。我和姜先生的感情十分深厚。

姜先生精通武当、八卦、形意、太极。曾执教江苏省第十中学，1946年辞职后，专门从事武术和文艺写作。先后审定教材数十种，并教授拳械。姜先生武技传人，桃李满天下。先生晚年常在上海虹口公园习武练体，持技授徒，姜老当时虽有目疾，仍亲传口授，一丝不苟。1953年任全国民族形式体育表演及竞赛大会武术总裁判。一生精武通文，著作颇丰，为武术文化遗产的发掘、继承和发展作出了贡献。1974年去世，享年83岁。

姜容樵

孙存周

孙存周，孙式太极拳创始人孙禄堂老先生的次子，讳焕文，生于1893年，河北完县（现顺平县）人。

孙先生是我老师的结拜兄弟，他们两人之间情深义重。1949年后，孙先生常来上海看望我的老师，那时，我和朋友也会到孙先生的住处看望他，聆听他的练功方法。

孙先生自幼秉承家教，文武兼修，深得太极、形意、八卦诸拳的精髓，当时尤以武术击技闻名。1929年浙江省国术游艺大会，孙先生被聘为首席监察委员，后受聘为江苏省国术馆代理教务长。1935年第六届全国运动会，孙先生被聘为国术评委，他生平与各派拳家较艺无数，一生笃技击、远浮名、轻利重义，孙先生求真忘我的精神境界始终感召着后人，他逝于1963年。

李天骥（1915—1996），武术家，河北省安新县人。1958年我与李先生第一次相识，当我与濮冰如表演完武当对剑后，李先生过来找到我，和我一起比划了一至三路武当对剑。李先生说后两路武当对剑，下次到上海再一起练习。后来，李先生来上海，我们没有练习武当对剑，只交流了简化太极拳的教学问题。

　　李先生自幼随父李玉琳习武，精少林拳、形意拳、太极拳、八卦掌、武当剑以及散打、摔跤、拳击、短兵、推手等武技。1955年调国家体委武术研究室，从事武术研究和整理工作，为国内开展武术运动发挥了积极作用。

顾留馨和李天骥

　　1949年前，我已经听说过田兆麟老师，随叶老师学太极拳后，才知道田老师是我的师爷。我常随叶老师去看望田老师，并经常有机会听田老师讲太极拳，50年代有幸与田老师同台表演太极拳。1949年后，田兆麟老师在工商经济研究会、外滩公园教授太极拳。淮海公园改建工程完成开放后，田老师就专门在外滩公园、淮海公园开班教授太极拳，直到1959年去世。

田兆麟

濮冰如

　　濮冰如（濮玉）是叶老师的学生，也是杨澄甫的学生，她的武当对剑是李景林先生亲自传授的，因当时叶老师随李景林先生学习武当对剑需要陪学练，才有幸得到李先生亲授。我和濮大姐情谊很深，当年大姐在杨浦区隆昌路小学教书，我每天骑自行车去她那里练习武当对剑。她一贯坚持义务教授太极拳，1973 年从学校退休后，先后在杨浦体育馆、杨浦公园、同济大学、龙华飞机场、上海跳水池、徐汇区财政局、徐汇区体委等处，举办太极拳训练班，义务教授太极拳。1979 年，去南宁参加了全国武术观摩交流大会获得一等奖。

吴式太极拳来上海很早，1928 年，吴鉴泉的女儿吴英华来上海教授吴式太极拳。1932 年，在上海成立"鉴泉太极拳社"，它在上海传播很广，早年我也学过吴式太极拳。我和吴式太极拳大家赵寿村很熟，他是吴鉴泉的外甥，我们曾是邻居，他表演的太极推手大捋非常漂亮。从"鉴泉太极拳社"复社后，吴英华任社长，马岳梁任副社长，我们都是好朋友，经常在一起。马岳梁先生应邀到国外教授太极拳也很早，为太极拳走向国际作出了很大贡献。

赵寿村

陈照奎

1949 年后，陈式太极拳来到上海，顾留馨任上海市"体育宫"主任，大力主张恢复太极拳的本来面目，开办了各式太极拳的学习班。1960 年，顾留馨请来了陈发科的小儿子陈照奎，担任"体育宫"陈氏太极拳学习班的教练，教授陈氏太极拳。陈照奎老师每次来回上海时，从火车站到体育宫都由我负责接送，最后一次送陈老师回北京，他再也没有回来了。现在陈氏太极拳在上海发展很广，但和当时陈先生的陈家拳有所不同，那时陈先生的拳叫炮捶，现在大家都叫陈式太极拳了，陈先生的陈家拳，为现在陈式太极拳的发展打下了基础。

1949 年以后，武式太极拳在上海也逐渐发展起来了，1961 年郝少如先生开始在体育宫武氏太极拳学习班授课。1963 年，人民出版

郝少如

社出版了郝先生编著的《武式太极拳》。武式太极拳也在上海得以普遍地流行并发展。1983 年，郝少如老师去世。

1986 年，我从单位退休，此后的 20 几年中，一直致力于太极拳术的探索，在全国传授不少的学生，学有所成者也不少，弟子们及再传弟子在全国有一定的影响。目前，有的弟子已经在国外传播，开枝散叶。

接下来讲述一下，太极拳发展过程中的几件大事。1953 年 11 月太极拳在大型活动中首次亮相。全国民族形式体育表演及竞赛大会在天津举行，包括太极拳在内的武术成为这一大会的主要内容。这是 1949 年后第一次全国性的武术表演。在这次大会的推动下，各地的武术组织特别是太极拳组织与活动飞速地发展起来。

1956 年 2 月，国家体育运动委员会运动司武术科组织多位太极拳专家，在传统太极拳的基础上，以杨式太极拳为动作素材，选取 24 个不同的姿势，删繁就简，编串成易学、易练、易记的 24 式简化太极拳，这时太极拳才真正意义上进入到老百姓的日常生活，也从此在真正意义上实现了它的健身功能。

1978 年 11 月，时任总理邓小平在接见日本友人时欣然挥笔，写下"太极拳好"。邓小平的题词给太极拳带来了新的生机，标志着我国的传统武术在历经十年浩劫的停滞不前后，经过风雨的洗礼，进入了蓬勃发展的新阶段。1982 年 11 月，全国首届武术对抗项目——散打、太极推手表演赛在北京举行。伴随着太极拳的发展而产生的太极推手，终于作为一项体育竞赛面向大众。

在上海市首次举行集体打太极。1983 年 9 月，在上海举行了第五届全国运动会，有 29 支代表队的 189 名运动员参加了武术表演。这次表演开集体演练太极拳的先河，开拓了太极拳演练的新视野、新思路，开辟了太极拳表演的新模式、新形势，这也说明太极拳这一古老的运动项目已经深深地扎根于现代社会，贴近现代都市人的日常生活。

1984 年 4 月首次国际太极拳赛，由湖北省体委主办的"国际太极拳（剑）邀请赛"在武汉举行，来自日本、加拿大、新加坡、美国等 18 个国家和地区的 70 多名选手与中国近百名选手参加了表演比赛，并切磋技艺，这是次年举办国际武术邀请赛的前奏，成为太极走向世界的一声春雷。

1987 年 9 月，首届亚洲武术锦标赛在日本横滨举行。中国、日本、新加坡、泰国、尼泊尔、马来西亚、印度尼西亚、香港、澳门等 11 个国家和地区的运动员参加了比赛。太极拳作为正式比赛项目，终于正式亮相亚洲，令全世界为之动容，这是太极拳竖立起走向世界体坛的一个崭新里程碑。1991 年 10 月，第一届世界武术锦标赛在中国北京举行，共有 40 多个国家和地区的运动员参加了比赛，太极拳以重要的组成部分走向世界级比赛赛场，这表明源于中国的武术、太极拳不再只属于中国人，而是全世界人民的共同财富。

1994 年，国家体委提出"全民健身计划"和"奥运争光计划"，太极拳在健身功能上发挥了巨大的作用，它是全民健身的一个重要手段，也是练习人数最多的一项运动。"全民健身计划"的出台，使太极拳这一科学的健身方法更加普及，习练太极拳的人数越来越多。古老的太极拳已经昂首阔步，在全世界人们的注视下走向了 21 世纪。

2000 年 5 月，中国武术协会启动"太极拳健康月"活动，决定将每年的 5 月定为"太极拳月"。中国武术协会在北京国家奥林匹克体育中心首次举行全世界第一次免费教太极拳活动。这是新中国成立以来第一次官方的、有组织的、有系统的、有意识的向社会推广太极拳的活动。现在，太极拳已传播到 150 多个国家和地区，太极拳已经被全世界所接受，各种各样的太极拳活动在全世界红红火火地开展起来。

蒋锡荣太极拳术

太极拳术之探索

第二章

古人云："天得一以清，地得一以宁，人得一以灵，得其一而万事毕也"。万事万物皆有自身之理，太极拳以虚无而始，以虚无而终，不明白太极拳术的理，就很难修好太极拳。拳谱曰："太极者，无极而生，动静之机，阴阳之母也。动之则分，静之则合。无过不及，随曲就伸。人刚我柔，谓之走，我顺人背，谓之粘。动急则急应，动缓则缓随。虽变化万端，而理唯一贯"，这告诉了我们太极拳的理，明白了太极拳的阴阳之道，就能找到实修太极拳的门径。拳谱曰："由著熟而渐悟懂劲，由懂劲而阶及神明，然非用力之久，不能豁然贯通焉"，这是步入太极拳殿堂的程序，由此，练习太极拳术才变得相对简单。下面我们讲述蒋锡荣先生的太极拳术的拳理。

第一节　叶大密太极拳

叶大密先生，清末民初太极拳界的一位奇人，一个雅士，更是一个拥有大智慧、大勇气的武学高人。清末，将杨氏太极拳引入江南的倡导者，民初，创建了全国第一家以太极拳命名的拳社，曾任中央国术研究馆第五号董事；在"以天下为己任"的思想影响下，先生以"强种救国，御侮图存"之责任，一生拳医济天下，所传太极拳可谓"深奥精微、博大精深"。

一、儒家思想对叶大密太极拳武学精神的影响

研究太极拳，往往围绕三件事：什么是太极拳，怎样练太极拳，为什么练太极拳。但近几年我（蒋锡荣先生）发觉，这三件事其实和"谁在练太极拳"也有关。

　　什么是太极拳？太极是中国古代最具特色和代表性的哲学思想之一，而太极拳是以中国传统儒、道哲学中的太极、阴阳辩证理念为核心思想，集颐养性情、强身健体、技击对抗等多种功能为一体，结合易学的阴阳五行变化、中医经络学、古代导引术和吐纳术，形成的一种内外兼修、柔和、缓慢、轻灵、刚柔相济的拳术。

　　换句话说，太极拳承载着厚重的中国传统文化，练太极拳、打太极拳都是在用肢体语言表达着这些优秀的文化和思想。而怎么表达，表达到何等境界，自然更多取决于个体气质禀赋。

　　从这个角度出发，我们探讨学习叶大密太极拳，首先要了解叶大密的武学思想根源。

　　叶大密（1888—1973），太极拳名家。名祖羲，又百龄，别名叶大密，号柔克斋主，浙江文成人。

　　根据现有考证，叶大密出身于浙江温州武术、医学世家，家传叶继美一脉。叶继美是太极宗师张三丰弟子张松溪的嫡传弟子。这一太极拳流派相传还影响过一个鼎鼎大名的将军——戚继光，他所编写的《拳经》很多内容来自松溪太极拳。

　　而文成也绝非乡野陋地。文成是刘伯温故乡，临近的余姚是王阳明故乡，浙江人文荟萃，这一带虽然民风习武，但也讲究诗礼传家。总结而论，叶大密出身于武医世家，自小不仅文武双修，饱读诗书，还深受刘伯温、戚继光、王阳明等人杰英雄事迹激励。

　　这样的生长印记，自然渗透着浓厚的中国传统哲学色彩。遇上"家国存亡风雨飘摇"的大时代，我们也自然而然看到了一个受"以天下为己任""修身齐家治国平天下"等儒家思想熏陶而成长起来的"儒士"。

　　1909 年 6 月，叶大密毕业于江北陆军速成学堂，投笔从戎。其时正是辛亥革命前夕，叶大密以极大的热情投入革命洪流。

　　"君子不器"，面对现实社会，叶大密做到了不抛弃不放弃。他在军队中首创推广太极拳等国术，试图以此方法增强军人体魄，提升军队战斗力。

　　1917 年，叶大密在浙军第 25 军任团部参谋长。1924 年，孙传芳入浙，夏超委任浙江省省长后，叶大密被重任为省政府秘书。

　　1926 年秋，北伐开始。当时的夏超一边秘密派人联络相关组织，一边把叶大密派往上海，以组建武当太极拳社之名，联络当时在上海活动的钮永建、吴敬恒等人，并收集孙传芳的相关情报。后来夏超败退，他本人也被捕遇害。

　　1927 年 8 月，"国民革命军"取得龙潭大捷，孙传芳败北，叶大密原本用于作为"特务"机构的拳社脱离了军政控制。

战场杀敌报国梦的破裂，并未动摇叶先生救国救民的想法。1927年下半年，张之江邀集钮永建、李烈钧、蔡元培等26名国民党党政要员，发起成立"国术研究馆"，旨在培养军队武术教官、中等以上学校武术教师及公共体育场所武术指导员，他们提出了口号——"强种救国，御侮图存"。

"国术研究馆"就是后来的"中央国术馆"，当时全国中小学几乎全部开设了武术训练班，叶大密先生欣然参加，不仅被聘任为第五号董事，为筹备经费还多次进行武术表演。

可惜，时局艰难，国术馆之后几年由于政治人事变动，众多武术名家纷纷离开，当初设立时的初衷形同虚设。

可以看到，从辛亥革命到北伐到"中央国术馆"，叶先生的救国路堪称屡战屡败。虽说"仁者不忧，知者不惑，勇者不惧"，他虽然不惧，多次功败垂成的经历显然也让他有所忧虑和困惑，有资料显示，叶大密先生曾坚持了为期10年的灵隐修佛。

岁寒，然后知松柏之后凋也。1933年，坚信"君子尚勇"的叶大密再一次开始了屡败屡战，他和田汉、阳翰笙等保持联系，参与创立"艺华影业公司"，任创作部主任，并完成了《逃亡》《黄金时代》等多部电影的拍摄，开始以文学艺术的力量唤醒世人。同时，他借助和社会各界名流相熟的优势，常年和党组织保持联系，为革命提供各种便利和帮助。据说最危险的一次，他一路被人尾随无法甩脱，眼看要被暗算，情急之下他拐进了杜公馆，对方不得已才放弃。

令人意想不到的是，叶大密先生的前半生以身证道投身革命，1949年后他竟然绝迹政治，仅仅开设了医馆救治病人。他的内家推拿绝技治疗了众多疑难杂症，尤其是儿科推拿。先生曾经通过推拿，救治过一个肺部已全部黑色的重症孩童，这个孩子长到30多岁时还曾面谢过叶先生。1962年8月，田汉登门邀请叶大密先生访京，并请他为历史学家翦伯赞教授导引治疗哮喘、气管炎等疾病，并挽留叶先生在京工作，后被先生婉言拒绝。

有句话说不成大儒，便做大医。叶先生行事看起来和太极拳并无关联，但仔细阅其生平，总为其胸怀天下、敢于担当、为义舍利，甚至舍生取义的精神所感动。从这个意义上说，我们练叶大密太极拳，首先要学的就是这股堂堂正正的浩然君子气，这也是叶大密先生所传武学中对文化、对民族、对国家最为珍贵的遗产。

▋二、中国传统文化对叶大密太极拳武学奥义的影响

1949 年后回归平静生活的叶先生，和友人一起在上海黄浦区开设了一个中医推拿门诊所。他每天清早起来练拳，然后上班下班，业余时间在家练练字，每周固定去古琴社听琴舞剑，隔三岔五和好友相聚……

谈笑有鸿儒，往来无白丁，这一时期的叶大密先生，从仗剑走天涯的儒士变成了陶渊明式的"隐士"和"雅士"。众所周知，练太极拳讲究悟性，而习练叶大密的太极拳，更需要明心见性，理解太极文化。

叶先生虽然投身军旅，也结交丁福保、张大千、孙裕德等社会名人，但他的生活中，大部分朋友弟子，更多是中国传统意义上的知识分子。先生的结拜兄弟孙存周是孙式太极拳创始人孙禄堂老先生的次子，不仅以武术击技闻名于世，而且公认文武兼备。孙存周先生一生笃技击、好任侠、远浮名，书剑合璧，轻利重义。他通诗文词曲，知古乐音律，更好书画，以山水为多，尤善松柏，世人评价其质朴天然，幽默博学，趣意清雅。

叶先生的大弟子濮冰如出身书香门第，其父亲濮秋丞是光绪年间的进士。濮冰如先生没有进过洋学堂，但受的都是传统琴棋书画的教育，字写得很好，还爱吹箫、拉二胡、弹琵琶和绘画等。另有一个弟子郑曼青擅长诗、书、医、画、拳，人称"五绝"。

此外，叶先生的嫡传弟子大部分或多或少都在医学、传统书画、戏剧音乐等方面有所特长。可以说，作为一个文人气质浓郁的武术太极名家，叶大密先生身处的江湖，充满了诗情画意。

也正因为自身对传统中国文化的深厚理解，叶大密先生不仅为人处事受传统文化影响至深，在拳理上，更是不断以自己对儒释道哲学文化的理解进行印证。

叶大密先生曾先后得到李景林、孙禄堂、杨澄甫、田兆麟等武术大家的教授，学习到了杨式太极拳、孙门内家拳和武当剑，先生创编的太极拳架，吸收了杨氏拳架的主要特点和八卦掌的身法以及李景林的武当剑法等内容，将各派精华熔于一炉，形成严谨舒展、内外兼修、松柔轻灵、连贯圆滑的独特风格。

今天我们练叶大密太极拳，和传统杨式太极拳有很明显的不同：折叠往复的过渡动作特别多，每个定式之间的起承转换、升降开合要求非常清晰自然，整套动作呈现出音韵般的节奏美。

　　我个人认为，这体现了叶先生在拳理意境上的整体性和逻辑性。外形上，道法自然，讲究平和、舒展、大方，移形换步，处处太极，如行云流水，动作衔接紧密，劲断意不断，意断神不断，拳势如春蚕吐丝绵绵不断，如长江之水滔滔不绝。而更重要的是心境、意境上的舒展大方，气势磅礴。

　　它的训练使人体在受外界影响下，保持身心与外界的阴阳平衡，保持外界与身心一体的高度自我控制能力。这里可以看到儒家外润内坚的养气心得，可以看到道家不争而争的养生理念，也可以看到佛家的慈悲大意——头脑理智清醒，内外松静虚灵，不骄不躁，不急不怒，泰山崩于前而不惊，猛虎扑于后而不惧。技击时，急来急应，缓来缓随，以柔克刚，以静制动，彼不动我不动，彼微动我先动，后发而先至。

　　晚年时，叶大密先生曾对其太极拳拳理进行过诸多阐释，后人归结其主要特点为：

　　1. 套路创编以杨式太极拳为基础；

　　2. 拳架动作折叠分明，起承转换、升降开合，自然清晰；

　　3. 拳势轻灵，如荷叶呈露有倾即泻，尾闾如行舟之舵；

　　4. 一招一式讲究阴阳分明、两仪转换、四象和合、八方占卦、脚踩五行；

　　5. 刀、剑、枪等技法在拳中体现明显；

　　6. 心动、气随、腰转，精气神合一。

　　其实，先生自己曾感慨，太极拳是哲理性拳术，它揭示了深刻的天地之间为人处世之哲学理念，修习太极拳，其实是在练天地之根基，修天下之大道。也因此，时时刻刻体悟人生，也就是时时刻刻感悟拳理。而此时此刻所悟所得，自不若他年彼时彼刻的境界。

▎三、叶大密太极拳在推广太极文化方面的传承和贡献

　　可以看到，叶先生的太极拳有诗意江湖，更有人生智慧。他的武学道路，更像是太极文化在借助滚滚红尘以身证道。

　　事实上，他一直不遗余力推广太极大道。辛亥革命和北伐期间，他在军队中推广太极拳；民国时期他除了加入中央国术馆，致力于在中小学开办武术训练班外，还吸取西方办学思路开办拳社，广收

弟子。

现存资料也可以查到，1926 年 11 月，叶大密先生创办了全国第一家以太极拳命名、专业性明确的武术团体"武当太极拳社"。《武当太极拳社简章》中明确开设有太极拳、剑研究班，太极拳、剑普通学习班，太极拳、剑儿童班。进社的学员，只需要学完两个学期，而无须执着于拜师与否，"第二学期以后，是否继续参加研究，悉听学者自便"。

从武当太极拳社的课程设置、学期安排等分析，叶先生的武当太极拳社，已突破了传统师承式传授关系，而是采取类似西方开放式的教学理念。

俗话说有其师必有其徒。先生的言传身教，深深影响了传人。先生弟子中，较有名的有濮冰如、叶敏之、郑曼青、蒋锡荣、金仁霖、曹树伟等。这些弟子除了品性纯正，擅长一门甚至数门琴棋书画医等技艺外，都无不例外摒弃门户之见而竭力推广太极拳。

1928 年秋，上海《申报》和《新闻报》为了募集夜校助学金，特邀叶大密和他的学生濮冰如在兰心大戏院（现在的上海艺术剧院）义演"武当对剑"。次日《士林西报》大幅报道了演出盛况。

1929 年，叶大密先生被"中央国术馆"聘为国考评判。当年 12 月，参加了上海第一届国术考试筹备会。

1949 年前后，我和濮冰如先生，参加了当时的"上海武术联谊会"；1957 年，均被选为"上海武术集训队"队员。在 1958 年，我代表上海武术队赴北京参加全国武术表演大会，与濮冰如先生表演武当对剑，震撼全场。会后各大新闻媒体竞相报道。

1960 年，我被聘为"上海市武术简化太极拳师资总辅导员"，上海各个区县教授太极拳的老师均由我统一辅导，推进了太极拳的普及和发展。同年 10 月，我与濮冰如、傅钟文、张玉等共同担任上海运动会武术比赛太极拳组裁判，此后裁判工作，一做就是 10 余年。

2000 年以后，先后有《蒋锡荣太极拳精编四十二式》《蒋锡荣太极剑》《蒋锡荣武当对剑》等教学光盘问世。

在几位高足的不断努力下，叶大密太极拳的弟子及再传弟子，遍行全国乃至世界各地，其影响已遍及全国，蜚声海外。在美国、荷兰、意大利各国均开枝散叶，蔚为壮观。

"道不远人，人之为道而远人"，跟随蒋先生习练叶大密太极拳多年，先生的坐立起行，一举一动都阐述了什么是太极拳。相比于修炼太极拳术、剑术及推手，我更希望通过大家的共同努力，能让更多人在强健体魄的同时，了解太极拳的技艺和文化内涵，从中领悟到人生的哲理和无穷的乐趣。让世人更深层次地了解太极拳，研究太极拳文化的深厚内涵，传承和弘扬中华民族文化及太极拳文化的精髓，以更好地造福人类、造福社会。

第二节　叶大密太极拳十法摘要

本节十法摘要是叶大密先生多年练太极拳的研究体悟，新旧结合，多具卓见，文字流畅，浅显易懂，真正做到了深入浅出，简明扼要，适合广大太极拳爱好者阅读和练拳参阅。

练习太极拳的要点，各流派都有其传统的经验总结，如武禹襄的《身法八要》，杨澄甫的《太极拳十要》。这些经验总结，都是各家根据实践经历，再三揣摩而归纳起来的。因此各流派太极拳的要点实质，基本上一脉相承，但说明的内容，往往因各家所表现的风格和特征不同，所站的角度和所得的体会也不尽相同，而有精粗深浅之别。加上前人说明的文字，大多是用文言文书写，和现代汉语在所用词汇和文法修辞方面，都有相当距离，无形中给学习的人又增加了困难。这里著者想参考各家理论、阐述，以及过去师友间的所传所闻，结合自身多年研究心得，尽量深入浅出地加以说明，以期通过这样的解说，使学者能够得到提高，少走一些弯路，那才是叶大密先生真正的愿望。练习太极拳的基本要点归纳如下：

▌一、用意放松

练习太极拳要精神贯注、思想集中，使中枢神经系统保持一定的紧张度，引导动作屈伸开合，使处处能符合要点要求，恰到好处，没有过分或不够的地方，这就是古人所说的用意。放松是指全身肌肉在中枢神经系统的控制下，除了维持运动速度和保持肢体位置所应有的紧张度外，尽量放松，减少不必要的能量消耗以节省体力。古人所谓"用意不用力"的不用"拙力"，就是针对这多余不必要的力而言。

能用意放松，就能更好地使经络宽畅、气血流通，有利于增长内劲和增进身体健康。

二、连绵不断

练习太极拳时一势一式，要像"长江大海"一样，一浪接一浪地连绵不断、"滔滔不绝"。成式时动作虽略有停顿而意识不停，下一势紧接着上一式，在两者之间可用小圈圈来贯穿衔接。所谓小圈圈，实际上就是古人所说的"往复须有折叠"的折叠。这样才能达到连绵不断、一气呵成的要求，给锻炼者以十分舒适的感觉，提高锻炼兴趣，在技击上也能达到"运劲如抽丝""断而复连""断而能接""不丢不顶""有缝即渗"的要求。

三、周身完整

练习太极拳无论做任何一个动作或摆任何一个姿势，都要做到周身能相随相合地完整。所谓相随就是古人所说的"一动无有不动，一静无有不静"，由脚而腿而腰，总须完整一气，"腰动脚动手动，眼光也随着而动"的上下相随。所谓相合，不仅要机体在形式上做到不同侧的肩和胯、肘和膝、手和足相向或相背地有呼应着落的所谓"外三合"，更重要的是意识、呼吸和动作的相互配合，做到所谓意与气合、气与劲合的"内三合"。这样才能真正做到"周身一家""无有缺陷"的完整，在技击上，也就是使对方没有空隙可乘。

四、分清虚实

练习太极拳以分清虚实为入门的第一步功夫，分清虚实先要从大处着手。以下肢部为例，全身重量寄于左脚则左脚为实，右脚为虚；寄于右脚则右脚为实，左脚为虚；进步时必先转腰合胯，一脚坐实,一脚变虚而进。否则出脚重滞,就不可能做到古人所说的"步随身换""迈步如猫行"的要求。以躯干部为例,敛腹吸息时,拿上下来说是胸虚而腹实,拿前后来说是胸虚而背实;拔背呼息时,拿上下来说是胸虚而腹实,拿前后来说是背虚而腹实。以上肢为例,如一手前伸为虚,则另一只手辅助成平衡为实,所以在技击上发劲放人,必须先在实手加意,和用刀劈物必须在刀背加力一样,这是大的方面至于小的方面,则正像《十三势说略》所说的"一处自有一处虚实",躯干、四肢、一手一脚以至一个指趾,无不有它的虚实存在,要锻炼者自己悉心体会,由大到小,由面到点,逐步缩小。在技击上则可结合推手,用"实则虚之,虚则实之"的办法来对付对方,达到古人所说的"因敌变化示神奇"的境界。

分清虚实。练太极拳或推手,对于机体感受器官的灵敏度和中枢神经系统反应能力的提高,是极其有效的,实际上也是增进机体健康的重要一面。

五、敛腹含胸

敛腹含胸是一个动作的两个方面。敛腹是在吸息时将腹壁有意识地略为收缩,使和膈肌的收缩下降配合起来;含胸是紧接着敛腹,使胸部肌肉放松,胸骨正中第三四肋间隙玉堂穴和膻中穴中间,稍微有内吸的意思。这样可以使胸廓下部得到充分的扩展,有利于肺活量的增加。敛腹含胸时腹压降,丹田向上合抱,使内气从尾闾沿脊柱往第四胸椎棘突间的身柱穴处提敛,也就是古人所说的"敛入脊骨"。

敛腹含胸一般是在动作开始转换变化时行之,在技击上是一个走化或蓄势的动作。对初学的人来说,只能先从外形的敛腹含胸着手。结合呼吸的提敛内气,可以留在后来一步做,避免发生偏差。

六、拔背顶劲

拔背顶劲也是一个动作两个方面。拔背是在呼息时使两侧背部的肌肉群,如棘肌、半棘肌、骶棘等,由下而上依次拉伸一下,然后竖起身躯，则在脊柱第四胸椎棘突间的身柱穴处，就有往上拔起的感觉；顶劲是紧接着拔背，由头棘肌的作用，松松地竖起颈项，抬头向前平看，头顶百会穴有凌空顶起的意思。

拔背顶劲时，可使由敛腹含胸时提敛至脊骨身柱穴处的丹田内气，再从身柱穴沿督脉上升到百会，经前顶、神庭、印堂而到龈交，由舌抵上腭的作用，接通任脉承浆，再沿任脉而下，回归小腹。这时丹田落归原位，膈肌上升、恢复原来隆凸状态，腹部内压力增加，腹肌放松而有饱满舒畅的感觉，这就是古人所说的"气沉丹田"。

这里应该注意的是：气沉丹田是配合着拔背顶劲的动作，并不单独存在，是意识引导丹田内气的作用，不是用力屏住呼吸往下硬压。拔背顶劲，一般是在动作的终了或成式时行之。在技击上是一个放劲的动作。

▌ 七、松腰收臀

太极拳以躯干带动四肢，而躯干的转动主要在于腰脊部的旋转灵活。所以古人说"腰如车轴"又说"腰为纛""腰为主宰"，同样说明了腰脊部的重要作用。

松腰就是在放松腰部四周肌肉群的前提下，使两肋部往下松塌，而又有向前抱合的意思。所以武禹襄把它称为"护肫"。能松腰腰脊才能转动灵活、上下不相牵掣，重心降低，两脚有根而下盘稳固。收臀是在松腰的同时，有意识地使臀部稍微往里收缩，使臀部和腰背基本保持在一个曲面上，而不向后凸出。

能松腰收臀，才能使脊柱直竖，尾闾中正，起到大纛旗和力向盘一样的指挥作用。

▌ 八、沉肩垂肘

沉肩是在放松肩关节的前提下，有意识地使上臂往下松沉，所以又称松肩。垂肘是紧接着沉肩，使肘关节保持适当的弯曲度，肘尖尺骨鹰嘴突处向下沉垂，所以又称沉肘。

沉肩垂肘可以帮助拔背顶劲和坐腕伸指的形成。在技击上肘关节保持微曲，能合乎古人所提出的"劲以曲蓄而由余"的要求，对出劲的能否干脆，起到十分重要的作用。

九、坐腕伸指

坐腕是当手臂前伸时，腕关节放松而大陵穴处有向下塌垂的意思，这样就能使手掌上翘好像坐在手腕上一样，因此称为坐腕，或称塌腕。伸指是紧接着坐腕，趁手掌上翘之势，五个手指舒松地伸展一下，使丹田中充盈的内气能毫无阻碍地循环三阴经脉，平均地灌注到五个手指，古人所说"形于手指"，指的就是这个意思。在技击上，坐腕伸指虽然是最后一个动作，但是它和"沉肩垂肘""拔背顶劲"是相互衔接、相辅相成，而不能孤立地分割开来。

十、缓慢均匀

练习太极拳要用意识引导动作，配合呼吸。所以练习时应特别注意缓慢均匀。缓慢则一式一势没有一处不可着意揣摩，没有一处能被轻易滑过，古人所谓"处处存心揆用意"的知己功夫，就是这样练的。均匀则呼吸自然，渐能逐步协调细致，达到细、长、深、足的要求而没有喘息、憋气的弊病。

能缓慢均匀，才能逐步做到上述种种要点的要求，符合古人对太极拳能在"动中求静"的评价，也符合古人对练太极拳者"视动犹静"的高标准要求。

第三节　　太极拳练功体悟

本节内容由蒋锡荣先生口述，分三部分讲述了随叶大密先生练拳的体悟身知，以及其一生的武学志向深受叶大密先生影响。其中有整理疏漏的地方，敬请大家包涵。

▍一、叶大密太极拳术思想的传承

跟随叶大密老师学习太极拳武学，首先要了解叶大密先生武学的思想根源，从这个角度去学习、探讨研究。叶大密先生遇上"家国存亡风雨飘摇"的大时代，仔细阅其生平，总为其胸怀天下、敢于担当、为义舍利，甚至舍生取义的精神所感动，叶先生始终"以天下为己任"，而纵观中华五千年，但凡拥有这样气节的人，我们会尊称为士，为君子，他们明知不可为而为之，虽千万人吾往矣，都是我们民族的精华和脊梁。从这个意义上说，我们练叶大密太极拳，首先要学的就是这股堂堂正正的浩然君子气，这也是叶大密先生所传武学中对文化、对民族、对国家最为珍贵的遗产。

1940年入沪，我常随邻翁季允卿先生习练太极拳。其间虽有别业，然其拳艺日渐专精，拳理上也多会心之处，甫开班授徒，与学员共参拳术，教学互长。几年后，经季允卿先生推荐，随武当太极拳社叶敏之师兄学练太极拳。后投入叶大密先生门下，悉心研习太极拳、武当对剑等。叶大密老先生出生于浙江温州文成县，曾得杨澄甫、孙禄堂、田兆麟、李景林各位宗师真传，融会贯通，不断研究创新，自成一家。叶师宝爱其才，尽以绝学传之，先生的太极拳功夫在此期间勇猛精进，日趋纯熟。

当年上海武术界将我与金仁霖先生、曹树伟先生及叶大密老先生早年的弟子濮冰如，合称为"叶家拳的一大三小"。蒋先生视叶家拳为自己一生武学之根底，深入探索，发扬蹈厉，得此赏誉，正是实至名归。先生早已暗下决心，欲倾毕生之精力，探究太极之妙道。观先生之志，正可谓廓然大公者。此非有大格局不能办。先生心中有一太极之大格局，其志在无限妙道，故能不为俗世所限。一道贯之，奉行终身。

▍二、叶大密太极拳术内容的传承

1949年前，叶大密先生研习和教授的太极拳，主要以杨式太极拳为主；经过了近 40 年的太极武学沉淀，1953 年 11 月，定型了叶大密太极拳拳架 92 式，至 1954 年 11 月，经过实践及反复推敲，最终将叶大密太极拳拳架定为 115 式。与杨式、吴式、孙式、武式太极拳相比较，可知，杨式太极拳 85 式，其中单式 37 个，吴氏太极拳 108 式，其中单式 37 个，孙氏太极拳 98 式，其中单式 36 个，武式太极拳 85 式，其中 37 个单式；而叶大密太极拳 115 式，其中单式 42 个，反向动作较多，弥补了太极拳拳架两侧不平衡的缺陷，练习一遍拳架比一般太极拳约多 15 分钟时间，这也是叶大密太极拳的一大特点，它结合了中医人体气息理论。

1949 年后，叶大密先生由于不断地研究医学，教授太极拳的时间越来越少，随后叶大密先生已基本上是讲授太极拳了，在这个阶段，叶先生开始丰富完善太极拳的行功式及太极拳相关理论。

20 世纪 60 年代，叶大密先生系统地创编了"太极拳辅助行功式、定步推手、活步推手、太极拳散手行功练习法（三套）、太极拳修炼相关理论"。

20 世纪 60 年代中后期，创编剑术，包括：太极剑（将杨澄甫的太极剑与李景林的武当剑融为一体）、武当对剑五路、武当对剑拆练（上、下手各五路）、十三式散剑、舞剑行气。

20 世纪 70 年代初，创编刀术，叶大密先生嘱咐金仁霖先生，将太极刀整理成谱，金仁霖先生受命以后，遂将田兆麟、褚桂亭、傅钟文三家之传，通理一番后最终定稿。同期，研究枪术，包括：杨家太极枪、大枪十三式、软枪二十四式及粘枪等。

我随叶先生研习太极拳 20 年，深受叶先生的爱护，尽得叶先生太极拳学的精髓，并系统地掌握了"太极拳 108 式、定步推手、活步推手、太极拳散手行功练习法（三套）、武当剑、武当对剑五路、武当对剑拆练（上、下手各五路）、十三式散剑、太极刀、大枪十三式等，及太极拳修炼相关理论"；经过近 80 年的不断探究研习，先后创编了"蒋锡荣太极拳精编四十二式""蒋锡荣太极剑""蒋锡荣武当对剑"等。

三、研习叶大密太极拳术的体悟

"道不远人，人之为道而远人"，太极拳也是如此。练拳之事，首在认识，认识对路，熟练规矩，惟练而已，则水到渠成。

叶先生的太极拳，从外形看，舒展大方，移形换步，如行云流水，动作衔接紧密，劲断意不断，意断神不断，拳势如春蚕吐丝绵绵不断，如长江之水滔滔不绝。我通过研习太极拳深深体会到，它的训练使人体在受外界影响下，保持身心与外界的阴阳平衡，保持外界与身心一体的高度自我控制能力。技击时，急来急应，缓来缓随，以柔克刚，以静制动，彼不动我不动，彼微动我先动，后发而先至。叶大密太极拳保持了太极拳的原来风貌，它清晰地诠释了太极拳"以中定为枢轴，怀藏八卦，脚踏五行"的原理，是太极阴阳虚实、动静消涨、升降开合的形象演示；这样原汁原味的太极拳，才会被更多太极拳爱好者所青睐。

太极拳一切动作，皆须从"意"练起，而后到意气，到能量的聚集。刚开始，主要养气，即所谓"培养能量"，这一阶段最主要的条件是心平气和与生活有节，培养能量的期限要根据各人的情况而定，很难一概而论，少的一年或几年即有成就，长的要数十年，也可能一生一世毫无结果。养气同时，就逐步练出了"以心行气"的功夫。这就以后天操纵先天炁的过程，逐渐过渡到直接的心意操纵先天炁的过程。其次，随着日积月累，身体经络较为通畅，腰腿开合较为纯熟，每一个动作都能做到"以心行气"，不以四肢为主动，即练拳走上正轨，可以看出此时的练拳同时具有"以身运气和以气运身的成分"，慢慢随着"以心行气"功夫的增长，逐步过渡到完全"以气运身"。实际上，练到这个阶段，便基本上到达先天练后天的程度，此时只要专心注"意气"的活动，拳架向哪里转变，"意气"就向哪里转变。这便接近了所谓"腹内松净气腾然"的境界。

接着，要练习太极拳"曲中求直、方圆并有"的开合，这个练法是：每一个动作都是用意气包围缠绕，意气松沉至脚底，而后蓄发转折变换，再由脚底作"S"形掉头，往复不已，绵绵不断，可以看出其路线正好描述出了一个立体太极图中的"S"。"意气"带动身体转圈或掉头时，便可带动浑身各个脉络里的"意气"跟着做同样的动作。如"意气"作"S"形掉头时，所有各脉也作"S"形掉头，而且"心为令，气为旗"，一处掉头，处处掉头，此时的移步转身，亦即按"S"形路线变换。

练到最后，"意气"或者说中气已经较足，随着腰部主动能力的加强，浑身的经络也逐渐畅通，从而大大提高了"意气"的能动性，于是"意气"在各路气脉里已经成回路，且又互相联络，这便是练拳中流行不已而又节节贯穿的根本条件，练到这步，太极拳就会迈入一层很高的境界了，对所谓的"西山悬磬，虎啸猿鸣"境界，就有了切身的体悟。

其实，蒋先生曾感慨，太极拳是哲理性拳术，它揭示了深刻的天地之间为人处世之哲学理念，修习太极拳，其实是在练天地之根基，修天下之大道。也因此，时时刻刻体悟人生，也就是时时刻刻感悟拳理。大匠教授人规矩，不能授"巧"，练拳还是要自己默识揣摩，勤下苦功，否则可能会"差之毫厘、谬以千里"。

蒋锡荣太极拳术

蒋锡荣太极拳技艺

第二章

第一节　蒋锡荣太极拳单练式拳架

　　蒋锡荣太极拳拳架是在叶大密太极拳的基础上形成的，叶大密当年随田兆霖学习杨式太极拳，随李景林学习武当剑，随杨少侯、杨澄甫兄弟俩学习拳架、剑、刀和杆子。后来叶大密先生创编的太极拳拳架，把杨氏太极拳拳架的主要特点和八卦掌的身法以及武当对剑中的用法等内容都吸收了进去，形成了沉着松净、轻灵活泼、舒展大方的独特风格，当时被人们称之为"叶家拳"。

　　练太极拳架的五字诀是静、轻、慢、匀、恒。练快架子的五字诀是静、轻、灵、匀、恒，只有一字之差。传统的练习法要圆匀、连贯、轻灵，即太极拳经上说的："一拳动周身俱要轻灵，尤须贯串。气宜鼓荡，神宜内敛。无使有缺陷处，无使有凹凸处，无使有断续处。"以上三个"无使"，名谓六忌。动作的虚实转换要清楚，在练架子时动作虚实的变换，不应只是简单地看作将身体重心向前或后退，把身体推向前或推向后，使身体的重量，从地面直线地从一只脚一交给另一只脚。随着多练习，意气的感觉和速度便可以加快和加强，这样，慢慢才能达到太极拳的"用意不用力、手快不如意先"的原则。行功走架时，精神必须高度集中，不想其他东西。

　　具体说，如腿上虚实变换的过程中，必须"虚领顶劲和节节放松，节节贯串"，这样才能符合"一举动，周身俱要轻灵，犹须贯串"的要求，转换两腿间的虚实时，若能做到全身放松，转换轻灵，在身体的重量全部从一腿转换到另一条腿的一刹那，会感觉到有一个力从地面向上反弹到实脚。从脚底、脚踝关节、膝关节、胯等，节节向上放松，让这个反弹力，随着走架者的心意到身体的任何部分，作为该身体部分的能量动力来源，如虚脚的上步或手上的掤劲。如果在地面反弹力的传递所经过的路线中，有不松开的地方，那么，地面反弹力的传递便在身体不松开的地方中止。因此，在练架子时，必须要全身松开，节节放松，节节贯串，一动接一动，能量不断地滚动，动作不能有丝毫停滞。

　　所谓太极拳心法、重点，只是一个药引子或一个手段，帮助我们达到太极拳的要求。当我们做到某个重点，并且运用自如，便应忘

记了该重点，让该重点的要求自然而生，随着行功走架的日积月累，太极拳的修炼也是水到渠成。

▌一、无极式（宇宙大观）

拳式意理：太极由无极变化而来，史书明确记载"太极由无极而生，太极生两仪，两仪生四象、八卦，以至于变化无穷。"太极拳以无极为源，由一而变化万千，王宗岳太极拳论曰："太极者，无极而生，动静之机，阴阳之母也"。太极拳是将中国传统文化和中国阴阳哲学融为一体的高级人体艺术文化，太极拳歌诀："太极原生无极中，混元一气感斯通，先天逆运随机变，万象包罗易理中"。古人云："无极而太极"，内家拳其实是一个道理，这和古之圣贤所谓的执中、道家所谓的谷神、佛家所谓的圆觉，也同为一理。所以，太极拳这门内家拳的功效远远不止强健身躯，延年益寿。

拳架要领：两脚平行分立如肩宽，脚尖正对前方，脚跟平齐，全脚着力敷在地面，要平稳，两脚不用力，将人体的自然重力调整在脚底，立身中正安舒，两脚心、手心和百会穴均要一气贯通。眼睛平视，下颌微收，舌尖自然轻抵上颚。头颈正直放松，两臂自然下垂，手指松开，胸空腹空，腰胯放松。心中空空洞洞，内无所思，外无所视，形无其形，物无其物，心无其心，物我合一。所以，蒋先生说："不要小看无极式动作简单，其要领贯穿于整套拳架之中，值得深究"，太极拳论曰："太极者，无极而生，动静之机，阴阳之母也。动之则分，静之则合。无过不及，随曲就伸。人刚我柔，谓

无极式

之走，我顺人背，谓之粘。动急则急应，动缓则缓随。虽变化万端，而理唯一贯"。

拳经歌诀：太极原生无极中，空纳万境易理中。

二、起势

拳架要领：无极站式（宇宙大观），拳架意理和拳架要领，见无极式。

练拳架动作时，意念（纯阴、纯阳）不重不轻，不急不缓，每一动意气在先，肢体动作随后。"起势"的手动，是用松沉至脚底的地面反弹力和腰力启动，少动一点、多动一点都不行。"松柔"与"松沉"是练习太极拳的入门功夫，练到位的"起势"，就是开好局。

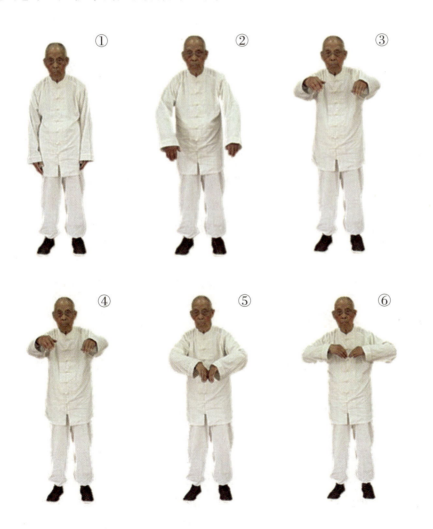

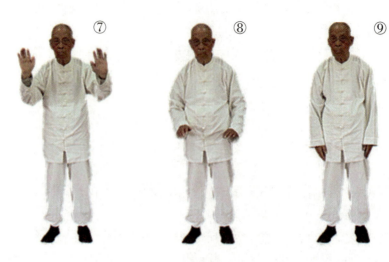

⑦ ⑧ ⑨

起势

"预备势"要立身中正,即百会穴、大椎穴、会阴穴对应成一直线,再头颈竖直松开上领,下颌略向后收,两眼向前平视,松肩垂手。两手分别置于大腿外侧。身体放松,依次顺序是:松头顶、松脸部、松颈部、松双肩、松胸膛、松腰背、松腹部、松腹股沟、松臀部、松大腿、松膝部、松小腿、松踝关节、松脚背、松脚跟、松涌泉穴、松脚趾。虚心实腹、松肩垂肘、松腰塌胯,沉至脚底之后,脚掌恰到好处地覆地,用意提肛收腹。含胸拔背带动两手小臂环状收回,注意放松肘关节。松肩坠肘带动两手往外分开,略宽于肩,手掌心随自然重力落下。命门穴要尽量饱满,意气自天入地,从百会穴至涌泉穴要上下一气贯通。然后,合太极,恢复至无极站式(宇宙大观)。

拳经歌诀:太极起式妙无穷,提、沉、开、合无极生。

▌三、揽雀尾

拳架要领:无极站式(宇宙大观),拳架意理和拳架要领,见无极式。

练拳架动作时,意念(纯阴、纯阳)不重不轻,不急不缓,每一动要意气在先,肢体动作随后。两足平行分开,与两肩齐,眼向前视,两手下垂,此太极未动之形式也。两手毫不着力,向前向上提起,提与胸平,手心向下,两臂稍屈,不可太直,与腰同时下沉;左手转至丹田,手心向内,向前伸出,略与胸齐,此为掤。右手同时向

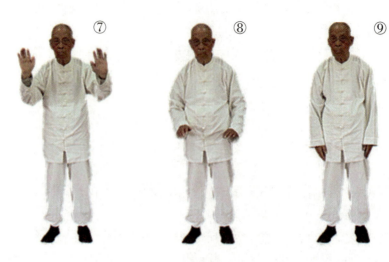
蒋锡荣太极拳术

五〇

右向下分开，手心向下，五指向前，右足同时斜向前进，此时全身坐在左腿，右足伸直不动，左实右虚，右手随腰，同时转至左手处，手心随转向上，左手亦随腰转，手心随转向下，两手如捧一圆球。右足往斜前方迈，与左足略成丁字形。左右手随腰随右腿，同时向侧面圆转，右手在前，左手在后，右手心向上向内，左手心向下向外，如抱圆球。眼神随向前视，此时全身坐在右腿，左腿伸直。两脚之间距离，因人的高矮而不同，以每人最适宜为度。左右手随腰往右圆转，右手心随转向下，左手心随转向上，右手在上，左手在下，与腰同时往回收，全身坐在左腿，此为捋。左腿变实，右腿变虚，右手随动，手心随转向上、向内，左手随动，手心随转向下、向外；左手心距离右手脉门几寸，此为挤，两手同时向西挤出，腰亦随之前进，至右腿变实，左腿变虚。

　　两手与腰与腿同时往回松，两手收回时，略向上提，手尖向前，手心向下，收至左腿坐实；两手又同时往前按出，两手心向外，手尖

揽雀尾

向上，垂肩坠肘，略与胸齐，此为按，右腿复实，合太极，恢复至无极站式（宇宙大观）。

拳经歌诀：掤、捋、挤、按、雀尾生，左顾右盼中定劲。

▎四、单鞭

拳架要领：无极站式（宇宙大观），拳架意理和拳架要领，见无极式。

练拳架动作时，意念（纯阴、纯阳）不重不轻，不急不缓，每一动意气在先，肢体动作随后。两手随腰腿同时往回松，右手屈回。

⑦　　　　　　　　⑧　　　　　　　　⑨

单鞭

如画一小圆，复往前松直，五指内旋至勾尖垂下，变为吊手。左手与右手同时屈回，由左而右，如画一大圆，转至右肩时，手心向内，右脚向外侧摆，将足跟转动，使脚向斜方向，全身坐在右腿上。此时左足同时向前方迈去，足尖略偏于此，此时右脚跟同时转动，全身坐在左腿上，左腿变为实。左手随动随转，变成朝外，往东变成单鞭，与左足同一方向。右腿伸直，眼神随之，合太极，恢复至无极站式（宇宙大观）。

拳经歌诀：斜走单鞭胸膛佔，吊手掤按靠肘捯。

五、提手上势

拳架要领：无极站式（宇宙大观），拳架意理和拳架要领，见无极式。

练拳架动作时，意念（纯阴、纯阳）不重不轻，不急不缓，每一动意气在先，肢体动作随后。左脚向左侧转，左右两手同时相合，随腰转向右侧，右手略前，左手略后，两手心相对。沉肩坠肘，须松开捧起，不可有夹劲。右脚同时提向右前方，脚后跟点地，脚尖自然翘起，眼神平视前方。此式左腿为实，右腿为虚，合太极，恢复至无极站式（宇宙大观）。

拳经歌诀：回身提手把着封，接手粘提回势捯。

五三

① ② ③

④ ⑤ ⑥

提手上势

六、白鹤亮翅

拳架要领：无极站式（宇宙大观），拳架意理和拳架要领，见无极式。

练拳架动作时，意念（纯阴、纯阳）不重不轻，不急不缓，每一动意气在先，肢体动作随后。右足略进半步踏实，脚尖向右侧，全身随坐在右腿上。两手与腰同时转动，右手转下，手心向上，左手转上，手心向下，两掌斜对如抱圆球。随即分开，右臂随腰向右前上提起，眼神相随，提至右手心转向外，眼神渐渐平视，左手同时往左分，转至手心向下，左脚随提前，脚尖点地，正对前方。此式右腿变实。然后合太极，恢复至无极站式（宇宙大观）。

拳经歌诀：白鹤亮翅迎面掌，提穿分手亮翅变。

白鹤亮翅

七、搂膝拗步

拳架要领：无极站式（宇宙大观），拳架意理和拳架要领，见无极式。

以左搂膝拗步为例，练拳架动作时，意念（纯阴、纯阳）不重不轻，不急不缓，每一动意气在先，肢体动作随后。搂膝拗步练习时腰要往下松，右手心转向外，随腰下垂，往后圆转而上，转由右耳边按出；左手同时随腰而上，由胸前往右搂至左膝外，手心复向下；左脚同时随往斜前方迈，腰随手前进，至左腿变实。然后，合太极，恢复至无极站式（宇宙大观）。右搂膝拗步同理。

拳经歌诀：搂膝拗步斜中找，沉搂按劲前后分。

五五

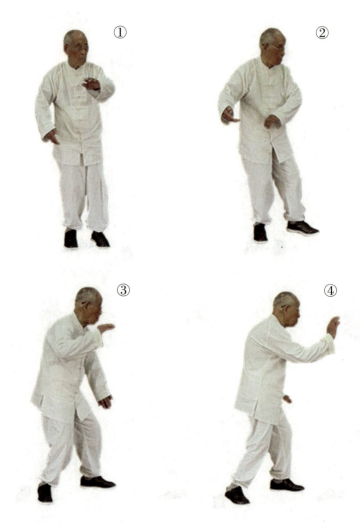

①　②

③　④

搂膝拗步

▌八、手挥琵琶式

拳架要领：无极站式（宇宙大观），拳架意理和拳架要领，见无极式。

练拳架动作时，意念（纯阴、纯阳）不重不轻，不急不缓，每一动要意气在先，肢体动作随后。右脚微微提起后落下，右手随身之落势，收回在后；左手随身，提起在前，两手心相对，如抱琵琶。沉肩坠肘，松开捧起，不可有僵硬的夹劲。左脚随身收近，脚跟自然点地，脚朝前方，左手同时往左分，转至手心向下，左足随提前，足尖点地，正对前向。此式右腿变实，然后，合太极，恢复至无极站式（宇宙大观）。

拳经歌诀：手挥琵琶穿化精，接手反势提劈截。

手挥琵琶式

九、进步搬拦捶

拳架要领：无极站式（宇宙大观），拳架意理和拳架要领，见无极式。

练拳架动作时，意念（纯阴、纯阳）不重不轻，不急不缓，每一动要意气在先，肢体动作随后。两手心相对，随腰向左转动，左手转至手心朝下，右手转至手心朝上，左手在上，右手在下；右手转至左肋际握拳，又随腰往右松，藏于右肋间；此时右腿同时提起前进一步，使足尖朝前，全身坐于右腿上，左手同时随腰往前伸出。右脚尖转向右侧方坐实，左手随之左搬拦，右拳随即打出；左手扶右手脉门，手尖向上，左足亦同时前进坐实。然后，合太极，恢复至无极站式（宇宙大观）。

拳经歌诀：进步搬拦肋下使，分劲竖捶击正中。

④ ⑤ ⑥

⑦ ⑧ ⑨

进步搬拦捶

▌ 十、如封似闭

拳架要领：无极站式（宇宙大观），拳架意理和拳架要领，见无极式。

练拳架动作时，意念（纯阴、纯阳）不重不轻，不急不缓，每一动要意气在先，肢体动作随后。左手旋转穿出右肘，手心向上，两手随腰往后抽，左手心贴住右臂，渐移渐分，至两掌近于胸际，此时右腿变实，然后两掌随腰前按，至左腿变实。然后，合太极，恢复至无极站式（宇宙大观）。

拳经歌诀：贴身靠近横肘上，如封似闭护正中。

① ② ③

④ ⑤ ⑥

⑦ ⑧ ⑨

如封似闭

第三章

蒋锡荣太极拳技艺

五九

十一、十字手

拳架要领：无极站式（宇宙大观），拳架意理和拳架要领，见无极式。

练拳架动作时，意念（纯阴、纯阳）不重不轻，不急不缓，每一动意气在先，肢体动作随后。左脚尖转向斜前方，两手先往上，分开向下圆转，后又由下而上，复合为斜十字；右脚随右手同时移近左脚，此时，两脚平行站立，面向正前方。然后，合太极，恢复至无极站式（宇宙大观）。

拳经歌诀：十字手法变无尽，双按双采立掌中。

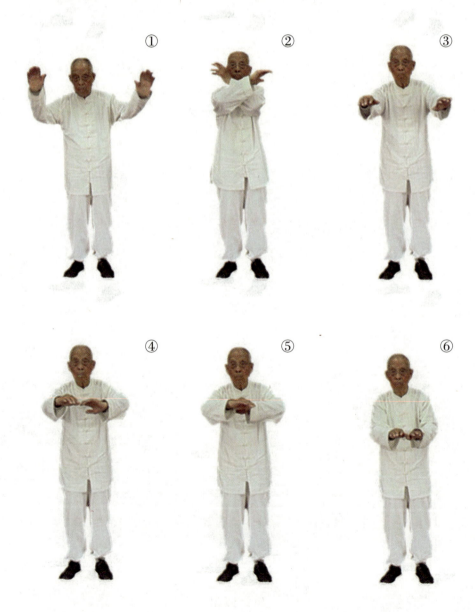

⑦

⑧

十字手

▌ 十二、抱虎归山

拳架要领：无极站式（**宇宙大观**），拳架意理和拳架要领，见无极式。

练拳架动作时，意念（**纯阴、纯阳**）不重不轻，不急不缓，每一动意气在先，肢体动作随后。右手向斜前方，左手向斜后方，右脚随右手往斜前方迈步，此时全身坐在左腿。左手分开后，旋即转上，由耳边向斜前方按出，腰随之前进，即坐在右腿上。右手分开后，同时转至肋下，下垂，手心向上。右手随后转动，手心转向下，至左手处，两手随腰塌回，坐在左腿上，两手随着挤出，按出，与揽雀尾同。然后，合太极，恢复至无极站式（**宇宙大观**）。

拳经歌诀：抱虎归山採挒成，一、二、三抱沉挤按。

①

②

③

④ ⑤ ⑥ ⑦ ⑧

抱虎归山

▌十三、採、挒、肘、靠

拳架要领：无极站式（宇宙大观），拳架意理和拳架要领，见无极式。

练拳架动作时，意念（纯阴、纯阳）不重不轻，不急不缓，每一动意气在先，肢体动作随后。由无极式开始，右脚向右侧外摆，接着提起左脚朝前方迈步，同时左手经右前方向左侧採下，至胯部位置，这时右手向前划弧，同时重心前移至左腿，然后右手和左手一起向左后下方做挒；接着，两手继续向后划弧至斜后方，约与胃口齐的位置，这时右手肘尖朝前，左手后撑，重心同时前移做肘打；接着上一动，右脚以脚跟为轴内扣，身体面向斜后方，重心前移至右腿，做背靠。然后，合太极，恢复至无极站式（宇宙大观）。

拳经歌诀：採挒肘靠四隅手，四正守中八方位。

①　　　　　　　②

③　　　　　④　　　　　⑤

採、挒、肘、靠

▌ 十四、肘底看捶

拳架要领：无极站式（宇宙大观），拳架意理和拳架要领，见无极式。

练拳架动作时，意念（纯阴、纯阳）不重不轻，不急不缓，每一动意气在先，肢体动作随后。左手向前随后将带。右手向前将，两手同时划弧；左脚微微提起落下，脚尖朝向前方，右脚随提起往前迈，与左脚相距二三尺许，脚尖朝向右斜前方；左手与右手同时随身和步画一大圆，左手画至左边，复转回至胸际向前方伸出，掌心朝右，右手同时画至胸前时，逐渐握拳收回，藏于左肘下；左脚同时提至右脚前，脚跟自然点地，脚尖翘起。此式面向正前方。然后，合太

极，恢复至无极站式（宇宙大观）。

拳经歌诀：肘底看捶护中手，採挒靠劲顺势变。

① ② ③

④ ⑤ ⑥

肘底看捶

十五、倒撵猴

拳架要领：无极站式（宇宙大观），拳架意理和拳架要领，见无极式。

练拳架动作时，意念（纯阴、纯阳）不重不轻，不急不缓，每一动要意气在先，肢体动作随后。右手由左肘下往右后圆转而上，再由右耳边按出，如搂膝拗步；同时，左足往后退步，使全身坐于左腿上，右脚尖蹍动转向正前方。左手同时往后圆转而上，由左耳边按出，同时右足往后退步，使全身坐在右腿上，左脚尖转向正前方。两手犹如轮，一来一往：左手出则右腿实，右手出则左腿实；或退三步，或退五步，或退七步，至右手按出。然后，合太极，恢复至无极站式（宇宙大观）。

拳经歌诀：坠身退走扳挽劲，退行三把倒卷肱。

①  ②  ③

 ④  ⑤  ⑥

倒撵猴

十六、斜飞势式

拳架要领：无极站式（宇宙大观），拳架意理和拳架要领，见无极式。

练拳架动作时，意念（纯阴、纯阳）不重不轻，不急不缓，每一动意气在先，肢体动作随后。右手按出后，腰向左松，全身坐在左腿上。右手随腰向左向下，左手由左划圆旋转而上，使两掌相合，左手心朝下，右手心朝上，如抱圆球状。右手随右脚向右斜前方分开，掌

第三章 蒋锡荣太极拳技艺

六五

心斜朝上，左手向斜后方分开，掌心朝下；右手心仍在上，左手心仍在下。全身坐在右腿，眼神朝向右前方。然后，合太极，恢复至无极站式（宇宙大观）。

拳经歌诀：斜飞着法用不空，抱球斜向掤势起。

斜飞势式

▌十七、海底针

拳架要领：无极站式（宇宙大观），拳架意理和拳架要领，见无极式。

练拳架动作时，意念（纯阴、纯阳）不重不轻，不急不缓，每一动意气在先，肢体动作随后。右脚不动，右手随意气向上，随腰一起收回，同时随腰向下垂，手尖下指，手心向左，左脚同时收回，脚尖自然点地。左手仍在原处，眼神仍向前看。然后，合太极，恢复至无极站式（宇宙大观）。

拳经歌诀：海底针要躬身就，接手搂膝掤劲发。

海底针

十八、闪通臂

拳架要领：无极站式（宇宙大观），拳架意理和拳架要领，见无极式。

练拳架动作时，意念（纯阴、纯阳）不重不轻，不急不缓，每一动意气在先，肢体动作随后。右脚不动，两手随腰提起，右手提至额上，手心向外，左手提至胸际，向前按出。左脚与左手同时前进，全身坐在左腿上。然后，合太极，恢复至无极站式（宇宙大观）。

拳经歌诀：扇通背上托架功，提、穿、披身身上靠。

① ② ③ ④ ⑤ ⑥ ⑦ ⑧ ⑨

闪通臂

十九、撇身捶

拳架要领：无极站式（宇宙大观），拳架意理和拳架要领，见无极式。

练拳架动作时，意念（纯阴、纯阳）不重不轻，不急不缓，每一动意气在先，肢体动作随后。左脚向左侧转动，全身仍坐在左腿，左手屈肘向斜后方转动，右手屈肘向右后方转动，左手掌心向外，右手握拳，掌心向下，如抱物状。眼神逐渐转向斜后方，左脚不动，两手随腰圆转向斜前方，右手随腰往下松藏在肋下，拳心向上。左手绕右拳上，往右斜前方按出，右脚同时转向右斜前方，脚尖朝右斜前方，坐实右腿。然后，合太极，恢复至无极站式（宇宙大观）。

拳经歌诀：撇身捶打闪化式，横进披身肘、掌、捶。

撇身捶

▍二十、云手

拳架要领：无极站式（宇宙大观），拳架意理和拳架要领，见无极式。

练拳架动作时，意念（纯阴、纯阳）不重不轻，不急不缓，每一动意气在先，肢体动作随后。手心朝下，两手随腰往下往左圆转，转至左肩前，手心转向内，同样复往右转，随着腰转手心转向下，须松松掤起，手和胸之间保持圆形，胸腹要空空荡荡。右脚随右手往右侧，横移半步，左手同时亦松开，手心朝下，随腰往下往右圆转，转至右肩前，手心转向内，复往左转，随转手心随转向下，松掤之意如右手。左脚随右手往右侧横移一步，两手圆转如轮，右手至左肩前，左手伸直；左手至右肩前，右手伸直。云右手，眼神与腰随之往右，云左手，眼神与腰随之往左。云右手坐右腿，云左手坐左腿。此云手或三步，或五步，或七步均可以。然后，合太极，恢复至无极站式（宇宙大观）。

拳经歌诀：云手三进臂上功，云卷云舒上下分。

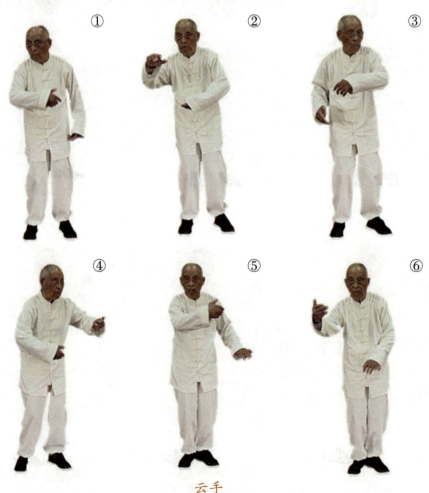

云手

二十一、高探马

拳架要领：无极站式（宇宙大观），拳架意理和拳架要领，见无极式。

练拳架动作时，意念（纯阴、纯阳）不重不轻，不急不缓，每一动意气在先，肢体动作随后。左手随腰收回，藏于左肋下，手心朝上，右手同时屈肘，由耳边捧出，手心朝下，左脚同时收回，脚尖自然点地。腰收回时，随收随往上提，同时左手下採，右手向前按出，故曰高探马，此式是右腿实。然后，合太极，恢复至无极站式（宇宙大观）。

拳经歌诀：上拦手刺高探马，掤手迎面闪电掌。

高探马

二十二、左右分脚

拳架要领：无极站式（宇宙大观），拳架意理和拳架要领，见无极式。

练拳架动作时，意念（纯阴、纯阳）不重不轻，不急不缓，每一动意气在先，肢体动作随后。由无极式开始，右手由下朝上划弧，手心朝下，左手往右下回收，手心朝上与右手相对，右手在上，左手在下，随腰由右往左往下圆转，左脚同时随腰和两手转到呈虚步，两手由下又往上，相合作十字，目视前方。此式右腿变实，左脚提起，足尖下垂，向前方踢出，脚背须平。两手同时两边分开，右手向右斜后方，左手向前方，两掌坐腕，手指向上。此式须浑身松开，要有顶劲，不然则不稳，眼随身走，目视前方。右分脚拳架方法和要领，同左分脚动作方法，只是动作路线和方向相反。眼随身走，目视前方。合太极，恢复至无极站式（宇宙大观）。

拳架要点：左右分脚手要封，提挪拔背脚刺腰。

左右分脚

▋ 二十三、转身踢脚

拳架要领：无极站式（宇宙大观），拳架意理和拳架要领，见无极式。

练拳架动作时，意念（纯阴、纯阳）不重不轻，不急不缓，每一动意气在先，肢体动作随后。由无极式开始，两手相合作十字。左足收回，仍提起，足尖下垂。右脚转向左后方，两手分开，左手朝前方。右手朝右后方。右踢出，脚心朝前方，脚尖朝上。眼随身走，目视前方。然后，合太极，恢复至无极站式（宇宙大观）。

拳架要点：转身蹬脚腹上佔，封住中门转身踢。

① ② ③

转身踢脚

▋ 二十四、进步栽捶

拳架要领：无极站式（宇宙大观），拳架意理和拳架要领，见无极式。

练拳架动作时，意念（纯阴、纯阳）不重不轻，不急不缓，每一动意气在先，肢体动作随后。由无极式开始，左脚由虚步提起，向前方迈出，左手搂膝，右手同时随腰平转一小圆圈，即由腰间向下打出。眼随身走，目视前方。然后，合太极，恢复至无极站式（宇宙大观）。

拳架要点：进步接手迎面冲，搂膝化粘栽捶劲。

① ② ③ ④ ⑤

进步栽捶

▌二十五、白蛇吐信

拳架要领：无极站式（宇宙大观），拳架意理和拳架要领，见无极式。

练拳架动作时，意念（纯阴、纯阳）不重不轻，不急不缓，每一动意气在先，肢体动作随后。由无极式开始，右脚向右外摆，同时右手向右下方下采至右胯部位，右手心朝下，这时将左脚提起朝前迈步，左手往下划弧，在朝前方探掌，掌心朝上；接着，左脚向左外摆，同时左手向左下方下采至左胯部位，左手心朝下，这时将右脚提起朝前迈步，右手往下划弧，再朝前方探掌，掌心朝上，目视前方。然后，合太极，恢复至无极站式（宇宙大观）。

拳架要点：白蛇吐信上下变，采住对手取双瞳。

① ② ③

白蛇吐信

二十六、左右披身伏虎式

拳架要领：无极站式（宇宙大观），拳架意理和拳架要领，见无极式。

练拳架动作时，意念（纯阴、纯阳）不重不轻，不急不缓，每一动意气在先，肢体动作随后。由无极式开始，做右披身伏虎式时，重心移至左脚，右脚提起向右侧迈脚，左手与右手同时随步和腰往右下方，向左圆转而上，并逐渐握拳，手心朝外，右手由丹田上至胸部位置，握拳手心朝内；右手在额之上，左手在胸之下，上下相对；两手转时，右脚同时往前横移，全身坐在右腿，左腿伸直，此时面向前方。左披身伏虎式动作方法和右披身伏虎式相同，只是方向相反。然后，合太极，恢复至无极站式（宇宙大观）。

拳架要点：左右顺势伏虎式，侧身挤按披身肘。

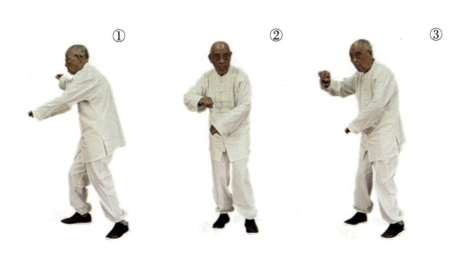

① ② ③

④ ⑤ ⑥

左右披身伏虎式

二十七、双峰贯耳

拳架要领：无极站式（宇宙大观），拳架意理和拳架要领，见无极式。

练拳架动作时，意念（纯阴、纯阳）不重不轻，不急不缓，每一动意气在先，肢体动作随后。由无极式开始，左脚朝左外侧摆，同时重心移至左脚，两手往后划弧，再朝前划弧，至与肩约平时，两手逐渐变拳，接着将右脚提起，迈向前方，最后，两手握拳相对，拳心向外，高度与太阳穴齐平，重心前移右腿，左腿伸直，目视手贯耳的方向。然后，合太极，恢复至无极站式（宇宙大观）。

拳架要点：左右连击太阳穴，双峰贯耳招法灵。

① ② ③

双峰贯耳

二十八、野马分鬃

拳架要领：无极站式（宇宙大观），拳架意理和拳架要领，见无极式。

练拳架动作时，意念（纯阴、纯阳）不重不轻，不急不缓，每一动意气在先，肢体动作随后。由无极式开始，右手随腰往左，与左手相合，右手在下，手心向上；左手在上，手心向下，全身坐在左腿上。右足提起，往前方迈去，右手随右足往右前方分开，手心斜朝上，左手同时往左斜后方分开，掌心朝下，重心前移，全身坐在右腿，目视右前方。此式与斜飞式基本相同，只是前手略低，劲路不同，此为右式野马分鬃。左式野马分鬃动作同右野马分鬃，只是方向相反，反复做三次或五次均可，至右分鬃换下式。然后，合太极，恢复至无极站式（宇宙大观）。

拳架要点：野马分鬃攻腋下，捯劲中正两手分。

野马分鬃

二十九、玉女穿梭

拳架要领：无极站式（宇宙大观），拳架意理和拳架要领，见无极式。

练拳架动作时，意念（纯阴、纯阳）不重不轻，不急不缓，每一动意气在先，肢体动作随后。由无极式开始，重心右移，左手转至右肋外，同时左脚轻轻提起，向左斜前方迈出，左手心向前挨着右臂，向上捧，随捧手心随转向外，而至额上。右手由左手之下，随腰和步向左斜前方按出。此时重心前移至左腿，面向左斜前方。

左腿坐实，脚跟转向右斜后方，使脚尖渐转向斜后方，右手转出左肋外，手心向前。右脚提起，向右斜前方迈出。右手心向前，挨着左臂，向上捧，随捧手心随转向外，而至额上。左手由右手之下，随腰和步向前按出。此式全身坐在右腿，面向右斜前方。

接着，坐实右腿，进左步，两手如前，手脚动作如前两动，按至斜方向。四个斜方向做完，然后，合太极，恢复至无极站式（宇宙大观）。

拳架要点：玉女穿梭四角封，抱球转身反击掌。

⑦　　　　⑧

玉女穿梭

▌三十、云掌

拳架要领：无极站式（宇宙大观），拳架意理和拳架要领，见无极式。

练拳架动作时，意念（纯阴、纯阳）不重不轻，不急不缓，每一动意气在先，肢体动作随后。掌心朝上，另一手掌心朝下，随腰往下往左圆转，转至左肩前，掌心转向内，身体右转，随着腰转的同时掌心转向下，并要求身体松松掤起，两掌心与胸腹间保持圆形，胸腹要空。右脚随右手往右侧，横移半步，左手同时亦松开，掌心朝下，随腰往下往右圆转，转至右肩前，掌心转向内，复往左转，随身体转动时掌心转向下，松掤之意如右手。左脚随右手往右侧横移一步，右脚并步靠拢。两手圆转如轮，左、右手掌在胸腹前相叠作按劲。反势，左手掌经右胸腹伸直回将；右手掌回将至胸腹前作按劲，眼神与腰随之往右，左云掌。眼神与腰随之往左侧胸腹，右云掌坐右腿，左云掌坐左腿。此云掌手或三步，或五步，或七步均可以。然后，合太极，恢复至无极站式（宇宙大观）。

拳经歌诀：连环相接云中意，切断中节三换掌。

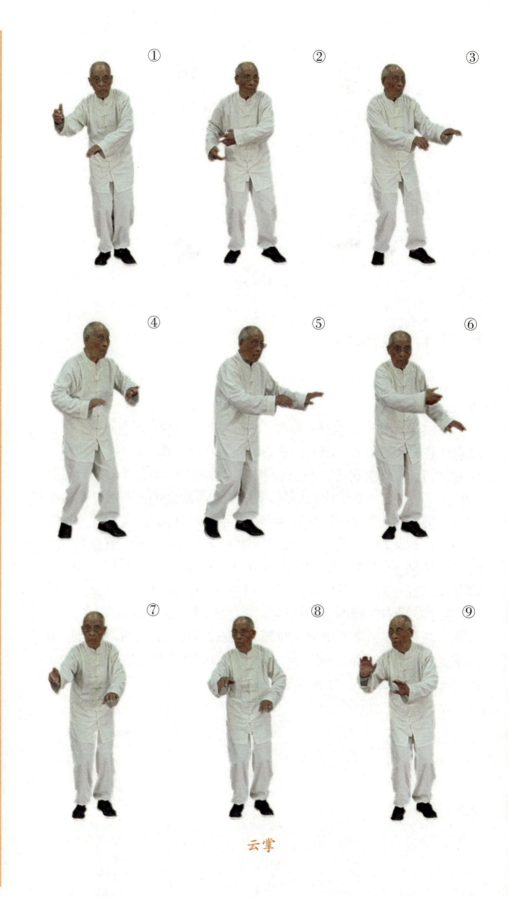

云掌

▌ 三十一、蛇形下势

　　拳架要领：无极站式（宇宙大观），拳架意理和拳架要领，见无极式。

　　练拳架动作时，意念（纯阴、纯阳）不重不轻，不急不缓，每一动意气在先，肢体动作随后。由无极式开始。右手动作，如单鞭式右手动作，重心移至右脚，往下坐在右腿上，愈低愈好，低至左腿伸直，同时左手向右划弧经体前，沿左腿内侧前穿掌，掌心朝外。身体不可前俯，下肢不可僵硬，头仍要有顶劲。左手随腰至左足踝处，右手仍为吊手。然后，合太极，恢复至无极站式（宇宙大观）。

　　拳架要点：蛇形下势顺锋入，缠丝盘劲海底翻。

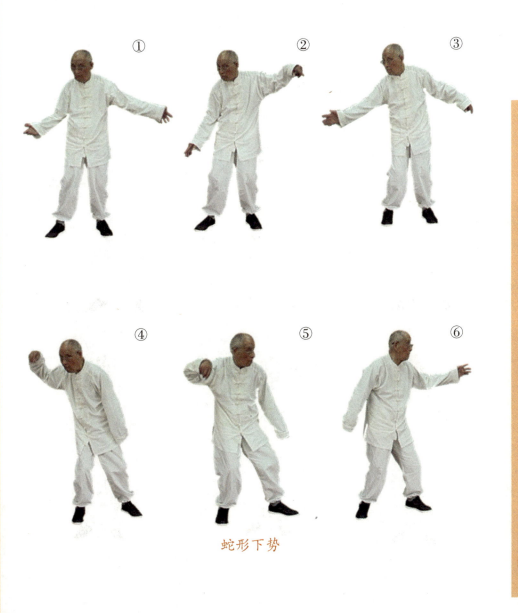

①　　②　　③

④　　⑤　　⑥

蛇形下势

▌三十二、云捶

拳架要领：无极站式（宇宙大观），拳架意理和拳架要领，见无极式。

练拳架动作时，意念（纯阴、纯阳）不重不轻，不急不缓，每一动意气在先，肢体动作随后。两手掌轻握拳，右拳上掤劲，左拳下掤势，手心朝下，两拳随腰往下往左圆转，转至左肩前，拳心转向内，经胸腹前作捯劲击出。练习时，两拳和胸之间保持圆形，胸腹松空。左脚随两拳转动的同时往左侧横移半步，作云捶式。反势。两手掌轻握拳，左拳上掤劲，右拳下掤势，手心朝下，两拳随腰往下往右圆转，转至右肩前，拳心转向内，经胸腹前作捯劲击出。练习时，两拳和胸之间保持圆形，胸腹松空。左脚随两拳转动的同时往右侧横移半步，作云捶式。练习时眼神与腰随之转动。右云捶时坐右腿，左云捶坐左腿。此云挂或三步，或五步，或七步均可以。然后，合太极，恢复至无极站式（宇宙大观）。（动作需修改）

拳经歌诀：云雾察晴空中绕，三捶相连上中下。

① ② ③

④ ⑤ ⑥

云捶

三十三、金鸡独立

拳架要领：无极站式（宇宙大观），拳架意理和拳架要领，见无极式。

练拳架动作时，意念（纯阴、纯阳）不重不轻，不急不缓，每一动要意气在先，肢体动作随后。由无极式开始，身体重心移至右腿，腰向右转，左脚轻轻提起，向前迈出，随着左手随身向上，至与肩齐处，而往下按，重心逐渐移至左腿；右手随右腿往前提起，右腿提至膝与腹平，脚尖自然下垂，右手提至肘与右膝相合，手心向内，指尖朝上，与右眉齐，此为左金鸡独立。右金鸡独立与左式相同，只是动作方向相反。然后，合太极，恢复至无极站式（宇宙大观）。

拳架要点：金鸡独立占上风，提膝上打致命处。

③ ④

金鸡独立

▌三十四、十字掌

拳架要领：无极站式（宇宙大观），拳架意理和拳架要领，见无极式。

练拳架动作时，意念（纯阴、纯阳）不重不轻，不急不缓，每一动要意气在先，肢体动作随后。由无极式手抱琵琶开始，右手往下按后，手心向下，往后圆转，左脚轻轻提起，同时往前迈步，使全身坐于右腿，这时左手从腰间经体前朝前方伸掌，重心前移至左脚，前进或后退，动作皆如前式。两手如轮，随转动或退步、前进均可以，

① ②

③

④

十字掌

做三次或五次都自由练习。然后，合太极，恢复至无极站式（宇宙大观）。

拳架要点：十字掌法夺中门，刺喉连发不留情。

▌ 三十五、十字脚

拳架要领：无极站式（宇宙大观），拳架意理和拳架要领，见无极式。

练拳架动作时，意念（纯阴、纯阳）不重不轻，不急不缓，每一动要意气在先，肢体动作随后。由无极式开始，右脚往左前方迈步，右手由右侧往胸前划弧，左手由右臂之上穿出，手心朝外，这时身体重心移至左脚，左右手朝两侧分出，左手分向左斜前方，右手分向右斜后方，手心朝外，同时提起右脚，向前蹬出。然后，合太极，恢复至无极站式（宇宙大观）。

拳架要点：十字腿法软骨断，闪身提粘截劲发。

①　②

③　④

十字脚

三十六、单摆莲

拳架要领：无极站式（宇宙大观），拳架意理和拳架要领，见无极式。

练拳架动作时，意念（纯阴、纯阳）不重不轻，不急不缓，每一动意气在先，肢体动作随后。由无极式开始，两手随意气向上，至大约与肩平的位置，身体重心移至左脚，两手在肩右侧，此时将右脚提起，经体前向右侧摆脚，用脚背击打左手，击打手时，两手尽量保持

八六

不动。然后，合太极，恢复至无极站式（宇宙大观）。

　　拳架要点：闪身穿掌单摆莲，摇化单臂托手上。

单摆莲

▌三十七、搂膝指裆捶

　　拳架要领：无极站式（宇宙大观），拳架意理和拳架要领，见无极式。

　　练拳架动作时，意念（纯阴、纯阳）不重不轻，不急不缓，每一动意气在先，肢体动作随后。由无极式开始，右脚外摆，右手下松随腰右转，往右后方划一圆弧，回收腰间时握拳，身体重心移至右腿坐实，左手搂膝，左脚向前迈进，右拳向前下向打出，身体重心前移，坐实左腿。然后，合太极，恢复至无极站式（宇宙大观）。

拳架要点：指裆捶下靠为锋，致命穴处不留情。

① ②

搂膝指裆捶

▌三十八、上步七星

拳架要领：无极站式（宇宙大观），拳架意理和拳架要领，见无极式。

练拳架动作时，意念（纯阴、纯阳）不重不轻，不急不缓，每一动要意气在先，肢体动作随后。由无极式开始，身体重心移至右退，右手做勾手，动作如单鞭的勾手，腰身做下势前进，逐渐坐实左腿。

① ② ③

上步七星

两手随腰往前握拳相交做斜十字形，左拳在右拳上方，右足轻轻提起向前迈，足尖自然点地。然后，合太极，恢复至无极站式（宇宙大观）。

拳架要点：腕中反有闭拿法，上步七星架手式。

三十九、退步跨虎

拳架要领：无极站式（宇宙大观），拳架意理和拳架要领，见无极式。

练拳架动作时，意念（纯阴、纯阳）不重不轻，不急不缓，每一动要意气在先，肢体动作随后。由无极式开始，右脚向后退，坐实，两手分开，右手在上，手心朝外，左手在下，手心朝下。左足即随之

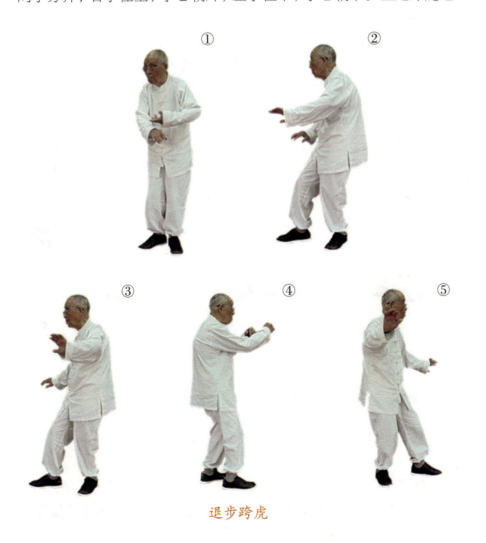

退步跨虎

退回，足尖点地。此式动作和白鹤亮翅相似，只是身体略低，两手更开。然后，合太极，恢复至无极站式（宇宙大观）。

拳架要点：退步跨虎闪正中，採化轻灵灵中变。

▌四十、转身双摆莲

拳架要领：无极站式（宇宙大观），拳架意理和拳架要领，见无极式。

练拳架动作时，意念（纯阴、纯阳）不重不轻，不急不缓，每一动要意气在先，肢体动作随后。由无极式开始，两手随意气伸至肩平，重心移至左脚，右脚往右侧后向转动，同时两手随身体转动，左脚提起，往右侧迈脚，全身随之转一圆落下，坐实左腿。两手随身而转，随转随合，此时面向前方，右足提起，由左摆右，两手由右摆左，稍拍足背。然后，合太极，恢复至无极站式（宇宙大观）。

拳架要点：八卦位中喜鹊步，转身双摆护腿进。

① ② ③

转身双摆莲

▌四十一、弯弓射虎

拳架要领：无极站式（宇宙大观），拳架意理和拳架要领，见无极式。

练拳架动作时，意念（纯阴、纯阳）不重不轻，不急不缓，每一动要意气在先，肢体动作随后。由无极式开始，重心移至左脚，提起右脚迈向右侧，两手随腰随右脚向右下方圆转，又由下而上，转向斜前方，作射虎势，目视斜前方。右足落下坐实，右拳在额上方，左拳伸出。然后，合太极，恢复至无极站式（宇宙大观）。

拳架要点：接手双粘折叠捶，弯弓射虎挑打胸。

弯弓射虎

四十二、合太极

拳架要领：无极站式（宇宙大观），拳架意理和拳架要领，见无极式。

练拳架动作时，意念（纯阴、纯阳）不重不轻，不急不缓，每一动要意气在先，肢体动作随后。由无极式开始，由十字手往下按，归于起势为合太极，动作如前所述。以上所列的各式，学者需要循序

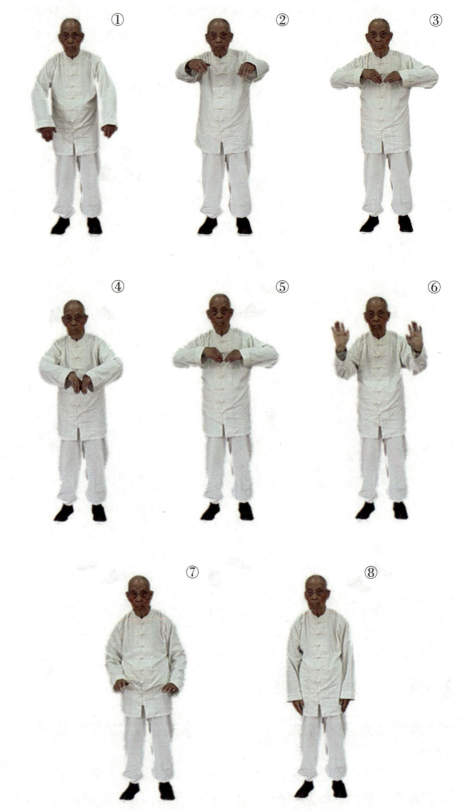

合太极

渐进，每天学一或二式，务求动作符合规矩，不可贪多。初学时，要细心揣摩，练习几年，先天内劲自然渐长，太极拳谱所谓"以心行气，务令沉着，乃能收敛入骨"。合太极，恢复至无极站式（宇宙大观）。

拳架要点：太极合手势完成，全体大用意为主。

第二节 蒋锡荣太极拳拳术技法

太极拳十三势，名谓掤、捋、挤、按、採、挒、肘、靠、进、退、顾、盼、定。掤、捋、挤、按、採、挒、肘、靠八种劲，依次配合坎、离、兑、震、巽、乾、坤、艮八卦。身法有前进、后退、左顾、右盼和中定，依次配合火、水、木、金、土五行。太极拳的动作和变化都离不开阴阳演变。太极十三势不是孤立的姿势和动作，而是根据阴阳变化的道理，随其所行，周而复始，不断变化的，学者只能在实践中逐步体会，不断加深理解。现解释一下太极十三势要点。

"掤"在十三势中是一种基本劲，这是太极拳中比较难学的一个动作，只有懂得了掤劲，才能够谈得上入门。在技击上，凡是和对方身体接触的任何部分都要有掤劲。掤劲有了，才能做到急则急应，动缓则缓随。可以这样说，掤劲也是对敌手法转换的基础，在对抗中掌握来势后可以乘机转换其他劲制服对方。掤劲似实非实，似虚非虚，又虚又实，人不知我，我独知人，因此被称为暗劲。掤劲是一种细致而微妙的动作，当接到对方来劲力时，我以"中定劲"为支点，乘势将对方来力向前上方牵动，使对方的劲力悬空，这样我就可以用较小的力做到"四两拨千斤"。如果对抗接手时没有掤劲，那就无法承受对方较大的劲力，也无从探测对方的意图，这样就要处处陷于被动，发劲时也要有掤劲，可使对方难以脱离我的进攻，也难以还击。

"捋"是当对方击我时我以捋劲顺其劲路方向，加以引导，使对方不自觉地前进并失去身体重心。捋劲在力学上，犹如船桨的左右摇摆作用。我将对方劲力引向身旁侧面，轻重快慢全以对方的劲力与快慢为转移。等到对方失去身体重心之时，我则完全掌握主动，将其击出，

"挤"是当对方捋我其中一个手臂，我乘势平屈被捋的小臂，另

一手掌根贴肘弯内侧，两手同时正方向向对方胸部击出，或利用对方虚点，向对方斜方向进迫。挤劲在力学上犹如压面机之滚轴，同时向内旋转，在合旋之中并向前挤出。

"按"是用单掌或双掌按击对方虚点。当对方挤我，我可以双手按之，使其力下沉，或随对方来势斜线出击。用按劲时动作宜有折叠，犹如波浪起伏，可使对方失去重心。按劲在力学上犹如轮带的挫动作用，轮带连接发动机与车轮，与车轮接触属按劲，起挫动作用。

"採"是採劲，不是硬拉，用力小而效果大。用採劲时，要权衡劲力大小，乘势牵引对方。当我臂在对方上侧时，我利用来势，斜向牵引，名谓上採，为明劲。如我手或臂在对方下侧时，则我以衬托劲牵引，使其改变方向，然后，借势用其他方法斜线反击，为暗劲。採劲的原理，犹如在机械臂上加马达，可以起到加速的作用。

"挒"是当我以双手接住对方其中一个手臂时，借对方来力，乘势旋转，还击对方，犹如将物掀起而挫之，使对方难以招架。另一种更为厉害的挒劲是当对方突然击我时，我接对方劲力，运用突然爆发的内劲，转动身体，使对方猛烈腾空抛离地面。力学上犹如投物于旋转的轮盘上，一接触即砰然飞去。

"肘"是用弯曲的小臂外侧贴住对方肘部外侧，压对方虚点，谓之肘打。或顺对方来势，用肘部外侧贴住对方肘部外侧，向我身旁下按，谓之肘将。双方对抗时，肘的应用变化繁多，非常深奥。

"靠"是用肩或背顺势击打对方虚点，用借力使力的方法，也是在受到对方攻击来不及换手时，经常使用的一种方法。靠劲犹如气体的膨胀，突然爆发，可使被靠击的对手受到强烈震撼。掤、捋、挤、按、採、挒、肘、靠其他八种劲可以单独应用和练习，也可以混合应用。

"进"是上步向前追击的方法，也是黏劲，当对方要逃时，我将他黏住，对方退步我上步跟随。"退"是当对方进击猛烈时，我退步以柔劲缓和其攻势，但并非逃走，而是让自己得机得势。"顾"，当对方攻击我右侧时，我用接劲法向左旋转90度，以柔劲应付来劲，双目注视对方。"盼"，当对方从左侧攻击我时，我接劲后向右转90度，以柔劲应付来劲，双目注视对方，以观其变。

"定"，这是太极拳最根本的基本功。太极拳十三势以中定为主，其余掤、捋、挤、按等十二势为辅。一切势均不能脱离中定，有中定始可以言虚实，处处有虚实，即处处有中定。实际上太极拳法无定法，而一切法皆立足于中定，足以见中定的重要性。中定在力学上为稳定重心，平衡力矩，其根在脚，发于腿，主宰于腰，形于手指。其难练处在于用意气贯串，结合意气及六方位，浑为一体。"进、退、顾、盼、定"是劲法，也是身法，要在练习时不断体会其中奥秘。

　　太极拳在技击上有以下几个特点。第一个特点是以柔克刚。太极拳所称的"刚"与"柔"是两种劲。一种带有对抗性的，不论其劲是大是小，都称为刚劲。一种能随着对方来劲的大小而伸缩，没有对抗性的都称为柔劲。太极拳灵活地运用刚柔两个劲，随势变化，成为太极拳技击的重要特点。遇刚劲而无法灵活变化，只用力对顶，这称为死劲，与此相反，则称为活劲。死劲与活劲较量，常被活劲带引落空，招致失败，用太极拳的术语来说叫作以柔克刚。以柔克刚的运用是在与人交手时既要用人刚我柔的走劲去引使对方落空，又要会趁势，用黏劲取得我顺人背的优势。如果只知道对方用力，我也用力，见人抢先，我也抢先，这样就会导致力小的输给力大的，手慢的输给手快的，违背了太极拳以柔克刚的原则。太极拳处处讲柔化，首先要避免这种不必要或不利于己的冲突。但如果只知道避退，不会进击，也不符合刚柔相济、以柔克刚的道理。

　　第二个特点是以静待动。拳术的虚实蕴藏在劲中，不表现于外形。对方蓄劲未发时，如不能掌握对方的虚实，就不宜进击。如对方是实，但劲力有伸缩余地时，也不宜贸然进击，否则会给对方以可乘之机，这时任由对方先发劲，让对方力点逼近时再用逆来顺受的方法，将对方引进我攻击范围之内，然后，出击发劲取胜。大多时候太极拳不以先下手为强，主要依靠以静待动的战略，依靠用身、手感觉出来的，探索对方用劲的动向，了解敌情，用后发先至的战术进行还击。这种击法要求极度镇静，做到知己知彼。对于来劲猛的，可用他劲引使对方落空，再用挒或採来还击。如果不让对方近身可在对方未到近身之前，用掤劲试探，或乘对方第一个劲已过，第二个劲还未发时的空隙发动还击。总之，在交手时用听劲察觉对方来不及转变或陷入劣势时，即给以迅速打击。打手歌谓"彼不动，己不动。彼微动，己先动"。就是指以静待动，后发先至。

　　第三个特点是以小胜大。太极拳所用的拳术，表现于外形的称之为"着"，蕴藏于内的称之为"劲"。"着"与"劲"结合在一起的运用即为太极拳术。太极拳术擅长以力小胜力大，这种技击方法完全有力学上的根据。用"着"这种动作加在对方的动作上，再相应地增加或减少自己的劲，使对方的重心偏失或先化后黏，使对方处于不利的被动地位，即顺势打击，因而能以力小胜力大，占取优势。对方失败的原因是重心失去平衡，立身不稳，故一拨就倒。这种以小胜大的妙手，绝不是硬打硬进的手法所能做到的。

第四个特点是以退为进。太极拳论说："人刚我柔谓之走，我顺人背谓之黏"。太极拳用劲的方法就是走与黏。走是化开对方，黏是制服对方。走和黏相互交替作用就能使技击法千变万化。太极拳的动作处处都是太极图的形象化，表现为圆形动作。在圆形的范围内，包含无数走与黏的变化。与对方交手时要凭高度灵敏的感觉，掌握对方劲路的变化，因敌成势。这些变化的法则，不外乎一个顺字。应付对方的方法，不是柔便是刚。走是柔化对方，保障自己的安全，化被动为主动。黏是在柔化之后，掌握了主动权，乘机贴近，控制对方。这两个方法在应用时实际是一个方法的两个侧面，通俗地讲，就是以退为进，避开对方实力点，进攻对方的空当。

第五个特点是动作走弧线。太极拳技击的另一个特点是动作走弧线。遇敌用劲时刚柔循环和走黏交替，都以圆形动作为基础。走弧形路线的速度并不比直线慢，因为弧线动作没有间断，可随处转变，有时反比直线快些。所谓"后发先至"，便是从这当中得来。功夫越深，在应用弧线时走的弧线越小，甚至只有弧线的意味，看不出弧线的动作。现引用以下口诀，作为太极十三势的结语："掤进捋退自然理，阴阳水火既相济。先知四手得来真，采挒肘靠方可许。四隅从此演出来，十三势架永无已。任君开展和收敛，千万不可离太极。"

▌一、无极式

技法要领：双方面对站立，保持间距，呈无极站立式（宇宙大观或用手抱琵琶），练习之方法，见拳架手抱琵琶式要领（略），练习时左右式均可。收势，合太极，恢复至无极站立式。

技法要诀：守我之静待彼动，手挥琵琶势张开。

无极式（起势）拳架技法

▎二、起式拳

技法要领：

1. 双方面对无极站立式（宇宙大观），双方出招接劲，我方迎随听劲，沾粘对方劲路，并柔化其来劲，引空牵制对手，控制对方后。即用双手以提劲将其粘化至空提起，随之用掤劲将其击出，双手提至肩平后放松。然后，合太极，恢复至无极站立式。

2. 双手提至肩平，随之调整气息，立身中正，用採劲法将其击出。然后，合太极，恢复至无极站立式。

技法要诀：掤劲提手涌泉升，双採落势肩宜松。

▎三、揽雀尾拳

技法要领：双方面对无极站立式（宇宙大观），双方出招接劲，我方迎随听劲，沾粘对方劲路，并柔化其来劲，引空牵制对手，控制对方后。

1. 随之用掤劲将其击出。然后，合太极，恢复至无极站立式。

2. 双手提至肩平，随之调整气息，立身中正，用捋劲法将其化出，然后合太极恢复至无极站立式。

3. 双手提至肩平，随之调整气息，立身中正，用採劲法将其击发出。然后，合太极，恢复至无极站立式。

① ②

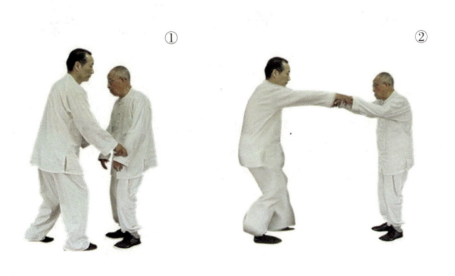

起式掤技法

起式採技法

4. 双手提至肩平，随之后调整气息，立身中正，用按劲法将其击推出。然后，合太极，恢复至无极站立式。

技法要诀：沾粘柔化变无穷，掤捋挤按顺势化。

①

②

③

揽雀尾掤技法

①

②

揽雀尾挤捋技法

揽雀尾挤技法

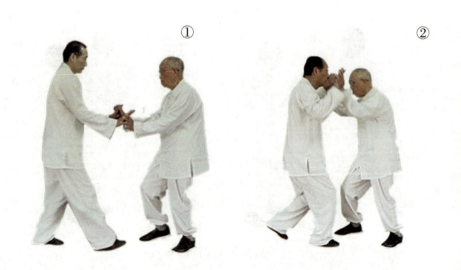

揽雀尾按技法

▌四、单鞭拳

技法要领：双方面对无极站立式（宇宙大观），双方出招接劲，我方迎随听劲，沾粘对方劲路，并柔化其来劲，引空牵制对手，控制对方后。即用粘化劲将其提起，随之用正侧捌劲将其击出。然后，合太极，恢复至无极站立式。

技法要诀：甩鞭当胸左右开，进得身来劲变捌。

③

④

单鞭拳技法

▌五、提手上式

技法要领：双方面对无极站立式（**宇宙大观**），双方出招接劲，我方迎随听劲，沾粘对方劲路，并柔化其来劲，引空牵制对手，控制对方后。即用掤挒劲将其粘化提起，随之用正捯劲将其击出。然后，合太极，恢复至无极站立式。

技法要诀：提粘掤挒断其根，顺引合出挤捯靠。

提手上式技法

▌六、白鹤亮翅

技法要领：双方面对无极站立式（宇宙大观），双方出招接劲，我方迎随听劲，沾粘对方劲路，并柔化其来劲，引空牵制对手，控制

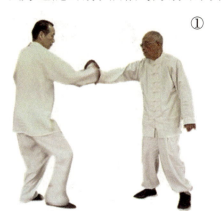

白鹤亮翅技法

对方后。即身体下沉，用平捋粘化其劲将其提起，随之穿分用採劲将其发出。然后，合太极，恢复至无极站立式。

技法要诀：顺提顺採顺势起，束展发力彼便走。

▌ 七、搂膝拗步

技法要领：双方面对无极站立式（宇宙大观），双方出招接劲，我方迎随听劲，沾粘对方劲路，并柔化其来劲，引空牵制对方，控制对方后。即身体下沉，用前臂撅、捋粘对方，并提、切将其落空，随之用按劲将其击出。然后，合太极，恢复至无极站立式。

技法要诀：连环引进斜中找，进步搂膝按掌势。

搂膝拗步技法

八、手挥琵琶

技法要领：双方面对无极站立式（宇宙大观），双方出招接劲，我方迎随听劲，沾粘对方劲路，并柔化其来劲，引空牵制对手，控制

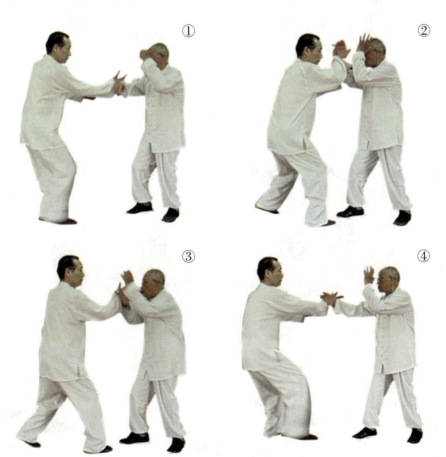

手挥琵琶技法

对方后。即身体松开，用粘提劲将其提起，随之用劈、切、捌劲将其击出。然后，合太极，恢复至无极站立式。

技法要诀：双手如抱一琵琶，挥势掤出里外圈。

▎九、进步搬拦捶

技法要领：双方面对无极站立式（宇宙大观），双方出招接劲，我方迎随听劲，沾粘对方劲路，并柔化其来劲，引空牵制对手，控制对方后。即用採粘劲，牵动对手重心，随之用撇身掌逆向使捌劲将其提起，并翻捶、劈击，将其击出。然后，合太极，恢复至无极站立式。

技法要诀：紧身三捶此为先，左右顾盼搬拦劲。

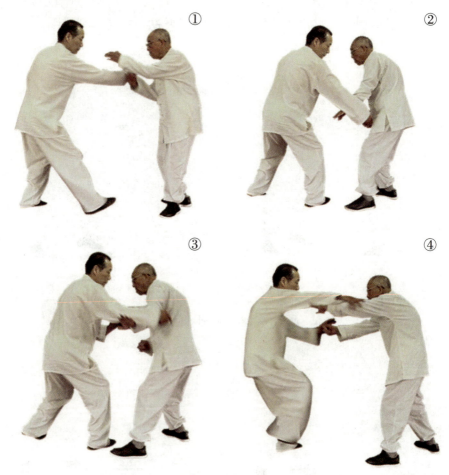

进步搬拦捶技法

▌十、如封似闭

技法要领：双方面对无极站立式（宇宙大观），双方出招接劲，我方迎随听劲，沾粘对方劲路，并柔化其来劲，引空牵制对方，控制对方后。即身体下沉，侧身粘化其对手手臂的内侧，将来劲化尽，随之进身将对方重心提起，用按劲将其击出。然后，合太极，恢复至无极站立式。

技法要诀：开化合手闭含攻，哼哈之间腰腿功。

如封似闭技法

█ 十一、十字手

技法要领：双方面对无极站立式（**宇宙大观**），双方出招接劲，我方迎随听劲，沾粘对方劲路，并柔化其来劲，引空牵制对手，控制对方后。即身体松开并下沉，沾粘对方，用双粘、双提劲将其提起，随之穿接捋、挤，用掤、捌劲将其击出。然后，合太极，恢复至无极站立式。

技法要诀：中定掤开两臂张，缠拿裹封开合手。

①　②　③　④

十字手技法

十二、抱虎归山

技法要领：双方面对无极站立式（**宇宙大观**），双方出招接劲，我方迎随听劲，沾粘对方劲路，并柔化其来劲，引空牵制对手，控制对方后。身体下沉，侧身以手臂捋化对方的附着点，同时进身搂抱双方身体，使对方失去重心，随之转体用按劲将其击出。然后，合太极，恢复至无极站立式。

技法要诀：虎威三抱归山势，盼前顾后搂按打。

抱虎归山技法

十三、採挒肘靠拳架技法

技法要领：双方面对无极站立式（宇宙大观），双方出招接劲，我方迎随听劲，沾粘对方劲路，并柔化其来劲，引空牵制对手，控制对方后。

1. 即身体松开，双手提至肩平，粘化对方来劲，随之用採劲将其击出。然后，合太极，恢复至无极站立式。

2. 双手提至肩平，随之调整气息，立身中正，用横挒劲法将其发出。然后，合太极，恢复至无极站立式。

3. 双手提至肩平，随之调整气息，立身中正，用肘劲法将其击发出。然后，合太极，恢复至无极站立式。

4. 双手提至肩平，随之调整气息，立身中正，用按靠法将其击出。然后，合太极，恢复至无极站立式。

技法要诀：採挒肘靠斜四方，荷花藏叶相机破。

採技法

捌技法

③　④

肘技法

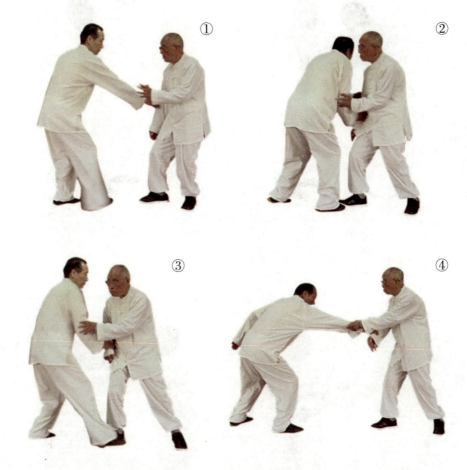

①　②

③　④

靠技法

十四、肘底看捶

技法要领：双方面对无极站立式（宇宙大观），双方出招接劲，我方迎随听劲，沾粘对方劲路，并柔化其来劲，引空牵制对手，控制对方后。即身体松开，右手臂沾粘化劲，随之左手穿接、肘、将对方手臂，进身用右手以翻捶，用捌劲将其击出。然后，合太极，恢复至无极站立式。

技法要诀：缠托折叠掌劈面，左化右沾中间开。

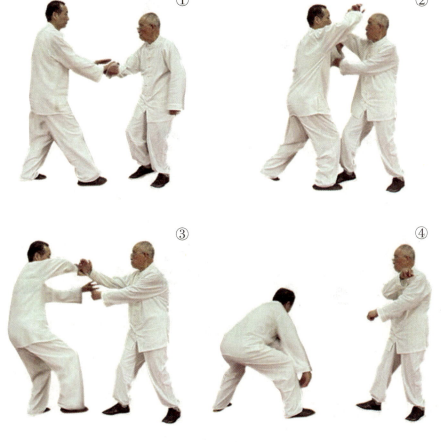

肘底看捶技法

十五、倒撵猴

技法要领：双方面对无极站立式（宇宙大观），双方出招接劲，我方迎随听劲，沾粘对方劲路，并柔化其来劲，引空牵制对手，控制对方后。即身体下沉，右手臂粘化，身体左后转，控制对手重心，随之双手松开，用肩背靠将其发出。然后，合太极，恢复至无极站立式。

技法要诀：轻灵撤步似水流，採粘背靠猴子相。

倒撵猴技法

▌十六、斜飞式

技法要领：双方面对无极站立式（**宇宙大观**），双方出招接劲，我方迎随听劲，沾粘对方劲路，并柔化其来劲，引空牵制对手，控制对方后。即身体下沉，重心移动落于后脚，并侧身调控重心，同时右手臂粘化左手，意达左脚底。随之两臂斜向分开，用掤劲将其击出。然后，合太极，恢复至无极站立式。

技法要诀：採劲翻掌即消殃，下沉侧身掤劲出。

斜飞式技法

十七、海底针

技法要领：双方面对无极站立式（宇宙大观），双方出招接劲，我方迎随听劲，沾粘对方劲路，并柔化其来劲，引空牵制对手，控制对方后。即身体松开下沉，右手採劲，粘化对方手臂，竖接左手掤挒

③

海底针技法

对方手臂内侧，牵动其重心，随之右手经体前弧线伸出，用掤劲将其发出。然后，合太极，恢复至无极站立式。

技法要诀：缠粘下截扳挽势，引入进身坠千斤。

▌十八、闪通背

技法要领：双方面对无极站立式（宇宙大观），双方出招接劲，我方迎随听劲，沾粘对方劲路，并柔化其来劲，引空牵制对手，控制对方后。即身体下沉，以右手臂捋、粘对方手臂，将其重心提起，随之身体侧进左手臂，用掤、按劲将其发出，用提劲将其提起。然后，合太极，恢复至无极站立式。

技法要诀：提粘手背托架功，扇背劲源在腰际。

①　　　　②

闪通背技法

十九、撇身捶

技法要领：双方面对无极站立式（宇宙大观），双方出招接劲，我方迎随听劲，沾粘对方劲路，并柔化其来劲，引空牵制对手，控制对方后。即身体重心后移，松开手臂粘化对方劲路，随之身体左内侧转，呈由下向上作弧线运动，以捋、反侧、掤劲将其击出。然后，合太极，恢复至无极站立式。

技法要诀：闪展化劲背正中，撇拳按掌捶可攻。

撇身捶技法

▌二十、云手

技法要领：双方面对无极站立式（宇宙大观），双方出招接劲，我方迎随听劲，沾粘对方劲路，并柔化其来劲，引空牵制对手，控制对方后。即身体松开，用掤劲粘化，离开对方重力点后，用提劲将其提起，随之身体内合呈圆弧，并穿分用捌劲将其击出。然后，合太极，恢复至无极站立式。

技法要诀：掤捋挤按腰间变，云入云出彼便跌。

云手技法

▌ 二十一、高探马

技法要领：双方面对无极站立式（宇宙大观），双方出招接劲，我方迎随听劲，沾粘对方劲路，并柔化其来劲，引空牵制对手，控制对方后。即身体下沉，以手臂翻接，粘化用掤劲控制对方，随之右手身体前靠，用按、撅劲将其发出。然后，合太极，恢复至无极站立式。

技法要诀：经纬两度乱环线，舒肩拨背扑面伸。

高探马技法

▌二十二、左右分脚

技法要领：双方面对无极站立式（宇宙大观），双方出招接劲，我方迎随听劲，沾粘对方劲路，并柔化其来劲，引空牵制对手，控制对方后。即身体后移下沉，右手沾粘对方重心，左手控制自身平衡，随之身体松开，以右脚而以分劲将其发出。然后，合太极，恢复至无极站立式。

技法要诀：圆势掤劲化空尽，粘提分脚人自跌。

左右分脚技法

▌二十三、转身踢脚

技法要领：双方面对无极站立式（宇宙大观），双方出招接劲，我方迎随听劲，沾粘对方劲路，并柔化其来劲，引空牵制对手，控制对方后。即身体松开，引化对方并保持自身身体平衡，控制对方重心点，随之用脚踢向对方的正侧面，将其发出。然后，合太极，恢复至无极站立式。

技法要诀：转身开合意中定，手拦脚踢着腰功。

① ② ③ ④

转身踢脚技法

▌ 二十四、进步栽捶

技法要领：双方面对无极站立式（宇宙大观），双方出招接劲，我方迎随听劲，沾粘对方劲路，并柔化其来劲，引空牵制对手，控制对方后。即身体下沉，手臂粘化对方劲路，并将其提起，控制重心，随之含胸拔背，身体前移，手臂击其下腹裆部位，将其发出。然后，合太极，恢复至无极站立式。

技法要诀：接手搂膝要当先，栽捶拳追腰腿间。

进步栽捶技法

▌二十五、白蛇吐信

技法要领：双方面对无极站立式（宇宙大观），双方出招接劲，我方迎随听劲，沾粘对方劲路，并柔化其来劲，引空牵制对手，控制对方后。即身体后移，左手粘化其对方手臂外侧，右手沾粘其手臂内侧，身体引化，将其重心提起，随之用掤劲，手掌成蛇形手（中指、食指指向面部眼睛），向前发放，将其发出。然后，合太极，恢复至无极站立式。

技法要诀：捋采蛇腰空中游，披身吐信刺两瞳。

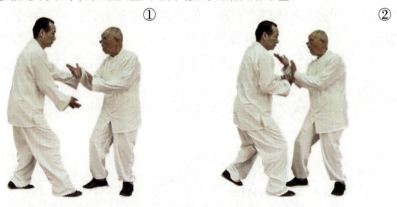

白蛇吐信技法

二十六、左右披身卧虎

技法要领：双方面对无极站立式（宇宙大观），双方出招接劲，我方迎随听劲，沾粘对方劲路，并柔化其来劲，引空牵制对手，控制对方后。即身体左侧下沉，右手粘化以肘部引空劲路，牵动对方重心，将其提起，随之身体向右侧转动，左手经左侧向对方的左侧部（头部、太阳穴）胸部膻中穴，用掤、肘劲将其发出。然后，合太极，恢复至无极站立式。

技法要诀：左右伏虎翻身打，转腰势空披身肘。

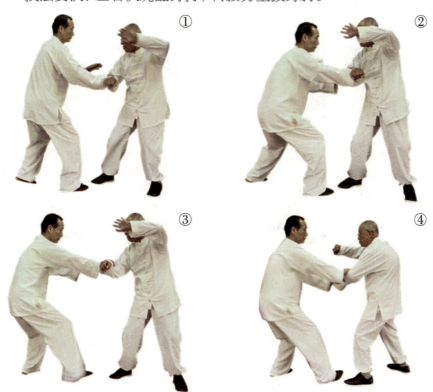

左右披身卧虎技法

▌二十七、双峰贯耳

技法要领：双方面对无极站立式（宇宙大观），双方出招接劲，我方迎随听劲，沾粘对方劲路，并柔化其来劲，引空牵制对手，控制对方后。即身体下沉，双臂肘部向侧，沾粘对方双臂内侧或外侧，引空来劲，牵动重心，将其提起，随之双拳呈弧线，指向对方身体两侧（头部太阳穴或肋两侧），身体前移，用掤劲将其发出。然后，合太极，恢复至无极站立式。

技法要诀：内外掤劲涌泉升，双捶直取太阳穴。

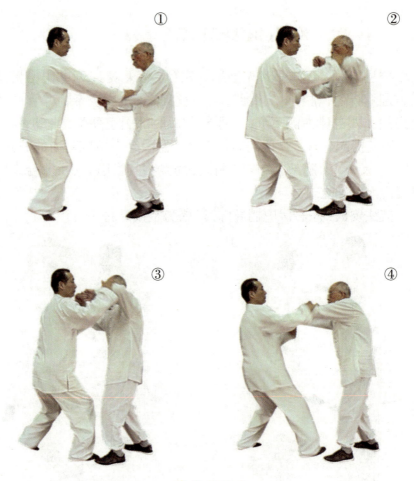

双峰贯耳技法

二十八、野马分鬃

技法要领：双方面对无极站立式（**宇宙大观**），双方出招接劲，我方迎随听劲，沾粘对方劲路，并柔化其来劲，引空牵制对手，控制对方后。即身体侧身左转，右手以圆弧掤、将劲，控制其对手重力，左手按劲，闪掌进身，随之右手由下经体前侧作弧以下捋劲将其发出。然后，合太极，恢复至无极站立式。

技法要诀：左右连环采捋势，肩靠肘打腋下攻。

野马分鬃技法

二十九、玉女穿梭

技法要领：双方面对无极站立式（**宇宙大观**），双方出招接劲，我方迎随听劲，沾粘对方劲路，并柔化其来劲，引空牵制对手，控制对方后。即右（**左**）手接劲，引化其对手来劲，身体后移，左（**右**）手在肘下穿接对方手臂，并以粘、提劲将其提起，同肘上步，随之右手以切、上将、掤劲进身，攻向其正胸、腹面，将其发出。然后，合太极，恢复至无极站立式。

技法要诀：双臂斜穿四方游，粘提顺捋走内肋。

玉女穿梭技法

▌三十、云掌

技法要领：双方面对无极站立式（宇宙大观），双方出招接劲，我方迎随听劲，沾粘对方劲路，并柔化其来劲，引空牵制对手，控制对方后。即身体松开，右手用掤劲粘化其对方手臂，左手覆盖其手臂，身体离开对方重力点后，用提、捋劲将其提起，随之身体内合呈圆弧，右

云掌技法

手掌穿分用切、掤劲将其击出。然后，合太极，恢复至无极站立式。

技法要诀：阴阳二掌云里盘，上掤下捋中间按。

▌ 三十一、蛇身下势

技法要领：双方面对无极站立式（宇宙大观），双方出招接劲，我方迎随听劲，沾粘对方劲路，并柔化其来劲，引空牵制对手，控制

①

②

③

蛇身下势技法

对方后。即身体下沉并移动重心，支撑脚、膝关节自然弯曲，右手粘化其对方来劲，引化于体侧，手臂作螺旋形，逆时针旋转，牵引对方重心，随之作挒、下挪劲向前方将其发出。然后，合太极，恢复至无极站立式。

技法要诀：穷花游蝶蛇拨草，下势逆收顺势採。

▌三十二、云捶

技法要领：双方面对无极站立式（宇宙大观），双方出招接劲，我方迎随听劲，沾粘对方劲路，并柔化其来劲，引空牵制对手，控制对方后。即身体松开，右手握拳用挪劲粘化其对方手臂，并覆盖其手臂，左手握拳内旋引空对方，身体离开对方重力点后，用提、挒劲将其提起，随之身体内合呈圆弧，双手握拳穿、靠、用挪劲将其击出。然后，合太极，恢复至无极站立式。

技法要诀：乱环圈圈三捶变，截粘随提双捶撞。

云捶技法

三十三、金鸡独立

技法要领：双方面对无极站立式（宇宙大观），双方出招接劲，我方迎随听劲，沾粘对方劲路，并柔化其来劲，引空牵制对手，控制对方后。即右手粘化对方手臂外侧，身体下沉，引化对方重心，同时左手护住对方肘关节，将其提起，随之提膝击对方的下腹或裆部，同时身体前移，用肘、捌劲将其发出。然后，合太极，恢复至无极站立式。

技法要诀：采捋顺势身跟进，擎掌提膝撞丹田。

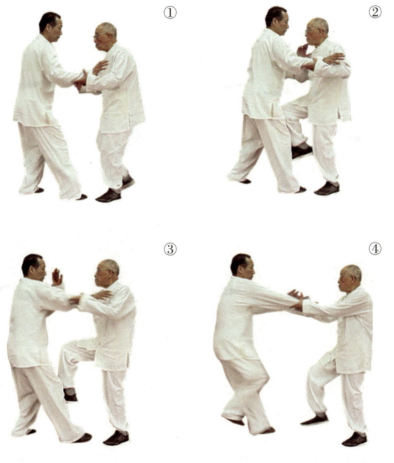

金鸡独立技法

三十四、十字掌

技法要领：双方面对无极站立式（宇宙大观），双方出招接劲，我方迎随听劲，沾粘对方劲路，并柔化其来劲，引空牵制对手，控制对方后。即身体后移，左手粘化对方手臂上侧，引化对方来劲，同时右手经左手臂手腕上部穿出，手掌指向对方的胸、喉部，随之身体前移，向前合势以掤劲将其发出。然后，合太极，恢复至无极站立式。

技法要诀：护肘胸前随意变，上步穿掌人难防。

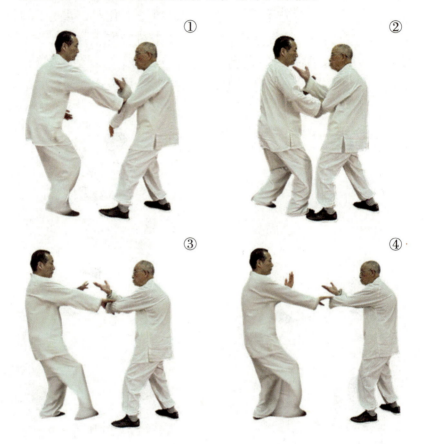

十字掌技法

三十五、十字脚

技法要领：双方面对无极站立式（宇宙大观），双方出招接劲，我方迎随听劲，沾粘对方劲路，并柔化其来劲，引空牵制对手，控制对方后。即左手沾粘对方的右手臂，同时身体下沉松开，重心移至左脚，平衡重心，右手由下上粘、化对方的左手臂，将其提起，随之提右脚，身体右侧身，用脚掌踢向对方前脚小腿前侧或膝关节，将其发出。然后，合太极，恢复至无极站立式。

技法要诀：粘化引进落空处，截劲下发腿上功。

十字脚技法

三十六、单摆莲

技法要领：双方面对无极站立式（宇宙大观），双方出招接劲，我方迎随听劲，沾粘对方劲路，并柔化其来劲，引空牵制对手，控制对方后。即左手提粘对方右手，身体后移，重心移至左脚，同时右手上掤，提、粘其接劲手臂，控制其劲路，随之右脚单侧由上向左上前方左弧线摆起，以脚面去对方腹软肋处，将其发出。然后，合太极，恢复至无极站立式。

技法要诀：提粘扫眉随势去，擎肘旋脚侧身发。

① ② ③

单摆莲技法

▋ 三十七、搂膝指裆捶

技法要领：双方面对无极站立式（宇宙大观），双方出招接劲，我方迎随听劲，沾粘对方劲路，并柔化其来劲，引空牵制对手，控制对方后。即用採、粘劲牵动对手重心，身体右侧转，搂膝控制对方重

① ②

③ ④

搂膝指裆捶技法

 缺失

心，随之右手握拳，指向其裆部，用靠劲将其击出。然后，合太极，恢复至无极站立式。

技法要诀：拗膝捋采搬拦功，跟步靠劲指挡捶。

▌ 三十八、上步七星

技法要领：双方面对无极站立式（宇宙大观），双方出招接劲，我方迎随听劲，沾粘对方劲路，并柔化其来劲，引空牵制对手，控制对方后。即身体松开并下沉，沾粘对方手臂，双手掌七星式，用双粘、双提劲将其提起，同时右脚上步。随之双手由掌变拳，以穿接捋、挤，用掤、捌劲将其击出。然后，合太极，恢复至无极站立式。

技法要诀：七星折叠肩肘靠，托架前踢膝上冲。

① ②

上步七星技法

▍三十九、退步跨虎

技法要领：双方面对无极站立式（**宇宙大观**），双方出招接劲，我方迎随听劲，沾粘对方劲路，并柔化其来劲，引空牵制对手，控制对方后。即身体松开下沉，左手粘化并用将、掤劲控制对方，同时右脚后侧一步，随之用靠劲将其发出。然后，合太极，恢复至无极站立式。

技法要诀：退步闪展防腿攻，沾连粘随任开合。

退步跨虎技法

四十、转身双摆莲

技法要领：双方面对无极站立式（宇宙大观），双方出招接劲，我方迎随听劲，沾粘对方劲路，并柔化其来劲，引空牵制对手，控制对方后。即身体下沉，牵动对方身体重心，右手粘化对方手臂，并将其提起，随之重心移至左脚，用右脚外侧击其对方身体右侧肋、腹部，同时双手用掤、按劲将其击出。然后，合太极，恢复至无极站立式。

技法要诀：前封后打缠粘劲，连环横扫旋风起。

转身双摆莲技法

▍四十一、弯弓射虎

技法要领：双方面对无极站立式（宇宙大观），双方出招接劲，我方迎随听劲，沾粘对方劲路，并柔化其来劲，引空牵制对手，控制对方后。即身体松开，重心后移，右手将、采对方手臂，左手穿切控制对方，随之右手由掌变拳，拳面指向对手左侧头部（太阳穴）或胸部，用掤、按劲将其击出。然后，合太极，恢复至无极站立式。

技法要诀：当头炮捶披身势，化彼双捶提拟弓。

弯弓射虎技法

▍四十二、合太极

技法要领：详见太极无极站立式。

技法要诀：静中触动动犹静，知己知彼无不胜，任他巨力来打我，招熟懂劲来神明。

①　②　③

合太极（收势）技法

第三节　蒋锡荣太极拳推手

　　拳经曰："由著熟而渐悟懂劲，由懂劲而阶及神明。"著熟、懂劲和阶及神明，这是学习太极拳推手经历的三个阶段。懂劲是不容易的，不是经过几天或几个月学习便能达到。一般在谈论太极拳功夫时都是以年计数的。功夫为时间和精力的乘积，没有经过较长时期的认真磨炼，在拳艺上就不可能得到较大的成就。拳架是基本功，是长劲的途径，切不可忽视，即使推手已经熟练，有了相当功夫，每天定时定量地盘架子，也是不可缺少的日常功课。同样重要的是对太极拳的要领要有正确的理解。太极拳入门的方法，唯一的捷径是著熟。至于阶及神明是说在懂劲之后，一步一步地达到炉火纯青的地步，这是太极拳推手的高级阶段。单搭手、双搭手、定步推手、活步推手、大捋、烂採花等，都是推手的各种方式方法。这些方式方法的运用，都叫作着术。着术熟练之后在技击上就可以发挥很大的作用，但是没有师父指点，这些着术还是不能很好地加以运用的。

十三势歌诀中指出"入门引路须口授，功夫无息法自修"，就是指着术而言。基于着术熟练，加上自己的钻研和体会，在推手时逐渐懂得掌握得机得势，用自己的得机得势，去攻击对方的失势，即用自己的优势击对方的缺点。对方的缺点，就是没有得机得势。在推手时不仅要知道自己，同时还要了解对方，这种功夫也是从熟练中得来，而对方失势的原因，也是由于对着术的不熟练。在推手时做到知己知彼，就是知道自己和对方的优缺点。对自己能避虚就实，攻对方是避实就虚，这样就是懂劲。推手也有四字口诀，叫作轻、灵、变、化。有四句话叫作："动则轻，轻则灵，灵则变，变则化。""动则轻"是说当双方一接手就要轻，轻不是说完全没有力，而是指有力不用。轻也要全身放松，如果手部虽然很轻，而肩部僵硬而用力，那不是真轻而是假轻。要做到立如平准，平准就是天平。轻也是整体的，好像天平，即使加上一丝一毫，也都能感觉出来。这就是灵，即轻则灵，灵才能应用变化。对方的攻势不论是自上来的、自下来的或自左右两旁来的，我都能将其转换而化掉，这就是灵，灵则变。所以推手入门三部曲是由轻为灵、由灵而变的过程。这前三个字练好就可以称为入门了。关于化，简单讲是化劲，但也可指随心所欲，无所不能，即进入化境的高级阶段。

太极拳推手最重要的一点在于怎样适应对方的手法，那就是说要用舍己从人、后发先至的方法，先化掉对方的来势，然后用弧圈形动作击对方虚点，当中不可断劲。初学者切忌由主观意图，在没有掌握虚实和得机得势的情况下去攻击对方。这是妨碍进步的一大原因。要掌握对方来劲，必须在不丢不顶的状态下，发展自己的感觉力量。这种力量是内劲，是长期锻炼太极拳练出来的功能。这种感觉力量就叫听劲。听劲也离不开掤劲，掤劲不仅手上要有，身体接触的各个部分都可以发挥这个作用，做到气通全身不稍滞。在交手时要听对方劲路，和他缠绕在一起，那就离不开粘、连、黏、随四项要点。粘是手在对方肢体的上面，用引劲把对方吸起，好像粘住东西一样，实际是对方自己的手在移动。连是双方变动着的劲路要绵绵不断，不可右断劲，中断就给人以可乘之机。黏是和对方缠绕在一起，使其不能逃脱我的控制。随是随从对方变化而变化。用这四种方法须发挥自己的感觉。这种感觉是很细微的，犹如细小的声音，用耳静听才能听到，所以叫作听劲。判断对方来意而发出的反应和变化叫作走。走也要不丢不顶，所以说黏即是走。能够化开对手，但是仍不离开对手，这就是"走即是黏"。做到屈伸开合听自由，黏走都能得心应手，才可称为懂劲。但要重复一下，只有通过著熟，才能渐悟懂劲。曾有论述推手的小诗："临敌默会诸般诀，万法先机一动中。要知我道原无异，莫误旁门失典型。"

　　蒋先生将定步推手分为盘手和四正手，打手歌曰："掤捋挤按须认真，上下相随人难进；任他巨力来打我，牵动四两拨千斤；引进落空合即出，沾连黏随不丢顶。被打欲跌须雀跃，挤住难逃用蛇形。拔背含胸合太极，裹裆护臀踩五行。学者悟彻玄中意，一身妙法豁然能。"

　　练习时要注意立身中正、神态安舒、动作轻灵圆活、虚领顶劲、含胸拔背、沉肩坠肘、气沉丹田、尾闾中正等要求，在练习过程中逐渐加深理解，做到姿势正确。初学者要避免挺胸、凸臀、含肩、拱肘等一些容易犯的毛病。下面主要介绍定步的盘手和四正手，为便于说明以蒋先生为甲方，对方为乙方。

▌ 一、定步推手：四正手

（一）盘手掤、捋、挤、按单练法

1. 盘手——掤

　　动作要领：盘手即掤、捋、挤、按四正形习练法，又叫双搭手，是推手八法中的基本练习方法。预备势两人面对而立，相距约三米，呈无极站立式（**宇宙大观**），均为平行步。然后，两人靠近搭手，脚尖位置各与对方脚心平齐，两前脚距离一横足，腰胯能舒适放松为宜。两人右手各向前举起，臂稍屈，垂肘。双方右手手背贴，均成侧掌。左手掌则各附于对方右肘外侧，过渡到以左腿支撑，右手在前的无极状态的手抱琵琶式。双方各伸出右腿，均成虚步。盘手结束恢复成无极式站立姿势。

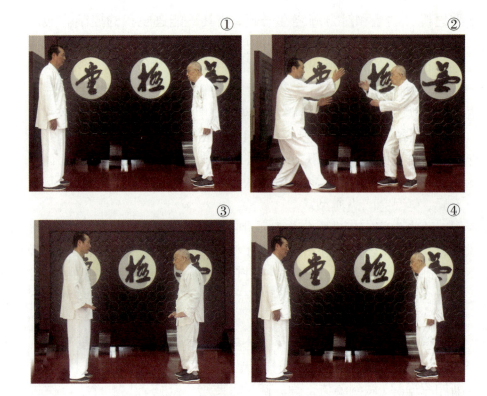

① ② ③ ④

盘手——掤

　　在盘手开始之前，双方接手后伸出的一足都是虚步。在盘手进行中，乙方先将右手朝甲方面部伸去时，甲方随即用右手将乙方右腕轻轻将住，同时身体往回缩，再左手和右手同时从乙方右手臂下方绕至手臂上方，要轻轻放在乙方右手臂上边，两手要一起朝斜右方将去，此为甲方的盘手将。接着，乙方将右手臂微伸直，手腕向里裹，裹至手心向内，再将左手与右手腕向里裹，同时一起朝右手臂下节中间挤去，两眼目视甲方，此为乙方的盘手挤。当乙方挤时，甲方两手和身体同时不丢不顶往回缩，前脚虚空，将乙方身体控制住，此为甲方的盘手掤。接着甲方将两手往乙方右手臂上按去，右手按住乙方右手臂，左手按住乙方右手臂的肘关节上面，两手一起向前按去，此为甲方的盘手按。

　　然后，乙方将、掤，甲方挤、按，仍按前面的动作，一来一回，循环往复，周而复始，一气贯通，两人如同一体。

　　练习盘手将，开始要做几个来回的盘手。当乙方挤时，甲方两手和身体，同时不丢不顶往回缩，前脚虚空，将乙方身体控制住，然后将乙方按出，此为甲方的盘手掤。

①

②

③

④

⑤

盘手——掤

　　动作要点：双方接手处应有意识，都有掤劲。在推手开始后既不可用力相顶，也不可丢离。

2. 盘手——捋

动作要领：盘手即掤、捋、挤、按四正形习练法，又叫双搭手，是推手八法中的基本练习方法。预备势两人面对而立，相距约三米，呈无极站立式（宇宙大观），均为平行步。然后，两人靠近搭手，脚尖位置各与对方脚心平齐，两前脚距离一横足，腰胯能舒适放松为宜。两人右手各向前举起，臂稍屈，垂肘。双方右手手背贴，均成侧掌。左手掌则各附于对方右肘外侧，过渡到以左腿支撑、右手在前的无极状态的手抱琵琶式。双方各伸出右腿，均成虚步。

在盘手开始之前，双方接手后伸出的一足都是虚步。在盘手进行中，乙方先将右手朝甲方面部伸去时，甲方随即用右手将乙方右腕轻轻捋住，同时身体往回缩，再左手和右手同时从乙方右手臂下方绕至手臂上方，要轻轻放在乙方右手臂上边，两手要一起朝斜右方捋去，此为甲方的盘手捋。接着，乙方将右手臂微伸直，手腕向里

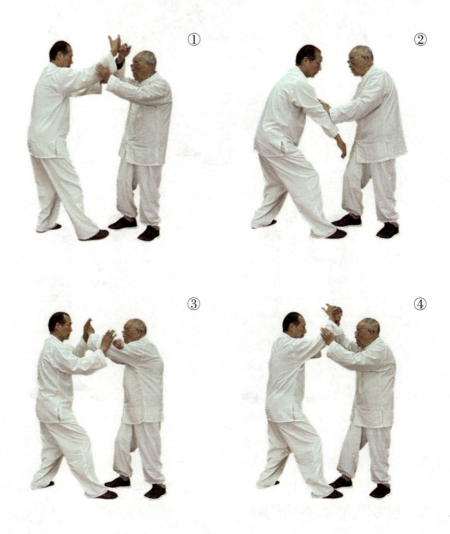

① ② ③ ④

⑤

盘手——将

裹，裹至手心向内，再将左手与右手腕向里裹，同时一起朝右手臂下节中间挤去，两眼目视甲方，此为乙方的盘手挤。当乙方挤时，甲方两手和身体同时不丢不顶往回缩，前脚虚空，将乙方身体控制住，此为甲方的盘手掤。接着甲方将两手往乙方右手臂上按去，右手按住乙方右手臂，左手按住乙方右手臂的肘关节上面，两手一起向前按去，此为甲方的盘手按。

然后，乙方将、掤，甲方挤、按，仍按前面的动作，一来一回，循环往复，周而复始，一气贯通，两人如同一体。

练习盘手将，开始要做几个来回的盘手。乙方先将右手朝甲方面部伸去时，甲方随即用右手将乙方右腕轻轻将住，同时身体往回缩，再左手和右手同时从乙方右手臂下方绕至手臂上方，要轻轻放在乙方右手臂上边，两手要一起朝斜右方将去，将对方跌出，此为甲方的盘手将。

3. 盘手——挤

动作要领：盘手即掤、将、挤、按四正形习练法，又叫双搭手，是推手八法中的基本练习方法。预备势两人面对而立，相距约三米，呈无极站立式（宇宙大观），均为平行步。然后，两人靠近搭手，脚尖位置各与对方脚心平齐，两前脚距离一横足，腰胯能舒适放松为宜。两人右手各向前举起，臂稍屈，垂肘。双方右手手背贴，均成侧掌。左手掌则各附于对方右肘外侧，过渡到以左腿支撑、右手在前的无极状态的手抱琵琶式。双方各伸出右腿，均成虚步。

在盘手开始之前，双方接手后伸出的一足都是虚步。在盘手进行中，乙方先将右手朝甲方面部伸去时，甲方随即用右手将乙方右腕轻轻将住，同时身体往回缩，再左手和右手同时从乙方右手臂下方绕至手臂上方，要轻轻放在乙方右手臂上边，两手要一起朝斜右方捋去，此为甲方的盘手捋。接着，乙方将右手臂微伸直，手腕向里裹，裹至手心向内，再将左手与右手腕向里裹，同时一起朝右手臂下节中间挤去，两眼目视甲方，此为乙方的盘手挤。当乙方挤时，甲方两手和身体同时不丢不顶往回缩，前脚虚空，将乙方身体控制住，此为甲方的盘手掤。接着甲方将两手往乙方右手臂上按去，右手按住乙方右手臂，左手按住乙方右手臂的肘关节上面，两手一起向前按去，此为甲方的盘手按。

然后，乙方捋、掤，甲方挤、按，仍按前面的动作，一来一回，循环往复，周而复始，一气贯通，两人如同一体。

练习盘手挤，开始要做几个来回的盘手。当乙方捋时，甲方将右手臂微伸直，手腕向里裹，裹至手心向内，再将左手与右手腕向里裹，同时一起朝右手臂下节中间挤去，两眼目视甲方，将对方挤出，此为甲方的盘手挤。

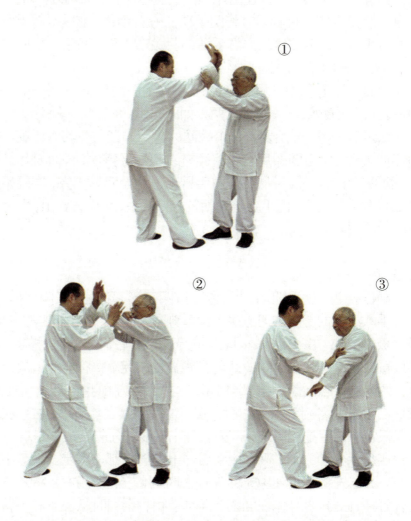

④　⑤

盘手——挤

4. 盘手——按

动作要领：盘手即掤、捋、挤、按四正形习练法，又叫双搭手，是推手八法中的基本练习方法。预备势两人面对而立，相距约三米，呈无极站立式（**宇宙大观**），均为平行步。然后，两人靠近搭手，脚尖位置各与对方脚心平齐，两前脚距离一横足，腰胯能舒适放松为宜。两人右手各向前举起，臂稍屈，垂肘。双方右手手背贴，均成侧掌。左手掌则各附于对方右肘外侧，过渡到以左腿支撑、右手在前的无极状态的手抱琵琶式。双方各伸出右腿，均成虚步。

在盘手开始之前，双方接手后伸出的一足都是虚步。在盘手进行中，乙方先将右手朝甲方面部伸去时，甲方随即用右手将乙方右腕轻轻捋住，同时身体往回缩，再左手和右手同时从乙方右手臂下方绕至手臂上方，要轻轻放在乙方右手臂上边，两手要一起朝斜右方捋去，此为甲方的盘手捋。接着，乙方将右手臂微伸直，手腕向里裹，裹至手心向内，再将左手与右手腕向里裹，同时一起朝右手臂下节中间挤去，两眼目视甲方，此为乙方的盘手挤。当乙方挤时，甲方两手和身体同时不丢不顶往回缩，前脚虚空，将乙方身体控制住，此为甲方的盘手掤。接着甲方将两手往乙方右手臂上按去，右手按住乙方右手臂，左手按住乙方右手臂的肘关节上面，两手一起向前按去，此为甲方的盘手按。

然后，乙方捋、掤，甲方挤、按，仍按前面的动作，一来一回，循环往复，周而复始，一气贯通，两人如同一体。

在练习盘手按时，开始要做几个来回的盘手。当乙方挤时，甲

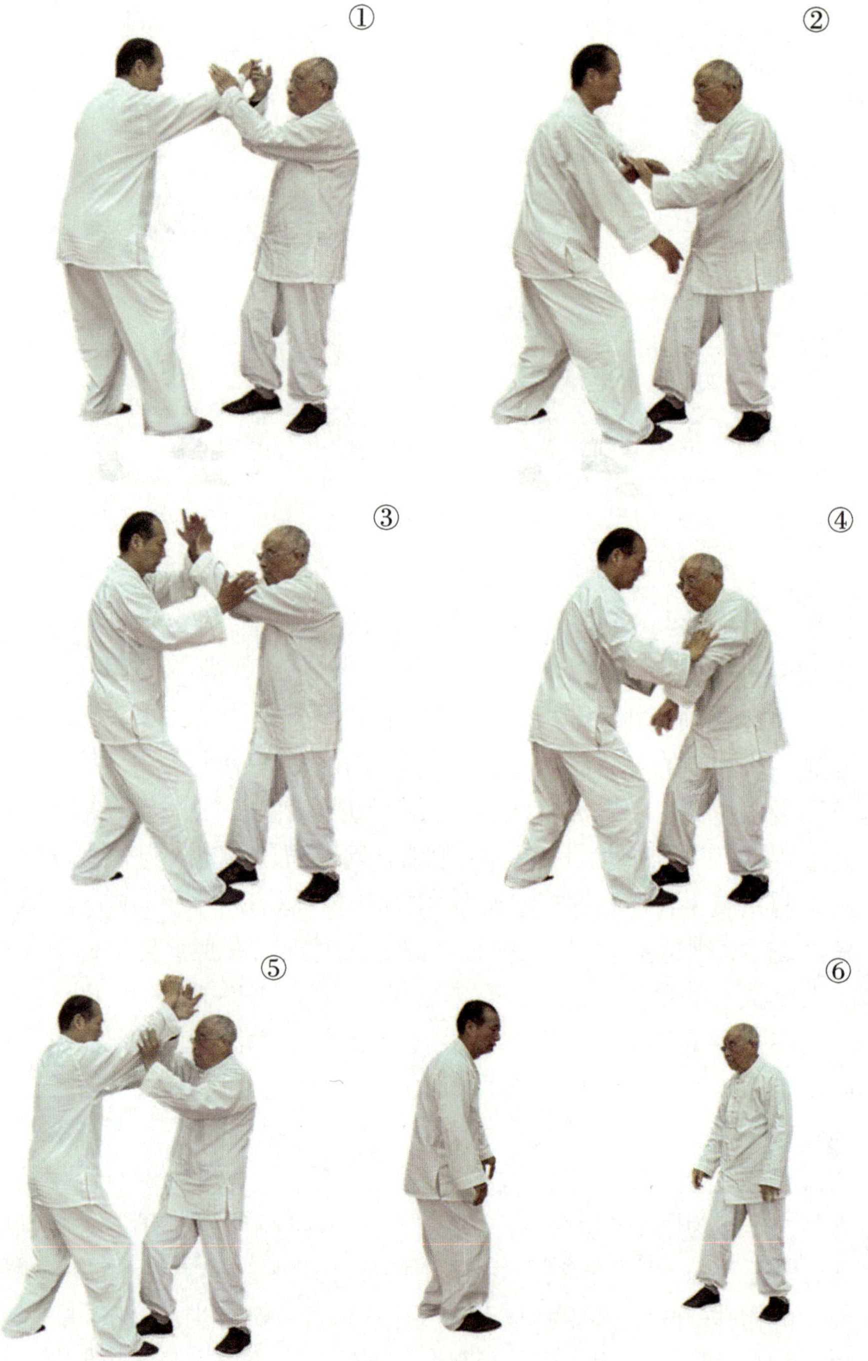

①
②
③
④
⑤
⑥

盘手——按

方两手和身体，同时不丢不顶往回缩，前脚虚空，将乙方身体控制住。接着甲方将两手往乙方右手臂上按去，右手按住乙方右手臂，左手按住乙方右手臂的肘关节上面，两手一起向前按去，将对方跌出，此为甲方的盘手按。

（二）四正手对练法

动作要领：四正手即掤、捋、挤、按四正形习练法，是推手八法中的基本功。预备势两人相对而立，相距约三米，呈无极站立式（**宇宙大观**），均为平行步。然后，两人靠近搭手，脚尖位置各与对方脚心平齐，两前脚距离一横足，腰胯能舒适放松为宜。两人右手各向前举起，臂稍屈，垂肘。双方右手手背贴，均成侧掌。左手掌则各附于对方右肘外侧，过渡到以左腿支撑、右手在前的无极状态的手抱琵琶式。双方各伸出右腿，均成虚步。

在四正手开始之前，双方接手后伸出的一足都是虚步。在盘手进行中，甲方身体后缩，将两手往乙方右手臂上按去，乙方用左手臂和右手肘关节接住甲方的双手按，同时右手往下划弧做下掤，这时是甲按乙掤。

接着，甲方将右手臂微伸直，手腕向里裹，裹至手心向内，再将左手与右手腕向里裹，同时一起朝右手臂下节中间挤去，两眼目视乙方，此为甲方的四正手挤。此时，乙方随即用右手将甲方右腕轻轻捋住，同时身体往回缩，再左手和右手同时从乙方右手臂下方绕至手臂上方，要轻轻放在乙方右手臂上边，两手要一起朝斜左方捋去，此为乙方的四正手捋，这是甲方挤乙方捋。

接着，甲方继续前挤，乙方则转为化，化后控制住对方，再往前按向甲方，这时是乙按甲掤，甲乙双方都要做掤、捋、化、按、挤，中间可以换手，也可以换方向，自由安排，如此循环往复，周而复始，一气贯通，两人犹如一体，其中每一动均如由无极到太极的过渡。

简言之，你按我掤，我捋你挤，你挤我化；我按你掤，你捋我挤，我挤你化；你按我掤，我捋你提（**换手**）；你掤我按，你捋我挤，我挤你化。

①　　②

③　④

⑤

⑥　⑦

四正手对练

（三）四正手掤、捋、挤、按

1. 四正手——掤

动作要领：四正手即掤、捋、挤、按四正形习练法，是推手八法中的基本功。预备势两人相对而立，相距约三米，呈无极站立式（宇宙大观），均为平行步。然后，两人靠近搭手，脚尖位置各与对方脚心平齐，两前脚距离一横足，腰胯能舒适放松为宜。两人右手各向前举起，臂稍屈，垂肘。双方右手手背贴，均成侧掌。左手掌则各附于对方右肘外侧，过渡到以左腿支撑、右手在前的无极状态的手抱琵琶式。双方各伸出右腿，均成虚步。

在四正手开始之前，双方接手后伸出的一足都是虚步。在盘手进行中，甲方身体后缩，将两手往乙方右手臂上按去，乙方用左手臂和右手肘关节接住甲方的双手按，同时右手往下划弧做下掤，这时是甲按乙掤。

接着，甲方将右手臂微伸直，手腕向里裹，裹至手心向内，再将左手与右手腕向里裹，同时一起朝右手臂下节中间挤去，两眼目视乙方，此为甲方的四正手挤。此时，乙方随即用右手将甲方右腕轻轻捋住，同时身体往回缩，再左手和右手同时从乙方右手臂下方绕至手臂上方，要轻轻放在乙方右手臂上边，两手要一起朝斜左方捋去，此为乙方的四正手捋，这是甲方挤乙方捋。

接着，甲方继续前挤，乙方则转为化，化后控制住对方，在往前按向甲方，这时是乙按甲掤，甲乙双方都要做掤、捋、化、按、挤，中间可以换手，也可以换方向，自由安排，如此循环往复，周而复始，一气贯通，两人犹如一体，其中每一动均如由无极到太极的过渡。

在练习四正手掤时，开始要做几个来回的四正手。当乙方按时，甲方两手和身体，同时不丢不顶往回缩，前脚虚空，将乙方身体控制住并将其掤起，然后将乙方按出，此为甲方的四正手掤。

①

②

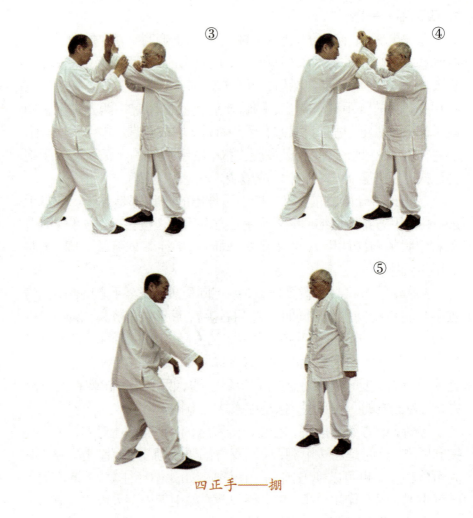

四正手——掤

2. 四正手——捋

　　动作要领：四正手即掤、捋、挤、按四正形习练法，是推手八法中的基本功。预备势两人相对而立，相距约三米，呈无极站立式（宇宙大观），均为平行步。然后，两人靠近搭手，脚尖位置各与对方脚心平齐，两前脚距离一横足，腰胯能舒适放松为宜。两人右手各向前举起，臂稍屈，垂肘。双方右手手背贴，均成侧掌。左手掌则各附于对方右肘外侧，过渡到以左腿支撑、右手在前的无极状态的手抱琵琶式。双方各伸出右腿，均成虚步。

　　在四正手开始之前，双方接手后伸出的一足都是虚步。在盘手进行中，甲方身体后缩，将两手往乙方右手臂上按去，乙方用左手臂和右手肘关节接住甲方的双手按，同时右手往下划弧做下掤，这时是甲按乙掤。

一五〇

蒋锡荣太极拳术

①

②

③

④

⑤

⑥

四正手——挤

接着，甲方将右手臂微伸直，手腕向里裹，裹至手心向内，再将左手与右手腕向里裹，同时一起朝右手臂下节中间挤去，两眼目视乙方，此为甲方的四正手挤。此时，乙方随即用右手将甲方右腕轻轻捋住，同时身体往回缩，再左手和右手同时从乙方右手臂下方绕至手臂上方，要轻轻放在乙方右手臂上边，两手要一起朝斜左方捋去，此为乙方的四正手捋，这是甲方挤乙方捋。

接着，甲方继续前挤，乙方则转为化，化后控制住对方，在往前按向甲方，这时是乙按甲掤，甲乙双方都要做掤、捋、化、按、挤，中间可以换手，也可以换方向，自由安排，如此循环往复，周而复始，一气贯通，两人犹如一体，其中每一动均如由无极到太极的过渡。

在练习四正手捋时，开始要做几个来回的四正手。当乙方挤时，甲方两手和身体，同时不丢不顶往回缩，前脚虚空，将乙方身体控制住并将其捋起，然后将乙方向斜后下方捋出，此为甲方的四正手捋。

3. 四正手——挤

动作要领：四正手即掤、捋、挤、按四正形习练法，是推手八法中的基本功。预备势两人相对而立，相距约三米，呈无极站立式（宇宙大观），均为平行步。然后，两人靠近搭手，脚尖位置各与对方脚心平齐，两前脚距离一横足，腰胯能舒适放松为宜。两人右手各向前举起，臂稍屈，垂肘。双方右手手背贴，均成侧掌。左手掌则各附于对方右肘外侧，过渡到以左腿支撑、右手在前的无极状态的手抱琵琶式。双方各伸出右腿，均成虚步。

在四正手开始之前，双方接手后伸出的一足都是虚步。在盘手进行中，甲方身体后缩，将两手往乙方右手臂上按去，乙方用左手臂和右手肘关节接住甲方的双手按，同时右手往下划弧做下掤，这时是甲按乙掤。

接着，甲方将右手臂微伸直，手腕向里裹，裹至手心向内，再将左手与右手腕向里裹，同时一起朝右手臂下节中间挤去，两眼目视乙方，此为甲方的四正手挤。此时，乙方随即用右手将甲方右腕轻轻捋住，同时身体往回缩，再左手和右手同时从乙方右手臂下方绕至手臂上方，要轻轻放在乙方右手臂上边，两手要一起朝斜左方捋去，此为乙方的四正手捋，这是甲方挤乙方捋。

接着，甲方继续前挤，乙方则转为化，化后控制住对方，在往前按向甲方，这时是乙按甲掤，甲乙双方都要做掤、捋、化、按、挤，中间可以换手，也可以换方向，自由安排，如此循环往复，周而复始，

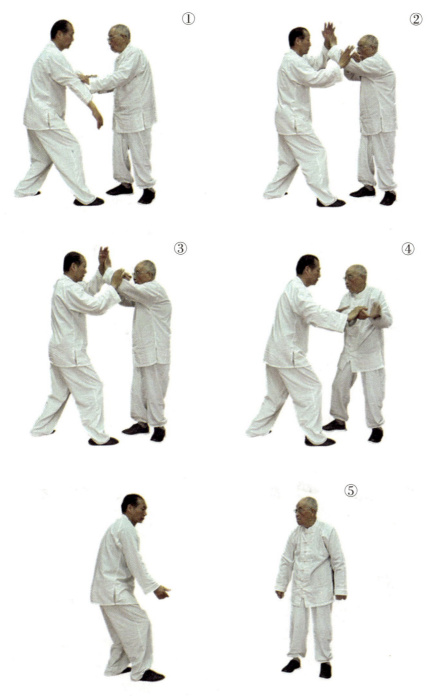

① ② ③ ④ ⑤

四正手——挤

一气贯通，两人犹如一体，其中每一动均如由无极到太极的过渡。

在练习四正手挤时，开始要做几个来回的四正手。当乙方将时，甲方两手和身体，同时不丢不顶往前挤出，重心前移至前脚，身体重心不要前倾，控制住乙方身体并将其挤出，此为甲方的四正手挤。

4. 四正手——按

动作要领：四正手即掤、捋、挤、按四正形习练法，是推手八法中的基本功。预备势两人相对而立，相距约三米，呈无极站立式（宇宙大观），均为平行步。然后，两人靠近搭手，脚尖位置各与对方脚心平齐，两前脚距离一横足，腰胯能舒适放松为宜。两人右手各向前举起，臂稍屈，垂肘。双方右手手背贴，均成侧掌。左手掌则各附于对方右肘外侧，过渡到以左腿支撑、右手在前的无极状态的手抱琵琶式。双方各伸出右腿，均成虚步。

在四正手开始之前，双方接手后伸出的一足都是虚步。在盘手进行中，甲方身体后缩，将两手往乙方右手臂上按去，乙方用左手臂和右手肘关节接住甲方的双手按，同时右手往下划弧做下掤，这时是甲按乙掤。

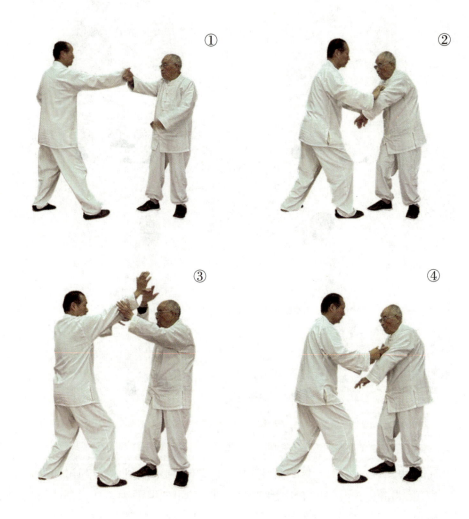

① ②

③ ④

⑤

四正手——按

　　接着，甲方将右手臂微伸直，手腕向里裹，裹至手心向内，再将左手与右手腕向里裹，同时一起朝右手臂下节中间挤去，两眼目视乙方，此为甲方的四正手挤。此时，乙方随即用右手将甲方右腕轻轻捋住，同时身体往回缩，再左手和右手同时从乙方右手臂下方绕至手臂上方，要轻轻放在乙方右手臂上边，两手要一起朝斜左方捋去，此为乙方的四正手捋，这是甲方挤乙方捋。

　　接着，甲方继续前挤，乙方则转为化，化后控制住对方，在往前按向甲方，这时是乙按甲掤，甲乙双方都要做掤、捋、化、按、挤，中间可以换手，也可以换方向，自由安排，如此循环往复，周而复始，一气贯通，两人犹如一体，其中每一动均如由无极到太极的过渡。

　　在练习四正手按时，开始要做几个来回的四正手。当乙方做掤时，甲方两手和身体，同时不丢不顶往前按出，重心前移至前脚，身体重心不要前倾，控制住乙方身体，并将其按出，此为甲方的四正手按。

▌二、四隅手

（一）四隅手採、挒、肘、靠

1. 四隅手——採

　　动作要领：四隅手即採、挒、肘、靠四斜角习练法，是四正手练习的延伸，也是推手八法中的基本功。预备势动作同四正手，在这

四隅手——採

不再赘述。

在四隅手开始之前，双方接手后伸出的一足都是虚步。在盘手进行中，甲方身体后缩，将两手往乙方右手臂上按去，乙方用左手臂和右手肘关节接住甲方的双手按，同时右手往下划弧做下掤，这时是甲按乙掤。接着，甲方将右手臂微伸直，手腕向里裹，裹至手心向内，再将左手与右手腕向里裹，同时一起朝右手臂下节中间挤去，两眼目视乙方，此为甲方的四正手挤。此时，乙方随即用右手将甲方右腕轻轻捋住，同时身体往回缩，再左手和右手同时从乙方右手臂下方绕至手臂上方，要轻轻放在乙方右手臂上边，两手要一起朝斜左方捋去，此为乙方的四正手捋，这是甲方挤乙方捋。

接着，甲方继续前挤，乙方则转为化，化后控制住对方，在往前按向甲方，这时是乙按甲掤，甲乙双方都要做掤、捋、化、按、挤，中间可以换手，也可以换方向，自由安排，如此循环往复，周而复始，一气贯通，两人犹如一体，其中每一动均如由无极到太极的过渡。

在四正手基础上练习四隅手采时，开始要做几个来回的四隅手。当乙方做掤时，甲方左手按在乙方右手肘关节，右手拿在乙方右手腕关节，甲方用两手和身体，控制住乙方身体，同时不丢不顶往回缩，重心前移至后脚，身体重心不要前倾，并将乙方向斜下方采出，此为甲方的四隅手采。

2. 四隅手——捌

动作要领：四隅手即采、捌、肘、靠四斜角习练法，是四正手练习的延伸，也是推手八法中的基本功。预备势动作同四正手，在这不再赘述。

在四隅手开始之前，双方接手后伸出的一足都是虚步。在盘手进行中，甲方身体后缩，将两手往乙方右手臂上按去，乙方用左手臂和右手肘关节接住甲方的双手按，同时右手往下划弧做下掤，这时是甲按乙掤。接着，甲方将右手臂微伸直，手腕向里裹，裹至手心向内，再将左手与右手腕向里裹，同时一起朝右手臂下节中间挤去，两眼目视乙方，此为甲方的四正手挤。此时，乙方随即用右手将甲方右腕轻轻捋住，同时身体往回缩，再左手和右手同时从乙方右手臂下方，绕至手臂上方，要轻轻放在乙方右手臂上边，两手要一起朝斜左方捋去，此为乙方的四正手捋，这是甲方挤乙方捋。

接着，甲方继续前挤，乙方则转为化，化后控制住对方，在往前按向甲方，这时是乙按甲掤，甲乙双方都要做掤、捋、化、按、挤，中间可以换手，也可以换方向，自由安排，如此循环往复，周而复始，

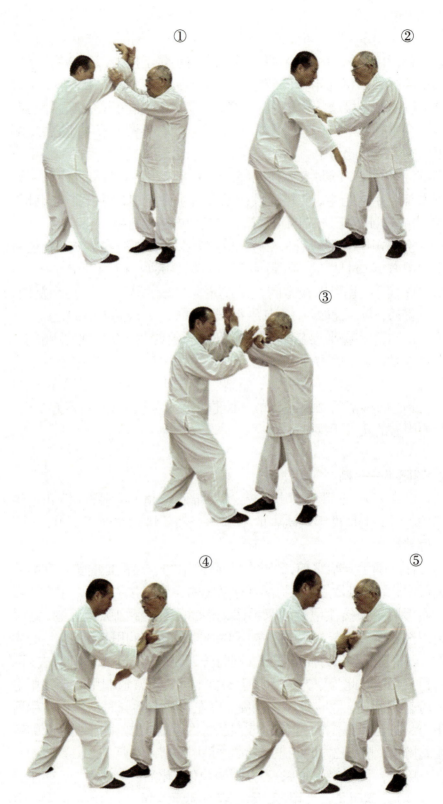

四隅手——捋

蒋锡荣太极拳术

一五八

一气贯通，两人犹如一体，其中每一动均如由无极到太极的过渡。

在四正手基础上练习四隅手挒时，开始要做几个来回的四隅手。当乙方做化按时，乙方左手按在甲方右手肘关节，右手拿在甲方右手腕关节，甲方用两手和身体，控制住乙方身体，同时左手做下掤，这时手不丢不顶身体往回缩，重心前移至后脚，接着，左右手同时往从下往上划弧，且左手搭在右手小臂上，身体重心不要前倾，然后将乙方捯出，此为甲方的四隅手挒。

3. 四隅手——肘

动作要领：四隅手即採、挒、肘、靠四斜角习练法，是四正手练习的延伸，也是推手八法中的基本功。预备势动作同四正手，在这不再赘述。

在四隅手开始之前，双方接手后伸出的一足都是虚步。在盘手进行中，甲方身体后缩，将两手往乙方右手臂上按去，乙方用左手臂和右手肘关节接住甲方的双手按，同时右手往下划弧做下掤，这时是甲按乙掤。接着，甲方将右手臂微伸直，手腕向里裹，裹至手心向内，再将左手与右手腕向里裹，同时一起朝右手臂下节中间挤去，两眼目视乙方，此为甲方的四正手挤。此时，乙方随即用右手将甲方右腕轻轻捋住，同时身体往回缩，再左手和右手同时从乙方右手臂下方，绕至手臂上方，要轻轻放在乙方右手臂上边，两手要一起朝斜左方捋去，此为乙方的四正手捋，这是甲方挤乙方捋。

接着，甲方继续前挤，乙方则转为化，化后控制住对方，在往前按向甲方，这时是乙按甲掤，甲乙双方都要做掤、捋、化、按、挤，中间可以换手，也可以换方向，自由安排，如此循环往复，周而复始，

①

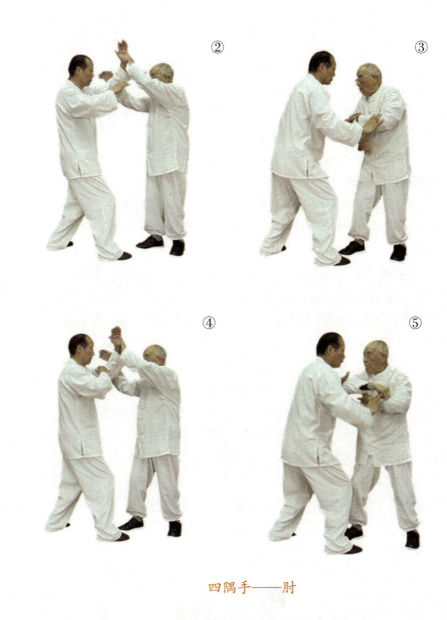

四隅手——肘

　　一气贯通，两人犹如一体，其中每一动均如由无极到太极的过渡。
　　在四正手基础上练习四隅手肘时，开始要做几个来回的四隅手。当甲方做挤时，乙方做化按，此时乙方左手按在甲方右手肘关节，右手拿在甲方左手肘关节，甲方用两手和身体，控制住乙方身体，同时本应该右手做下掤，这时右往里收，左手搭在右手小臂上，用腰背带动右手做肘击，重心移至前脚，身体不要前倾，将乙方击打出去，此为甲方的四隅手肘。

4. 四隅手——靠

动作要领：四隅手即採、挒、肘、靠四斜角习练法，是四正手练习的延伸，也是推手八法中的基本功。预备势动作同四正手，在这不再赘述。

在四隅手开始之前，双方接手后伸出的一足都是虚步。在盘手进行中，甲方身体后缩，将两手往乙方右手臂上按去，乙方用左手臂和右手肘关节接住甲方的双手按，同时右手往下划弧做下掤，这时是甲按乙掤。接着，甲方将右手臂微伸直，手腕向里裹，裹至手心向内，再将左手与右手腕向里裹，同时一起朝右手臂下节中间挤去，两眼目视乙方，此为甲方的四正手挤。此时，乙方随即用右手将甲方右腕轻轻捋住，同时身体往回缩，再左手和右手同时从乙方右手臂下方，绕至手臂上方，要轻轻放在乙方右手臂上边，两手要一起朝斜左方捋去，此为乙方的四正手捋，这是甲方挤乙方捋。

接着，甲方继续前挤，乙方则转为化，化后控制住对方，在往前按向甲方，这时是乙按甲掤，甲乙双方都要做掤、捋、化、按、挤，中间可以换手，也可以换方向，自由安排，如此循环往复，周而复始，一气贯通，两人犹如一体，其中每一动均如由无极到太极的过渡。

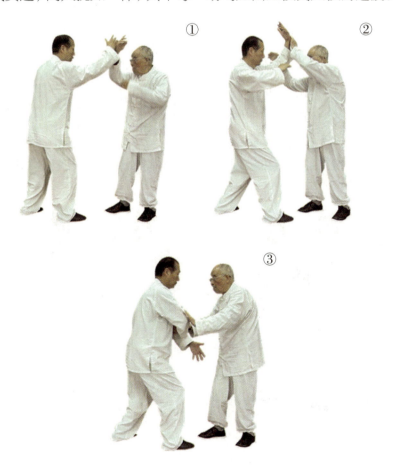

①　②　③

④　　　　　⑤

四隅手——靠

在四正手基础上练习四隅手靠时，开始要做几个来回的四隅手。当乙方做按时，甲方做掤，此时乙方准备由按变挤时，甲方用身体和右手将乙方两手和身体控制住，同时身体向左转动腰背对准乙方，这时左手后撑，然后用腰背将乙方靠出，此为甲方的四隅手靠。

（二）四隅手——大将

大将又叫活步大将，因为大将步法方向是四方斜角，又称四隅推手法，通常大将是进三步退三步。因为动作幅度大，方向形式多变，深受大家喜爱。

动作要领：你按我掤，你进步按，我退步采（将你进步靠挤），我转腰化（沉臂），我并步闪（捯你并步提掤），我进步按，你退步采

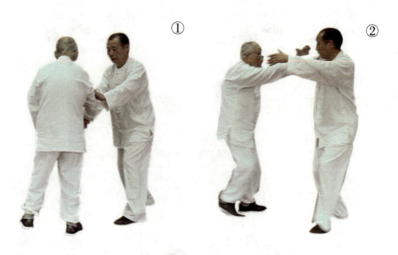

①　　　　　②

③

④

⑤

⑥

⑦

四隅手——大将

（挤你并步靠挤），你套步化（插裆），你并步按，我并步提（掤、换手反向走）。

第四节　蒋锡荣太极剑术

▌一、蒋锡荣太极剑的传承

陈微明先生遗著汇编序中言"太极剑术与太极拳术皆为武当嫡派，太极剑术的步法、手法，如太极拳之法，太极剑即本太极拳之意思，不过一徒手、一用剑耳。其法虚灵超脱，绵绵不断，凝神敛气，归于自然，与外家剑术迥乎不同，太极剑之用不在于能击、能刺，在于击而不击，刺而不刺。而其妙处，则不击而击，不刺而刺，驯至于我不必击人也；人之击我即为人自击，我不必刺人也；人之刺我，即为人之自刺。忘人忘我，忘手忘剑，运用于无心，然后可以直之无前，举之无上，按之无下，运之无旁，顺自然之极致，莫能与之争锋"。由此可见，太极剑是在太极拳基础上的进一步延伸。

叶大密的剑法，主要得自李景林的传授。对于叶师大密先生师从李景林先生学习武当剑之事，在"柔克斋太极传心录"中这样记载：

记奇遇李景林将军

丁卯（1927）十一月某日，突来一不知姓名之客，持朱红色大名片访余，顾视之，原是三年前形意、八卦、太极名家老前辈孙禄堂老伯所说精通武当剑术之李芳辰（宸）将军。今得此机会，惊奇靡已。来使遂偕余至祁齐路（今岳阳路）寓所拜见将军，一望而知是儒者风度之大将，无赳赳武夫气象。后观余练杨家太极拳剑毕，叹曰："不失武当真意，曩日在奉直各省所见者，夹有八卦、形意，非纯粹之太极可比"。回顾左右眷属及侍从者云："尔辈不习此拳，难得余剑之真传"。言罢，随手取剑起舞，矫若神龙，变化莫测，清灵高雅，叹为观止。当即恳求执弟子礼，果允所请，为余一生之大幸事。

时陈微明、陈志进诸友在沪办致柔拳社，约往学习，以资提倡。

查《宁波府志》及清黄宗羲《王征南墓志铭》均未提及武当剑事，足见太极拳、武当剑早已分传：习太极拳者不习武当剑；习武当剑者不习太极拳。今余曾将拳剑两者兼而习之，一如原来不分散之面目，李老师之功也。爱作斯文，以期不忘云尔。

一、李老师武当剑系武当山第十三传陈世钧先生所授，先生皖北人，为袁世凯幕友。

二、武当剑学习法：初习对剑分五路；次活步以十三势随意对击，但须剑不见剑；最后舞剑，行气似流云，极自然之妙。师云："配琴舞之，更有古雅之趣，不同凡俗，他剑焉能道此"。

丁卯冬紫霞山人叶大密识于武当太极拳社

1927年11月，叶师应邀到寓所拜见武当剑仙李景林，并拜李先生为师，学习武当太极剑。叶师大密先生的武当剑成就较大，他自己也认为在太极拳上的造诣都是从剑里悟出来的。1928年3月，叶师参加中央国术研究馆成立大会，被聘为董事会董事。1928年9月8日，在杭州西湖举行"浙江国术馆成立典礼"，叶师率武当太极拳社弟子表演了49个项目中的4个节目，其中叶先生表演武当散剑。同年秋天，上海《申报》和《新闻报》组织募集夜校助学基金推介活动，邀请叶大密与他的学生濮冰如在上海兰心大戏院（现在的上海艺术剧院）义演"武当对剑舞"，当晚盛况空前，演出极为成功。次日，《士林西报》大篇幅报道，给予了极高的评价。

叶师大密先生弟子蒋锡荣先生全面继承了叶师的剑法，其剑术成就较大。1958年，蒋先生代表上海武术队赴北京参加全国武术表演大会，与濮冰如先生表演武当对剑，震撼全场。与会裁判、武术名家及特邀嘉宾，无不击节称赞。会后，各大新闻媒体竞相报道，一时间名动京城。

二、叶传蒋锡荣太极剑法名称

叶师大密先生传下的太极剑法，是继承了李景林先生的武当剑法和杨澄甫先生祖传的太极剑法。他根据杨澄甫老师太极剑套路及剑法：撩、拦、叩、拨、摇、挑、轮、扫八字，加上李景林先生武当剑法：击、崩、点、刺、抽、带、提、格、劈、截、搅、压、洗等十三势剑法，共二十一字。另有要求剑指，食、中两指向前指出，左右侧相同。武当正宗剑法，不离内功气化之道，持剑在手，剑即为手臂之延伸，以气运身，身剑相随，发于灵动，会于剑理，是为内家剑术，并无一定之规矩，讲究的是"合剑理，明剑意"。下面着重介绍李景林先生的武当剑法，击、崩、点、刺、抽、带、提、格、劈、截、搅、压、洗等十三势剑法。

太极剑法　击法

太极剑法　崩法

太极剑法　点法

太极剑法　**刺法**

太极剑法　**抽法**

太极剑法　**带法**

太极剑法　**提法**

太极剑法　**格法**

太极剑法　**劈法**

太极剑法　　截法

太极剑法　　搅法

太极剑法　　压法

太极剑法　　**洗法**

　　武当剑法为十三势，以十三字概括，即击刺点崩，抽提带格，搅压劈截洗，亦似太极拳的掤捋挤按，採列肘靠，进退顾盼定。此外另有舞剑，未有定式，待剑术纯妙之时方可习练。非口授面传，不能领会。剑法基本要求，一眼神，二手法，三身法，四步法。

　　练剑歌诀："头脑心眼如司令，手足腰胯如部曲，内劲源头丹田是，精气神胆须充足。内外功夫勤修炼，身剑合一方成道"。

▌三、蒋锡荣太极散剑

　　太极散剑，是蒋锡荣先生即兴之作，没有固定套路，是高境界的行气舞剑，是身与剑合一的完美展现，太极剑歌诀曰："剑法从来不易传，直来直去玄又玄，若仍砍伐如刀者，笑坏三丰老神仙"。

（一）太极剑单人

白虎搅尾

① ② ③

流星赶月

①

风扫梅花

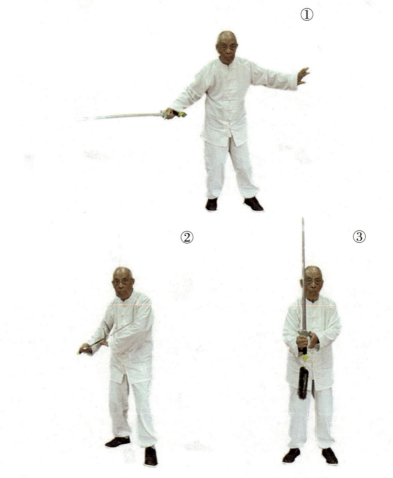

迁笏式

（二）太极剑对剑

挥手持剑

卧虎回头

横吹玉笛

夜叉探海

二龙戏珠

推舟势

内家拳剑舞术，实为气化状态下人剑相感而发。明剑理，尽剑性，以剑带人，人剑合一，方为真剑法。叶传蒋锡荣太极剑的击、崩、点、刺、抽、带、提、格、劈、截、搅、压、洗等十三势剑法，剑形定剑性，相比"劈、刺、撩、抹、抽、截、横、倒"八种内家剑法，以更加完善。剑术中人卦相错而至变化无穷，错运连环，临敌交锋，游刃有余，乃成击舞双并之术，复使剑体通灵，易长为短，以人会剑，融神锻铸，乃法合于丹道，其中妙道实难尽言。

蒋锡荣太极拳术

蒋锡荣太极拳术内容

第四章

十三总势莫轻视，命意源头在腰隙。
变转虚实须留意，气遍身躯不少滞。
静中触动动犹静，因敌变化示神奇。
势势存心揆用意，得来不觉费工夫。

刻刻留心在腰间，腹内松净气腾然。
尾闾中正神贯顶，满身轻利顶头悬。
仔细留心向推求，屈伸开合听自由。
入门引路须口授，功夫无息法自修。
若言体用何为准，意气君来骨肉臣。
想推用意终何在，益寿延年不老春。

第一节　蒋锡荣太极拳

一、叶大密传太极拳拳术套路名称

（一）叶传太极拳名称

因为以前的套路，左右运动式子不平均，如揽雀尾、单鞭、海底针等等，只有一边，诸如此类，式子较多。所以我有鉴于此，特为改编，以弥补其弊耳。1953 年 11 月 11 日时寓沪，叶大密语。

1. 无极（宇宙大观）；2. 太极起式（阴、阳、开、合）；3. 右左揽雀尾（掤、捋、挤、按）；4. 单鞭；5. 提手；6. 白鹤亮翅；7. 左搂膝拗步；8. 手挥琵琶；9. 左右搂膝拗步；10. 右手挥琵琶；11. 右左搂膝拗步；12. 上步撇身捶；13. 进步搬拦捶；14. 如封似闭；15. 十字手；16. 左揽雀尾（斜向）；17. 左右抱虎归山；18. 斜单鞭；19. 肘底看捶（採、挒、肘、靠）；20. 左右倒撵猴；21. 斜飞势；22. 提手；23. 白鹤亮翅；24. 左搂膝拗步；25. 海底针；26. 扇通臂；27. 翻身撇身捶；28. 上步搬拦捶；29. 右左揽雀尾；30. 单鞭；31. 云手；32. 单鞭；33. 高探马；34. 右左分脚（刺脚）；35. 转身蹬脚；36. 左右搂膝拗步；37. 进步栽捶；38. 翻身白蛇吐信；39. 上步搬拦捶；40. 右蹬脚（正向）；41. 左右披身伏虎；42. 右扇通臂；43. 回身蹬脚；44. 双峰贯耳；45. 左蹬脚；46. 转身蹬脚；47. 上步搬拦捶；48. 如封似闭；49. 十字手；50. 左揽雀尾（斜向）；51. 左右抱虎归山；52. 斜单鞭；53. 野马分鬃；54. 右左揽雀尾（斜向）；55. 单鞭；56. 玉女穿梭；57. 右左揽在尾；58. 单鞭；59. 云手；60. 单鞭；61. 单鞭下势（反复）；62. 右左金鸡独立；63. 倒撵猴；64. 左斜飞势（反向）；65. 左提手（反向）；66. 左白鹤亮翅；67. 右搂膝拗步；68. 右海底针；69. 右扇通臂（反向）；70. 左翻身撇身捶（反向）；71. 上步左搬拦捶（反向）；72. 左右揽雀尾（斜向）；73. 右单鞭（反向）；74. 右云手（握拳）；75. 单鞭（反向）；76. 右高探马；77. 上步右穿掌（十字手）；78. 左十字腿；79. 右搂膝指裆捶；80. 左搂膝指裆捶；81. 左右揽雀尾；82. 右单鞭（反向）；83. 右单鞭下势（反向）；84. 上步左右七星（折叠捶）；85. 退步跨虎；86. 转身双摆莲；87. 左弯弓射虎；88. 右弯弓射雁；

89. 退步搬拦捶；90. 如封似闭；91. 十字手；92. 合太极。

（二）河北永年县杨澄甫先生太极拳名目

1. 太极起式（无极、阴阳、左右、动静、前后、开合）；2. 右揽雀尾（正）；3. 左揽雀尾（正）；4. 左单鞭；5. 右斜飞式；6. 左斜飞式；7. 右提手上势；8. 左白鹤亮翅；9. 左搂膝拗步；10. 左手挥琵琶；11. 左搂膝拗步；12. 右搂膝拗步；13. 右手挥琵琶；14. 右搂膝拗步；15. 左搂膝拗步；16. 上步撇身捶；17. 进步搬拦捶；18. 如封似闭；19. 十字手；20. 左揽雀尾（斜）；21. 右左抱虎归山；22. 右揽雀尾（斜）；23. 斜单鞭；24. 採、挒、肘、靠；25. 肘底捶；26. 倒撵猴；27. 退步右斜飞式；28. 左斜飞式；29. 右提手上势；30. 右白鹤亮翅；31. 左搂膝拗步；32. 右海底针；33. 右肩通背；34. 反身撇身捶；35. 上步搬拦捶；36. 右揽雀尾（斜）；37. 左揽雀尾（斜）；38. 上步左单鞭；39. 左云手；40. 左单鞭；41. 正高探马；42. 左高探马；43. 右分脚；44. 右高探马；45. 左分脚；46. 转身蹬脚；47. 左搂膝拗步；48. 右搂膝拗步；49. 进步搂膝栽捶；50. 反身白蛇吐信；51. 上步搬拦捶；52. 左削右劈；53. 右分脚；54. 左打虎式；55. 右打虎式；56. 右蹬脚；57. 双峰贯耳；58. 左蹬脚；59. 转身右蹬脚；60. 转身搬拦捶；61. 如封似闭；62. 十字手；63. 左揽雀尾（斜）；64. 右左抱虎归山；65. 右揽雀尾（斜）；66. 左单鞭；67. 右斜飞式；68. 左斜飞式；69. 野马分鬃（三）；70. 右揽雀尾（斜）；71. 左揽雀尾（斜）；72. 上步左单鞭；73. 玉女穿梭；74. 右揽雀尾（正）；75. 左揽雀尾（正）；76. 左单鞭；77. 左云手；78. 左单鞭；79. 左蛇身下势；80. 左金鸡独立；81. 右金鸡独立；82. 倒撵猴；83. 退步左斜飞势；84. 右斜飞式；85. 左提手上势；86. 左白鹤亮翅；87. 右搂膝拗步；88. 左海底针；89. 左肩通背；90. 反身撇身捶；91. 上步搬拦捶；92. 左揽雀尾（斜）；93. 右揽雀尾（斜）；94. 上步右单鞭；95. 右云手；96. 右单鞭；97. 高探马；98. 十字掌；99. 转身十字腿；100. 左指裆捶（正）；101. 右指裆捶（斜）；102. 上步左揽雀尾（正）；103. 右揽雀尾（正）；104. 右单鞭；105. 右蛇身下势；106. 上步左七星；107. 右七星；108. 退步跨虎；109. 转身伏虎；110. 转身双摆莲；111. 左射虎；112. 右射雁；113. 退步搬拦捶；114. 如封似闭；115. 合太极。

此套架子系叶师当时在复兴公园教授舒楚生（修泰）、陈筱春、石焕堂等人太极拳时而改编，脚步转换系采用并步、靠步式。拜入叶师门内，刚开始就是习练此套拳架。

一九五四年十一月十一日于上海
浙江文成县叶大密

▌ 二、蒋锡荣太极拳拳术套路名称

（一）蒋锡荣太极拳拳术长拳套路名称108式

1. 太极起式（无极、阴阳、左右、动静、前后、开合）；2. 右揽雀尾（正）；3. 左揽雀尾（正）；4. 左单鞭；5. 右斜飞式；6. 左斜飞式；7. 右提手上势；8. 左白鹤亮翅；9. 左搂膝拗步；10. 左手挥琵琶；11. 左搂膝拗步；12. 右搂膝拗步；13. 右手挥琵琶；14. 右搂膝拗步；15. 左搂膝拗步；16. 上步撇身捶；17. 进步拨拦捶；18. 如封似闭；19. 十字手；20. 左揽雀尾（斜）；21. 右左抱鹿归山；22. 右揽雀尾（斜）；23. 斜单鞭；24. 採、挒、肘、靠；25. 肘底捶；26. 倒撵猴；27. 退步右斜飞式；28. 左斜飞式；29. 右提手上势；30. 右白鹤亮翅；31. 左搂膝拗步；32. 右海底针；33. 右肩通背；34. 翻身撇身捶；35. 上步拨拦捶；36. 右揽雀尾（斜）；37. 左揽雀尾（斜）；38. 上步左单鞭；39. 左插手；40. 左单鞭；41. 正高探马；42. 左高探马；43. 右分脚；44. 右高探马；45. 左分脚；46. 转身蹬脚；47. 左接膝拗步；48. 右接膝拗步；49. 进步搂膝栽捶；50. 反身白蛇吐信；51. 上步拨拦捶；52. 左削右劈；53. 右分脚；54. 左打虎式；55. 右打虎式；56. 右蹬脚；57. 双拳贯耳；58. 左蹬脚；59. 转身右蹬脚；60. 转身拨拦捶；61. 如封似闭；62. 十字手；63. 左揽雀尾（拳）；64. 右左抱虎归山；65. 右揽雀尾（斜）；66、左单鞭；67. 右斜飞式；68. 左斜飞式；69. 野马分鬃（三）；70. 右揽雀尾（斜）；71. 左揽雀尾（斜）；72. 上步左单鞭；73. 玉女穿梭；74. 右揽雀尾（正）；75. 左揽雀尾（正）；76. 左单鞭；77. 左耘手；78. 左单鞭；79. 左蛇身下势；80. 左金鸡独立；81. 右金鸡独立；82. 倒撵猴；83. 退步左斜飞势；84. 右斜飞式；85. 左提手上势；86. 左白鹤亮翅；87. 右搂膝拗步；88. 左海底针；89. 左肩通背；90. 反身撇身捶；91. 上步拨拦捶；92. 左揽雀尾（斜）；93. 右揽雀尾（字）；94. 上步右单鞭；95. 右耘手；96. 右单鞭；97. 高探马；98. 十字掌；99. 转身十字腿；100. 左指裆捶（正）；101. 右指裆捶；102. 上步左揽雀尾（正）；103. 右揽雀尾（正）；97. 右单鞭；98. 右蛇身下势；99. 上步左七星；100. 右七星；101. 退步跨虎；102. 转身伏虎；103. 转身双摆莲；104 左射虎；105. 右射雁；106. 步搬拦捶；107. 如封似闭；108. 合太极。

（二）蒋锡荣太极拳拳术精简套路名称

蒋锡荣早年一直习练叶大密的传统太极拳套路，晚年，将半个多世纪的练拳体悟结合传统拳架，整理出精简太极拳四十二式套路，现将传统太极拳套路和精简太极拳四十二式套路名称列出。

1. 无极式；2. 起势纯阴；3. 起势纯阳；4. 揽雀尾左掤；5. 右揽雀尾；6. 单鞭；7. 提手；8. 白鹤亮翅；9. 搂膝拗步（一）；10. 搂膝拗步（二）；11. 搂膝拗步（三）；12. 手挥琵琶；13. 肘底捶；14. 左右白蛇吐信；15. 倒撵猴；16. 海底针；17. 扇通臂；18. 翻身撇身捶；19. 野马分鬃；20. 玉女穿梭；21. 云手；22. 如封似闭；23. 右打虎；24. 左揽雀尾；25. 右单鞭；26. 白鹤亮翅；27. 抱虎归山；28. 进步栽捶；29. 高探马；30. 斜飞势；31. 金鸡独立；32. 蛇身下势；33. 上步七星；34. 退步跨虎；35. 转身摆莲；36. 弯弓射虎；37. 搬拦捶；38. 如封似闭；39. 双峰贯耳；40. 翻身托天；41. 十字手；42. 收势还原。

▌三、蒋锡荣太极拳术拳架、间架注释

1. 无极（平行步高站式）。
（1）纯阴（提、沉、合、开、吸、呼）。
　　间架（採、肘、按合、开、吸、呼）。
（2）纯阳（提、沉、合、开、吸、呼）。
　　间架（採、双、沾、按）。

2. 拳架：揽雀尾（掤、捋、挤、按）。
间架（靠、平捋、闪、採、挒）。

3. 拳架：单鞭（捋、挒）。
间架（靠、肘、拦、吊手、掤、按）。

4. 拳架：提手（掤、捋、挒）。
间架（靠、提分、採、挒、撇身掌、撅（採、截、切））。

5. 拳架：白鹤亮翅（提、捋、按、採）。
间架（靠、挤、闪、穿分、擎）。

6. 拳架：左搂膝拗步（挒、捋、按）。
间架（挒、沉、提、搂）。

7. 拳架：手挥琵琶（捋、挒）。
间架（撅、採、靠、提、劈、切）。

8. 拳架：上步撇身捶（挒、按、竖捶）。
间架（採、挒、披身靠、翻捶、撅、肘）。

9. 拳架：上步搬拦捶（搬、拦、竖捶）。
间架（倒捋、平掤、肘、靠）。

10. 拳架：如封似闭（掤、捋、按）。
    间架（倒捶、穿接、分手、采）。

11. 拳架：十字手（掤、靠、肘、捌）。
    间架（双沉、双提、双擎、沾提、穿接、捋、挤、十字手）。

12. 拳架：抱虎归山（倒捋、搂、按、提）。
    间架（捋、挤、平捋、掤、反挤、提、捌、双按）。

13. 拳架：采捌肘靠。
    间架（搂接、粘提、上擎、侧靠）。

14. 拳架：肘底捶（分捋、采、肘、靠、竖捶）。
    间架（捌、穿接、按、采、搬拦）。

15. 拳架：右倒撵猴（采、按、靠）。
    间架（捌、撅、劈）。

16. 拳架：斜飞式（掤、提、靠）。
    间架（捋、挤、平捋、采、捌）。

17. 拳架：海底针（搂采、掤）。
    间架（撅、肘、叩）。

18. 拳架：扇通臂（提、穿、靠）。
    间架（披身、擎、接）。

19. 拳架：翻身撇身捶（提分、披身肘、撇身掌、翻捶）。
    间架（双按、提、擎、按、靠、提分、采、捌、撅、劈）。

20. 拳架：云手（掤、提、采、按）。
    间架（靠、提分、捋、截切）。

21. 拳架：高探马（采、掤、按）。
    间架（捌、翻接、撅、沉臂）。

22. 拳架：左右分脚（沾、粘、提膝、分脚）。
    间架（平捋、靠、采、靠、截、切）、提接、穿分、劈掌、分脚）。

23. 拳架：转身左蹬脚（沾、粘、提、蹬脚）。
    间架（穿接、提、穿分、劈掌）。

24. 拳架：上步搂膝栽捶（采、搂、栽、捶）。
    间架（提、捌、撅、肘）。

25. 拳架：白蛇吐信（采提、靠、伸掌、肘、穿指）。
    间架（擎、按、提分、披身肘、撇身掌、翻捶、撅）。

26. 拳架：披身伏虎（披身靠、披身肘、双竖捶）。
    间架（翻挤、双按、平捋、穿接）。

27. 拳架：双峰贯耳（双捋、双分、双捶）。
    间架（双捌、双采、双横捶）。

28. 拳架：野马分鬃（靠、提分、挒）。
　　间架（採、沉、平将、闪）。

29. 拳架：玉女穿梭（提分、穿接、分手、擎、横插掌）。
　　间架（靠、採、撅、沉臂、挒、掤、按）。

30. 拳架：云掌。
　　间架（靠、提分、将、截切）。

31. 拳架：单鞭下势（引、粘、穿、靠）。
　　间架（提、吊、擎、竖）。

32. 拳架：云捶（左右采削）。
　　间架（挒、採、削）。

33. 拳架：左右金鸡独立（採、将、肘、膝、靠、捶）。
　　间架（提、挒、搂、按、沉、翻接、倒将、挤、穿接、分手）。

34. 拳架：十字掌。
　　间架（沾提、穿接、挤靠）。

35. 拳架：十字脚。
　　间架（撇身掌、翻穿、分掌、提膝）。

36. 拳架：单摆莲。
　　间架（撇身掌、翻穿、穿接、分手、劈掌）。

37. 拳架：上步搂膝指裆捶（搂、採、指裆捶、靠）。
　　间架（翻接、肘、按、沉、提、撅）。

38. 拳架：上步七星（肘、分掌、靠）。
　　间架（提、採、叠捶）。

39. 拳架：退步跨虎（分臂、削退、靠）。
　　间架（挒、採、沉、提）。

40. 拳架：转身双摆莲（穿接、穿分、掤、挒、摆脚）。
　　间架（披身肘、上提、平将）。

41. 拳架：弯弓射虎（平将、紧双捶）。
　　间架（穿接、披身肘、折叠捶）。

42. 合太极间架（开、合、吸、呼）。

第二节　蒋锡荣太极剑

叶传太极剑谱

根据杨澄甫老师太极剑套路及剑法：撩、拦、叩、拨、摇、挑、轮、扫八字，加上李芳辰老师武当对剑：抽、带、提、格、击、刺、点、崩、搅、压、劈、截、洗十三字，共二十一字。另有剑指，食、中两指向前指出，左右相同。

剑谱名称内容有：

1. 起势：左手反执剑柄，剑脊面微贴肘旁，两手垂，作无极式。
2. 三环套月：

第一环：甲右云手，乙左搂膝，右手作剑指向前指出。

第二环：甲劈身掌，乙剑柄拳。

第三环：甲双峰贯耳，乙剑柄拳作挤势，丙右手向左手接剑。

3. 大魁星　反崩，上前斜刺，提，左手作剑指向前指出。
4. 燕子抄水　击，撩、洗。
5. 左右拦扫　拦。
6. 小魁星　提。
7. 燕子入巢　刺、截。
8. 灵猫捕鼠　带，格（捋），压，前斜下刺。
9. 蜻蜓点水　点。
10. 黄蜂入洞　拦（叶里藏针）提，前斜下刺。
11. 凤凰双展　截。
12. 左旋风左　搅。
13. 小魁星　提。
14. 凤凰双展翅　截。
15. 右旋风右　搅。
16. 等鱼式　反叩，叩。
17. 拨草寻蛇　拨，截。
18. 怀中抱月　抽，带。
19. 宿鸟投林　斜上刺。
20. 乌龙摆尾　截。

21. 风卷荷叶　格。
22. 青龙出水　压，平刺。
23. 狮子摇头　拦（叶里藏针），摇。
24. 虎抱头　带，截，右拦，提。
25. 野马跳涧　（远）格（将），压，平刺。
26. 翻身勒马式　截、带、格（将）。
27. 上步指南针　平刺。
28. 迎风掸尘　格。
29. 顺水推舟　反崩，上前斜刺。
30. 流星赶月　劈。
31. 天马行空　（或作天鸟飞膝）撩，截。
32. 挑帘式　提，挑。
33. 左右车轮剑　轮（刺）。
34. 燕子啣泥　点。
35. 大鹏单展翅　（或作双）展翅，撩。（双展翅）作刺。
36. 海底捞月　洗。
37. 怀中抱月　抽、带。
38. 探海式　（或作夜叉探海）斜下刺。
39. 犀牛望月　抽，带。
40. 射雁式　截，左手作剑指向前斜上指。
41. 青龙探爪　前斜上刺。
42. 凤凰双展翅　截。
43. 左右挂篮　抽，带。
44. 射雁式　截，左手作剑指向前斜上指。
45. 白猿献果　上前刺，提，截。
46. 左右落花　抽，带。
47. 玉女投梭　提，前斜下刺。
48. 白虎搅尾　搅，格，左手作剑指前指。
49. 鲤鱼跳龙门　（高）截，格（将），压，平刺。
50. 乌龙绞柱　劈，提。
51. 仙人指路　击，刺。
52. 怀中抱月　崩，抽，带。
53. 朝天一炷香　格（吞、对）。
54. 风扫梅花　拦（叶里藏针），带，扫，截。
55. 上步指南针　平刺。
56. 迓笋式　格（吞、对）。
57. 抱剑归原　交剑。

在多种内家剑法中，武当剑法以精妙而驰誉，至今武当门内有"神剑长鸣于海上，太极密术荡散人间"之语，是对内家剑学流派的概括，亦是对剑术、要义之密隐深的体现，被列为不传之密。剑法使用要诀，全在观变（眼神），彼微动我先动（手法）。动则变（身法），变则著矣（步法）。以上共五十六个式子 1964 年定稿。1971 年 9 月 15 日由叶大密整理于沪，时年八十四岁。

二、武当对剑套路名称

剑术之道，全凭乎神，神足而道成。练精化气，练气化神，神练成道，剑神合一，乃近道矣。武当剑法，融各家拳术之长，内练阴阳中和之气。欲学武当剑法，须保精养气，宁神抱一，同时以习内家拳为基础，然后习练武当剑法。方得事半功倍。练剑亦如练拳，不外意气为君，而眼法、手法、步法、身法、腰法为臣。武当剑法，均可由一个"二仪环"化出。"二仪环"之形，实为"阴阳鱼"之"S"线形。阴阳图中的"S"曲线，由剑尖在空中运行的轨迹组成，在环上的任一点皆可演化出入法。运剑时切记剑尖时刻不能离开人体的重心线，否则必然失势。三锋四刃在每一瞬间的变化，都应清楚用的是哪一部分，剑势如行云流水，环环相扣。锋芒乍隐乍显而滴水不漏，方称为以气运剑。

武当剑法看似简易，然非以气运剑，不能将"二仪环"划圆、化开。以往内家正宗剑法仅限门内授受，学剑者均有内家拳、掌基础，持剑运化是水到渠成之事。师傅授徒时，只需向其交代基本的剑理，使之在运化中不失法度。习练者从规矩入手，从剑理、剑法悟得，在运剑中体会剑的性情，悟彻剑理、剑法，乃一通百通，此为武学中的捷法心传。

武当对剑
第一路

上下手各起势　互垫步刺剑　进步倒插步反崩腕　上进步斜点腕　下回身抽腕　上退步刺腕　下退步上刺腕　对提腕　对走半圈　下进步翻腕刺胸　上回身带腕　下回身带腰上进身反格腕刺胸　下进身反格腕刺胸　上回身带腰　重三遍　上进身反格腕刺胸　下回身压剑　进身反击耳　上回身崩腕　下提剑刺腕　对提腕　对劈腕下　上步刺喉上　上步带剑身刺喉下　回身带剑　进身

刺喉　重三遍　上退步压剑　进步右搅剑　下进步左搅剑　对走半圈　下击头　上托剑进步截腿　下退步截腕　上退步带腕下　进步左截腕　上退步抽腕刺腹　下进步右截腕　上退步带腕　下垫步翻格腕进步刺胸　对提腕　各退步保门式

第二路

下进步击头　上进步击腕　下提腕　上提腕箭步刺膝粘剑反崩腕　下箭步压剑反崩腕　上跌步斜点腕　下跌步斜崩腕　上抽腕　下进步刺腹　上进步右截腕　对劈腕　下上步反击耳　上反击腕回身带剑搅腕　下进步抽腿退步抽腰　上提腿进步刺腕退步抽腰互刺腕抽腰　重三遍　下退步压剑进步击头　上退步右搅剑击腕　对提腕　退步各保门式

第三路

上进步劈头　上进步格腕　下提腕　上进步带腰下退步反格腕进步带腰　上退步反格腕进步带腰　对走半圈下退步压剑反耳　上退步崩腕　下提剑刺腕　上上步叩击腕　下上步叩击腕　对走半圈对反抽腕　下上步刺腹　上上步反格腕　下左搅腕反抽腕　上右搅腕反抽腕　对提剑　各退步保门式

第四路

上进步起腿洗　下进步击腿反抽腕　上上步反抽腕　对走半圈 下退步抽剑反带腕　上退步反带腕　对走半圈　下退步带腕进步左搅腕　上退步右搅腕　重三遍　下进步抽腿　上退步带腕下退步带腕　上进步抽腕　上进下退抽带　重三遍下连退步崩腕上进步抽剑　下进身反击耳上搭剑回身左压　下回身左压剑上进身击腿反击耳　下收腿踩步崩腕　上提剑刺腕 对提腕　各退步保门式

第五路

上下各斜进步提剑式　上进步刺腹　下进步击腕　上反腕平提下右搅腕平截腕　上左搅腕平截腕　互沉剑　对提腕 对走半圈　上进步踩步崩腕　下退步带腕　上进步反格腕刺胸　下退步上抽腕　上迈步右截腕　下抽剑上刺腕　上抽腕　下右截腕　上退步带腿抱剑插步刺腰　下抱剑插步刺腰　上回身抽腕下上步独立刺胸上上步击腕　下退步提剑刺腕　对提腕　扣退步保门式　上下各斜进步提剑式　上进步刺腹　下进步击腕　对腕提　对劈里腕互上步刺腹　上反截腕　下跌步左搅反带腕　上右搅腕反抽腕　互收剑　互垫步刺剑翻身劈剑 退步保门式

一八八

蒋锡荣太极拳术

武当对剑拆练上手

第一路

起势：垫步刺剑进步倒插步反崩腕　（先）进步斜点腕　退步刺腕　提腕　走半圈　回身带腕进身反格腕　刺胸　回身带腰　重三遍　进身反格腕刺胸　回身崩腕　提腕　劈腕　上步带剑进身刺喉重三遍　（先）退步压剑进步右搅剑走半圈　托剑进步截腿　退步带腕　退步抽腕刺腹退步带腕　提腕　退步保门式

第二路

进步击腕　提腕箭步刺膝粘剑反崩腕　（先）跌步斜点腕　抽腕　进步右截腕　劈腕　反击腕回身带剑搅腕提腿进步刺腕退步抽腰刺腕抽腰　重三遍　退步右搅剑击腕　提腕　退步保门式

第三路

进步格腕　进步带腰　退步反格腕进步带腰　走半圈　退步崩腕　（先）上步叩击腕　走半圈　反抽腕　上步反格腕　右搅腕反抽腕　提剑　各退保门式

第四路

进步起腿洗　上步反抽腕　走半圈　退步反带腕走半圈　退步右搅腕　重三遍　退步带腕　进步抽腕　进步抽带　重三遍　进步抽剑　搭剑回身左压　进身击腿反击耳　提剑刺腕　提腕退步保门式

第五路

斜进步提剑式　（先）进步刺腹　反腕平提　左搅腕　平截腕　沉剑　提腕　走半圈　（先）进步踩步崩腕进步反格腕刺胸　迈步右截腕　抽腕　退步带腿抱剑插步刺腰　回身抽腕　上步击腕提腕退步保门式

武当对剑拆练下手

第一路

起势：垫步刺剑进步倒插步反崩腕　回身抽腕　退步上刺腕　提腕　走半圈　（先）进步翻格腕刺胸　回身带腰　进身反格腕刺胸　重三遍　回身压剑进身反击耳提剑刺腕　提腕　劈腕　（先）上步刺喉　回身带剑进身　刺喉　重三遍　进步左搅剑　走半圈　（先）击头退步截腕　进步左截腕　进步右截腕　垫步翻格腕进步刺胸提腕　退步保门式

第二路

进步击头　（先）提腕　箭步压剑反崩腕　跌步斜崩腕　进步刺腹　劈腕　（先）上步反击耳　进步抽腿退步抽腰　刺腕抽腰　重三

遍（先）退步压剑进步击头　提腕　退步保门式

第三路

（先）进步劈头　提腕退步　反格腕进步带腰走半圈　（先）退步压剑反击耳提剑刺腕　上步叩击腕　走半圈反抽腕　（先）上步刺腹左搅腕　反抽腕提　剑退步保门式

第四路

进步击腿反抽耳走半圈　（先）退步抽剑反抽腕走半圈　（先）退步带腕进步左搅腕　重三遍　（先）进步抽腿退步带腕退步抽带　重三遍　（先）连退步崩腕进身反击耳回身左压剑收腿踩步崩腕提腕退步保门

第五路

斜进步提剑式进步击腕　右搅腕　反截腕　沉剑提腕　走半圈退步带腕　退步上抽腕　抽剑上刺腕　右截腕　抱剑插步刺腰　上步独刺胸　退步提剑　刺腕　提腕　退步保门式

斜进步提剑式　（先）进步刺腹　提腕劈里腕上步刺腹　跌步左搅腕反带腕收剑　垫步刺剑　翻身劈剑　退步保门式

武当剑学存真，剑法乃于有形中求无形。武当剑法，曾留歌诀曰："一从沧山留剑迹，茫茫世事已经年。金台印月丹丘冷，玉虚拓映衰草残。武当留存真诀秘，八法神术动罗天。三锋四刃凝剑体，丸泻显飞合丹源。更同侠气贯胆肝，铸成寒刃诛邪奸。五指力齐舒剑气，金波冲举荡云烟。妙山老者神霄客，沧桑秘演太和巅。"

第三节　蒋锡荣太极刀及太极枪

一、太极刀术套路名称

1973 年 6 月，叶大密先生将田兆麟、杨澄甫和杨少侯兄弟俩所授太极刀，结合傅钟文、褚桂亭两家的刀谱，重新整理成太极刀谱，后又至张玉处将武汇川所传的刀谱借来参阅研究，斟酌再三，方才交付给金仁霖先生，嘱咐他整理定稿。其中太极刀法有：劈、打、磕、扎、砍、搧、撩、提、托、缠、滑、抽、截、割、划、拦、剁、格、拉、挂、刺二十一字。

套路名称：
七星跨虎交刀势
起势上步七星右割左挂接刀
腾挪闪展意气扬
下拉上刺左右拦撩
左顾右盼两分张
白鹤展翅五行掌
反身劈撩托刀亮掌
风卷荷花叶里藏
送鸟投林（刺）风卷荷叶（缠、劈）
进步推提反身藏刀（拉）
玉女投梭八方势
左右玉女穿梭（拦、割、推、提）反身藏刀（拉）
左右玉女穿梭（拦、割、推、提）反身藏刀（拉）
三星开合自主张
上格前刺跳步劈剁
二起脚来打虎式
后挂前蹬（交刀）左右打虎式
披身斜挂鸳鸯脚
顺水推舟鞭作篙
转身踢脚顺水推舟（接刀、扎）转身盘头藏刀（缠、拉）
下势三合自由招
左右分水龙门跳
拦腰平推后划前割鲤鱼分水（劈、提）
卞和携石凤还巢
上格前刺跳步劈剁上步盘头劈刀（缠、劈）
卞和携石（交刀）退步七星抱刀还原

太极刀歌诀：
七星跨虎交刀势腾挪闪展意气扬
左顾右盼两分张白鹤展翅五行掌
风卷荷花叶里藏玉女投梭八方势
三星开合自主张二起脚来打虎式
披身斜挂鸳鸯脚顺水推舟鞭作篙

下势三合自由招左右分水龙门跳
卞和携石凤还巢吾师留下此刀赞
斫剁划截割撩腕口传身授不妄传

▌二、太极粘枪

沾粘四枪：
第一枪刺（心）胸第二枪刺腿
第三枪刺膀尖第四枪刺咽喉

四散枪：
第一枪怪蟒钻卧分心就刺似怪蟒
第二枪仙鹤摇头仙鹤摇头斜刺膀
第三枪鹞子擒麻鹞子捕麻刺足式
第四枪燕子穿帘飞燕投巢刺面上

掷摔四枪：
第一枪接刺胸用（将）採枪第二枪接刺腿用捌枪
第三枪接刺膀用掷（扔摔）枪第四枪接刺咽喉用（掤）铲枪

缠枪一路：
动作名称略

太极拳解疑

蒋锡荣太极拳术

第五章

释：以养而无害。即养气，而养气则筋骨、周身血流……如练气……

主用以直，如文中所谓中正不偏……

得真正用以圆，大而横竖曲蓄而有余……

坚纲就是曲蓄而有余……

说的就是如意即骨或血……

讨的圆转流……

就是……养极松之时，期待松至能长久……如力能非常……

到……无时……松开为能……然后有……

表现为有余不余不施……软到无极而迎敌……坚刚……经常性对……性是经柔软而……外就正以入如久之……练……转柔软自后……劲如……极则流若……练……轻毫好的……灵之的……解……真圆转……

第一节 关于太极拳拳谱的解疑

一、拳谱中所说的"虚领顶劲"是什么意思?

是一种虚灵的身势。从字面上理解,虚,是若有意若无意,有形有意无力的虚空状态;灵,也有称领,有通领全身的意思,犹如猫扑老鼠的神态和气势。

顶劲在百会与囟门之间,形成一种劲势,不能停留在头,不然会滞,颈部轻贴后衣领,微收下颚,心如止水,此时周身气息萌动,练拳时督脉气息才会如河车逆运,循环往复,周流不息。脚心涵空,每一动犹如踏上薄冰,迈过清溪,同时胸空腹空,松无一物,全身精神领起,神贯于顶,犹如一副空架子在打拳。

二、什么是"一举动,周身俱要轻灵"?

太极拳的任何一个动作都要轻灵圆活。要轻灵,必须松,要贯穿,必须圆。一举动,周身俱有轻灵,身之进退自如,收发由心所指,可见轻灵身法的重要性,这是太极拳的上层身法。什么是太极拳轻灵的上层身法呢?刚学太极拳的人,练起来动作不轻灵,动作中的拙力也较大,是因为身体条件没达到,要达到轻灵圆活,需要一个过程,随着逐渐的练习,身体骨骼之间的肌腱也松柔了,经络也愈加通畅,这时候太极拳的动作也越来越松柔,越来越圆滑,运动轨迹越来越合理化,动作误差缩小了,意气的流量就会加大,当意气流量加到一定程度,那就由量达到质变,开始由外及内,就是由外引动内部的过程,也是意气基本能够贯通全体,由内及外,意气流量大了,才能做到"以意行气,以气运身",意气不动,外形寂然不动,意气一动,外形随气而动,自然就轻灵圆活了,这就是拳谱上所谓"一举动,周身俱要轻灵,尤须贯串",一动全动,节节贯穿,一气贯通,在这个前提下再做太极拳动作，就会轻灵圆活了。

▌三、什么是"气以直养而无害，劲以曲蓄而有余"？

孟子曰："吾善养吾浩然之气。"至大至刚。以直养而无害，则塞乎天地之间。太极拳盖养先天之气，非运后天之气也。运气之功，流弊甚大。养气则顺乎自然，日习之养之而不觉，数十年后，积虚成实，至大至刚。至用之时，则曲蓄其功，以待发既发则沛然莫之能御也。

古代太极拳经典拳谱里的"有气者无力，无气者纯刚"给予了答案。意思就是进行"气"的锻炼是不能用"后天的纯刚之力"的，没有了"气"的锻炼就是用了"后天的纯刚之力"。太极拳培养"气"最主要的方法，就是在练习中不断地运用"气"。如果在太极拳练习中使用了"后天的纯刚之力"，就是使用了主动、局部、杠杆性的拙力，那么，"意气"就无法使用、无法存在了，就不是"养"而是"有害"于"气"了。

杨澄甫先生《太极拳术十要》里的一段话，其实是对"气以直养而无害，劲以曲蓄而有余"非常好的解释，那就是"练太极拳全身松开，不使有分毫之拙劲以留滞于筋骨血脉之间以自缚束，然后能轻灵变化、圆转自如。或疑惑不用力何以能长力？……若不用力而用意，意之所至，气即至焉。如是气血流注，日日灌输，周流全身，无时停滞，久久练习，则得真正内劲，即太极拳论中所云：'极柔软，然后极坚刚'也"。文中所谓的"全身松开"至"圆转自如"说的就是"曲蓄"。"若不用力而用意"至"久久练习"说的就是"直养而无害"。而"则得真正内劲"就是"有余"。就是说，太极拳锻炼"气"与"劲"达到"有余"就是锻炼得到了"极坚刚"，对外经常性表现为"不施，外终柔软而迎敌"，经常性是"柔软之于外"的"真正内劲"。

"气以直养而无害，劲以曲蓄而有余"，所要表达的是太极拳锻炼应该始终以使用传递性力量的方法，使得身体始终处于非常小的体力消耗与松柔的状态中，用现在的话说就是"节能环保，可持续发展"练习模式，以这样的方法使太极拳内在的、传递性的、力量的使用渐渐变成为强大的真正"内劲"。

▌四、什么是"虚实宜分清楚，一处自有一处虚实，处处总此一虚实"？

这句话包括三层含意，并且层层递进，步步深入。第一句，叫人先明白什么是虚实，第二句叫人明白使向一处，都有实有虚，第三句讲到浑身处有虚实，全身虚实的配合要协调。

首先说"虚实宜分清楚"。太极拳借鉴太极之理，对自身劲力进行重新整合，对攻守的技术进行重新部署，认为向日为阳，阳面在外，为虚，这叫作"示之以虚"；背日为阴，阴面在内，为实，这叫作"藏实于内"。阴阳虚实，相互依存，对立而统一。怎样做到内实外虚呢？这就涉及如何运用劲力的问题。太极拳要求内动牵引外动，以腰隙的暗转带动肢体协同而动，所谓"命意源头在腰隙"。腰隙，为发劲之源，肢体听命于腰的指挥，这就是所谓的内动牵引外动，内实而外虚，如同轮轴，轴的内动带动轮子整体旋转。所以，太极拳运动要求做到"以腰领劲"。注意，以腰领劲，绝不能像搬动箱子似的让整个身体搬来挪去，而要如同球体一样灵活旋动。这种旋动的运劲方式需要慢慢领会，细细琢磨。

其次说"一处自有一处虚实"。虚实分清并非简单意义上的非实即虚，或者非虚即实，而是虚中有实，实中有虚。所以，肢体外在的虚动也有实的成分在里面，即肢体也要分清虚实。身体由肌肉、骨骼两部分组成，肌肉包裹着骨骼。按照阴阳虚实的原理，太极拳行功走架须遵循这样的原则，即肌肉为虚，要放松，松沉入地，肌肉有离开骨骼而向下坠落的感觉，骨骼为实，要空，漂浮如气球，骨骼有向上升腾的意识。如此，一上一下，空松兼备，虚实相间，互相作用，轻灵而沉稳，如同"绵里裹铁"，气势饱满，正所谓"一处自有一处虚实"。

最后说"处处总此一虚实"。它指的是身体各部位都要有虚实之分，如四肢，上肢为虚，下肢为实。两腿，一般在前者为虚，后者为实；如果左腿为实或者虚，那么右腿则为虚或者实。同时，两臂与一条虚腿要有包围一条实腿之意，这在太极拳中叫作"三虚包一实"。两只手，在上或在前者为虚，在下或者在后者为实。如果左手为实或者虚，那么右手则为虚或者实。每一足也分虚实，前脚掌触地要虚，足跟踏地为实；足外侧要虚，内侧为实。故而，太极拳走架打手前后左右移动时，必须以脚跟为轴而动。每只手五指要虚虚分开，掌根须坐实：掌外侧为虚，内侧为实。所以，出掌时要由内而外旋转向前……如此，则周身处处分阴阳，处处有虚实。所以说，虚实之道就是太极拳运动的最基本原理。掌握了虚实转换的道理，就等于拿到了打开太极拳大门的钥匙。

五、拳谱中讲述的"断接俯仰"是什么意思？

老拳谱从形体和意气两个层面讲述了"断接俯仰"。太极拳讲究周身一家、完整一气。周身一家、完整一气的要求，在相对静止的定势中，也许相对简单。一般而言，只要开了胯、松了肩，其他各关节拔伸舒展了，人体原本表现为由上下、左右两维而构成的一个平面，由于各关节节节拔伸舒展，人体的这一平面有了"前后"的空间，成了立体的三维空间。行拳走架，不但两手需要"呼应"，两足需要"呼应"，手足之间也需要"呼应"，各个关节均需"呼应"。叶大密老师时常告诫学员："两手不知呼应，是谓半无着落。"每招每式，举手投足之间都要有"呼应"。行拳走架，在轴线变换中，应该注意身躯的平整移动，前移时，保证两胯先有动意，后撤时，须先有后撤意。这种表现在人体整体的前移后荡中，自然便是一种身心之间的呼应，一种与外部环境的呼应。

一断则触，一接则发。"心意身体神气，极于隐显"，触发之间，断接无痕，老拳谱所谓"得机得势"的"势"，就是对"时机"的把握了，只有主动把握了"动静之机"，才能触而后法，随感而应，一触即发，与人一气呵成，与己则有"断接"。在推手时，才能做到所谓的"先知先觉"，推手时的粘黏连随，讲究的是不丢不顶的功夫，触发之间，又要即丢即顶，这便是断接之能。可见，要求懂劲，必须时时注意粘黏连随的不丢不顶，以及触发之间的即丢即顶，当掌握了"断接俯仰"这一要领，我们才能真正进入太极拳"懂劲"的大门。

六、怎么理解拳谱中的"立如平準，活似车轮"？

据《中华大辞典》注解："平，天平，计算物体轻重的器具，天平亦谓天秤。"据此分析，天秤各部件中，有天秤座、杠杆、指针、载物盘、砝码、中央刻度等名称，唯无"平準"之说。

说一说"立如秤準"在拳架中的体现。"立身中正"是指拳架中头颈部和躯干保持垂直中正之意，泛指太极拳身法的基本规则。而"立如平準"是将头颈部和躯干垂直中正，比喻杆秤之准绳，将四肢比作秤头或秤尾的某一端，在演练拳架时，有时上肢好似秤头，而下肢好似秤尾，亦有时上肢好似秤尾。其中某一端上翘与下降，但"秤準"总是垂直而立。如"左搂膝拗步"的定势过渡到"手挥琵琶"的定势，右脚提起向左脚跟进半步的"跟步"中，当右脚提起好似秤尾在后向上翘起的同时，右手像秤头在后向下沉落，正好像跷跷板的一端向上翘起的同时，另一端相应向下沉落一样，在此上翘与下落的同时，头颈部与躯干像"秤準"垂直而无起伏地向前移动；右脚提起跟步时，头颈部与躯干垂直像秤準无起伏向前移动的同时，右手像秤头下沉，则左手像秤尾相应上翘；当右脚像秤尾跟步下落足尖落地而足跟上翘，而头颈部与躯干正像秤準无起伏地垂直向后移动；当左右两手一起一伏完成"手挥琵琶"定势的同时，左脚同步完成左虚步与两上肢合为"手挥琵琶"定势。

根据以上拳势过程，头颈部与躯干在"左搂膝拗步"定势时，像秤準直立，在无起伏向前移动跟步和向右坐形成左虚步的整个过程中，都像"秤準"那样一直直立而"不偏不倚"，"所谓顶头悬"是也。

"立如秤準"是针对头颈部与躯干之直立而言，而头颈部与躯干是否直立的显著标志是：鼻尖向下的垂直线是否垂落到前胸部，而不是垂落到胸前地面。"立如秤準"是太极拳最基本的身法，尽管"海底针""下势""栽捶"等个别拳架，头颈及躯干确有向前倾斜，但从这些定势的总体结构看来，正如汉字楷书的书法艺术那样，并非强求每字横画必平，竖画必直，而是要求字体稳立在支点上而勿失重心。如楷书"乃"字，没有横平竖直的笔势，其间架结构活像"海底针"之造型，毫无倾斜不稳之物象；但要求横平竖直的字形，譬喻结构造型活像"搂膝拗步"的"走"字，尽管下部笔画倾斜，但上一竖和下一竖必须上下端正对直，如"搂膝拗步"的定势，尽管下肢倾斜，但头颈部和躯干部必须"立如秤準"，膀臂必须横平，整体拳架方显安稳舒适。假如上体前倾，则显现倾斜可危之感。

说一说"活似车轮"在拳架中的体现。太极拳的走架在千变万化的运行中，其形式多变，繁复纷呈，精密干练，要体现出"活似车轮"的生动现象，须贯穿"活似车轮"的原理，才能完成攻防技击的力学要求，呈现武学的艺术形象，可得最佳的健康促进效果，否则不可能将"活似车轮"纳入古籍经典。如此举足轻重的拳训，能否在拳架中准确体现"立如秤准，活似车轮"是衡量技艺高低的重要标志之一。

在太极拳架中以人体腰脊为总轴的主宰下，上有颈部环枢关节为左右转动轴，上肢以两侧肩关节、肘关节、腕关节为轴；下肢则以两侧髋关节、膝关节、髁关节为轴。尽管肘关节与膝关节在直伸时只有二维运动的功能，但其在屈曲状态下，分别可以使手部和足部作圆形轨迹旋转。在人体四肢百骸的转动中，并非各自完成一个单纯的机械圆圈环绕，而是呈现由立圆、平圆、斜圆所构成的太极球图形，多方位立体式的弧形缠绕，有时呈现一个不完整或完整的圆形轨迹，其中大部分是一条阴阳鱼图形的立体轨迹，或为阴阳鱼图形轨迹的某一部分。

两下肢在拳架运动中，往往是轮番交替支撑体重，而暂不负支撑体重的腿，不是完成立圆弧形部分轨迹的运行，便是完成平圆弧形部分轨迹的运行。在前后左右上下的运行中，严密配合参与两上肢多方位复杂的弧形缠绕运动。

这些不仅符合"立如秤准，活似车轮"要领，而且符合"虚领顶劲，气沉丹田""尾闾中正神贯顶，满身轻利顶头悬""意气须换得灵，乃有圆活之趣"等众多拳训。《太极拳论》有云："若问体用为何准，意气君来骨肉臣。"用白语文叙述应为：假如你说拳架怎样才能合体与致用标准，即操术者大脑意识驱使产生的人体能量流，指挥着全身骨骼与肌肉行动。

▌ 七、怎么理解"由著熟而渐悟懂劲由懂劲而阶及神明。然非用力之久，不能豁然贯通焉"？

王宗岳提出了由"著熟"而渐悟"懂劲"，由"懂劲"而阶及"神明"的具体方法，分出了先要"著熟"，然后方能"懂劲"，最终达到"神明"的练功顺序。

那什么是"著熟"，具体内容是指什么？按照练功步骤说有两个阶段：一为传统拳术套路中的各种攻防招式，要打得熟而又熟。以此建立自身的动静、刚柔、虚实、方圆、开合的攻防机体、机制，这是太极拳术的"著熟"阶段。再通过具体攻防招式的喂手、拆手、拆拳、盘架子、推手、模拟实战等修炼方法，体会各种攻防招法的技战术目的，及各种攻防招法变化的自身内在攻防机制运用攻防法则，使自身内劲、外形阴阳相济、内外通透，实施攻防招法的动静、刚柔、虚实、开合四者合为一体，时时符合要领，处处合乎法则、规矩，做到自身内外合一，周身一家，此即为"著熟"阶段。"著熟"的功夫阶段，含有三个内容，一是攻防招法的变化，连而不断；二是各种攻防招法齐备，皆能自变至妙，运用娴熟；三是须身柔若絮，而又灵活稳准，才能为"意气"流淌打基础。由此，可知"著熟"的小成阶段，主要完成的是"外形体"的攻防技术、技巧、功夫等内容，然后在"著熟"功夫的基础上进一步求"懂劲"。

什么是"懂劲"？懂什么劲？首先要懂的"劲"，即自己身内的内劲，外形之"筋劲骨力"的劲力；内劲和外形主从相互为用的"劲力关系"。明白上述两点，在与人推手、攻防较技时，顺随为法，粘即是走，走即是粘，粘走不离；形不离劲，劲不离形，内劲、外形刚柔相济以为用。达到此艺境，是谓之懂劲功夫阶段了。因为此懂劲功夫阶段，以中乘的"意气君来骨肉臣"的气、意拳为主，即以"意气君来骨肉臣"为君臣主从的太极拳法，崇尚以意用气，意即是气。意到气到，气到则力到，故尚巧。即以内劲为主，外形为辅。

"懂劲"的功夫阶段运用攻防招法的机制乃是意气，即含形随应致变，在比武较技之中的施招用手自然、圆通、活泼、无滞，拳势以缩、小、绵、软、巧为主要形势。此时一身之劲，练成一家，分清虚实，发劲有根源，劲起于脚跟，主于腰间，形于手指，发于脊背，前进后退，无丝毫散乱，曲中求直，蓄而后发，方能随手奏效，这些就是懂劲阶段的功夫的特点，也是有为法和无为法在攻防机制、法则上存在的本质区别，是功夫意境层次的升华。

何谓神明艺境？老前辈多有描述："自身全体透空，继而达到无形无象"。自身攻防功夫达到气、意拳懂劲的中乘阶段，再由懂劲继续修炼，由于能自觉做到"行成于思"，每日修炼不辍，功夫不断精进，积时日久即可阶及神明艺境。此时含蓄坚刚而不外施，始终柔软应敌，以柔软而应坚刚，使对手的坚刚尽化于无形之中，内中虚灵不昧，有感而应，不虑而通，不谋而发，发在不发之中，发必中的，这一阶段非用心练拳体悟，是不能豁然贯通的。太极拳的妙处不是短时间能学到的，应该像做学问一样，循序渐进，由浅入深，长时间的坚持才能有所成就。在每个阶段中，也像做学问一样要碰到许多困难，非一朝一夕所能解决，必定要坚持不懈，精心琢磨才能豁然开朗，有所了悟，突破难关。这样数十年不断地刻苦钻研，克服无数困难，才能得到太极拳的精妙。

第二节　关于太极拳三十二目录的解疑

▍一、三十二目录中"八门五步"是什么意思?

　　八门五步,合起来为八五十三势,不是数字概念的 85 式,而是太极拳理数层面的概称。社会上多数习练的"太极拳 85 式",其实只是顾留馨、傅钟文等先生编排整理后的杨式太极拳拳式名称。拳术中的几种劲路称为:掤、捋、挤、按、採、挒、肘、靠。以步法进、退,神态的顾、盼以及身形的中定,配以五行理论,合起来称为十三势。这十三,非数学的十三,而是具有易学理数层面的意义。倘若从数学层面上来理解这些数字,我们得首先明确"四手上下分天地",四手前后有进退,四手左右有双手,四手有天地人(上中下)三才,四手神态有顾盼,四手处处有中定。意思是说,每一招式拳势中,每一动都应该包含四正、四隅五行生克的变化。这一点,只要悉心研习"八门五步用功法""对待用功法守中土""身形腰顶""太极圈""太极进退不已功""太极上下名天地""太极人盘八字歌""八五十三势长拳解""太极正功解""太极四隅解""太极平准腰顶解"等篇目,就能理解了。

▍二、三十二目录中讲述的"知觉运动"是什么意思?

　　简单地说,"觉,乃表面的感受,知,乃深思熟虑后的理解;运,乃内在的变化,动,乃形体上的变化"。在不断提高认知的前提下,人的认识是一个不断精进的过程,先自知,后知人,逐步做到尺寸分毫,由尺及寸,由寸及分及毫,允文允武、允圣允神,当阶及"神明"时,就能体会孙禄堂老先生所说"太极拳练习会经历水下、水中、水上的不同阶段"。"八门五步用功法""固有分明法""粘黏连随""对待无病""对待用功法守中土""太极体用解""太极文武解""太极懂劲解""太极阴阳颠倒解""人生太极解""太极分文武三成解""太极下乘武事解""太极正功解""太极血气根本解""太极力气解""太极尺寸分毫解""太极膜脉筋穴解""太极字二解""太极节拿抓闭尺寸分毫辨""太极补泻气力解""懂劲先后论""尺寸分毫在懂劲后论"等篇，都贯穿着知觉运动理念。虽然本来就存在，但往往习惯了，也就不会有感和知了。就像是鱼，悠游在水里，它就无法感知水的存在，人生活在空气之中，也感受不到空气的浮力与阻力，但只要沉静下来体悟研究，人就能认知自然的规律。

三、三十二目录中讲述的"命门学说"是什么意思？

传统中医中的"命门"学说主张"命门乃人身之君"，"乃一身之太极，无形可见，两肾之中是其安宅"，认为阴与阳这一对立统一体中，阳是起主导作用的，提出"阳强则寿，阳衰则夭"，而阳气之根在命门，命门主乎两肾，所以养阳必须养命门，这一"命门"学说的中医基础理论，对后世的太极拳理论也影响至深。"对待用功法守中土""身形腰顶""太极圈""太极进退不已功""太极懂劲解""太极轻重浮沉解""太极四隅解""太极平准腰顶解""太极阴阳颠倒解""太极四时五气解图""太极血气根本解""太极力气解""懂劲先后论""张三丰以武事得道论"等篇中，身形腰顶、阴阳相济、水火相济、文武火候、火候七十二、水火既济、乾坤交泰等，都必须在明了命门"乃一身之太极，无形可见，两肾之中是其安宅"以后，方能精准理解。

四、三十二目录中讲述的"太极补泻气力解"是什么意思？

针灸有迎泻随补之法，太极推手亦然。推时于彼劲之方来之际，进身以遏其势，谓之迎；于彼劲之始去而未走之时，伸手以送其行，谓之随。以身手言：迎时身进而手退，身高而手低，故是合、是提、是泻；随时手进而身退，身低而手高，故是开、是沉、是补。以呼吸言：迎是吸、是逼；随是呼、是放。能懂得迎泻随补，则手法自无足论矣。然必行之不失其时。若夫于彼劲之已出而迎之，则非顶即抗；于彼劲之既化而随之，则不匾即丢，是为迎随之病。

未懂迎随，多犯匾丢；既懂迎随，多犯顶抗。夫未懂故犯病，既懂又何犯病？盖后者尚在似懂未懂之间，非真懂也。

不及为匾，相离为丢，匾丢遇补则背，其病在于气势散漫；出头为顶，持力为抗，顶抗遇变必断，其病在于身滞不灵。气散身滞，久之以力使气而不自知，终究莫名其精妙，更无论于通会脱化矣。

第三节　关于探究太极拳的解疑

▍一、什么是"太极拳中的动与静"？

在太极拳的练习过程中，要求动中求静，静中求动，动静相因。也就是说，动静一定要相互为因果。所以太极拳练习讲动静相因，应当体会动以习静，静不扰动，动不离静，静以处动。到了高级阶段，则更要理解动就是静，静就是动，要由静中体会随意高度调控下之动，从动中体会眼、耳、鼻、舌、身、意都集中于一处之静，动静如一，无动无静，无形无相，从而体会空洞无涯的虚明境界。但是，很多太极拳练习者拳练了许多年，都没能弄清楚究竟什么是太极拳的动与静。"静中有动，动中有静，动静相因"，这种动与静，决然不能从外形上去理解，一般人理解太极拳的动中求静，大多是将外面肢体的动作看作外动，练拳时的心神是静的，神意气要保持静，这种认识还是初级的，只看到外形的变化。比如说，有时你的外形动作停下来了，是静的，但你的意是动的，在外形静、内在意识动的情况下，还要在动的意识中求静，这是很难的，这就是使外面的动与里面的静、外面的静与里面的动互为因果。

所谓的静，并不是人们通常说的静。从一定意义上讲，太极拳所言的静，是指看不见的神、意、气的高效中和运动。练拳时的动中求静，一方面是求心静，一心一意、全神贯注，另一方面则要求通过心意修炼出神、意、气的高效中和的内劲功夫。此时，动即是静，静即是动。太极拳的练习，难就难在要做到调息凝神、精力集中、刚柔相济、阴阳暗合等种种修炼要求，方能达到"内外均整，心、气、力合一"之境界。以上，是先师所传与自己几十年来修炼的简单总结，其中许多内容需要修炼者在以后的修炼中潜心体悟。

二、怎么理解太极拳中的"平衡"？

太极拳拳法训练归根结底就是通过贯彻"轻、静、慢、匀、恒"的要求，从练拳架入手，去僵化柔，重新整合人的神形意气，达到新的平衡状态，充分调动人身潜能。人在运动时，固有的平衡被打破，重心随运动方向不断变换，人体必须在运动的同时不断调整身体，建立新的平衡。其间维持平衡的肢体与身体整个的运动方向及力度上存在相对的虚实、动静变化。在练拳架过程中强调的慢，就是要让练拳者充分体会由平衡到不平衡进而建立新平衡。"虚领顶劲，不偏不倚，忽隐忽现"，说到底是要求练拳者在运动中维持平衡，在运动中去僵化柔，使神形意气相合达到表里精粗无微不利的境界，做到中正安舒。

练拳架的过程，既是增强自身平衡能力的过程，也是通过自身的感受而知己知彼的过程。在练拳时重心移动越快，维持平衡越难，所以太极拳法讲究神形意气相合，讲究用意不用力，讲究"松、柔、圆、缓、匀"。

三、如何做到统一太极拳中的"养和练"？

太极拳的练和养，两者统一才是太极之道。怎样才能练好太极拳？首先要懂养什么，即内养三宝精气神，外养三体身手步；内养津血液，外养筋骨肉；内养五脏六腑，外养四肢全体。养是多方面的，包罗万象，贯穿始终。

练习太极拳就是修心养性，修身养拳，全凭心意用功。心为一身之主，平淡之心养五脏，舒畅之心能养形，中正之心能养拳，坚韧之心能养志。行拳练功，推手较技，处世待人皆要致中达和，心诚中和，身形中正，不偏不倚，阴阳平衡，不顶不丢，无过不及，恰到好处，行于中，开于中，合于中，发于中，择其中和之道而行，得其中和之道而养。行中和元气，养浩然正气，逆运先天真阳，不为后天假阳所伤。例如：后天识神当道，心思乱用，则先天元神受损；逆运者收心求静，抑制后天妄动，而养先天。后天精满则溢，若耗损过度，则先天元精受损；逆运者练精化气，使精液上升练化为气血还原于身则为养逆运者意守丹田，使神下行，气沉足底，引火归源，以水济火，心肾相交则为养。如人习惯用后天拙力，大力胜小力，手快打手慢，而太极拳主张用意不用力，四两拨千斤，逆运先天元气发动肢体运动，劲由内换，力从人借，引进落空，以小力胜大力。要懂得怎样练为养，怎样练会伤。如静练、慢练、放松练、用意练拳为养，紧张练、快练、努气努力练拳会伤；敛神聚气练为养，心存打人发劲会伤；练拳似休息、练拳似行气为养，顶力相抗、频繁发劲者会伤。会练懂养，才能真正统一太极拳中的"练和养"，使精气神三宝俱足，祛病延年不老春。

四、什么是丹田？气沉丹田的用意何在？

太极拳的气沉丹田系指下丹田。丹田穴在肚脐下一寸三分，这是一个穴位，是一个点，为田字中十字的交叉点。丹田既称为田，应当是一个块，肚脐的下部与肚脐稍上面的一部分范围均是，称为丹是比拟道家炼丹，将物质的精华和能量浓缩于一点，所谓九转成丹，而后能发出奇妙作用。丹田好像是人身炼丹场所，通过吐纳方法，将元阳之气蓄于丹田，愈练愈精，达到既能集中，又能以丹田为中心，运行全身，到达身体上任何需要的地点，既可以养生，又可以在技击上发挥重要作用。所谓元阳之气是人体生命力和机能的反映，它既是全身的，又是局部的，也是无形的。大家知道太极拳以心行气，以气运身。发挥心的功用，也要靠元阳之气。气沉丹田一定要用腹式呼吸，没有腹式呼吸，就不可能做到气沉丹田。

没有经过训练的人是不可能感觉出人体内气的运行的，更不能通过意识加以控制，这要通过相当时期认真锻炼，才能体会和运用。气沉丹田也要与松静、反应协同一致。在力学与技击上，丹田在运动和静止状态中都是维持身体重心的关键部位。

▌五、练太极拳时呼吸与动作怎样才能配合呢？

盘架子的动作有长有短，幅度有大有小，但呼吸的节律是规则的，因此呼吸不可能跟随动作，实际上只能是动作配合呼吸。内家拳和气功练气，主要是用腹式呼吸，但所指的气有更复杂的含义。呼吸的换气功能，主要还是由于胸部呼吸肌的活动和肋骨的撑开。腹式呼吸横膈的升降幅度较大，横膈下降，可使肺活量增加，但在换气上只能起辅助作用，不可能完全代替胸式呼吸。当用力和发劲时，总是腹压向下沉，胸部肌肉收缩紧张而呼吸，这样就是所谓逆腹式呼吸，而非口鼻颠倒。这样由于上下对拉，有稳定重心的作用。但在打慢架子或做静功时应该练习顺式呼吸，即呼气时横膈上升，吸气时横膈下降，这样可以增加肺部气体交换。练拳时只有用腹式呼吸，才能做到呼吸慢、匀、深和长。初学者应注意姿势准确，采用自然呼吸，避免顾此失彼。

▌六、太极拳练习过程中如何做到分清"虚实"？

我们在这里所说的"虚实"，就是太极拳中的阴和阳，开与合、动与静、刚与柔，进与退又同属阴阳的范畴，所以说，虚实也就是开合、动静、刚柔、进退。太极拳的运动过程，也就是虚实不断变化的过程。离开了虚与实，就谈不上太极拳；不懂得虚实，就不懂太极拳；虚实不分，练出的拳就不能称其为太极拳了。提高对虚实的认识是打好太极拳的关键。因为，虚实是太极拳的灵魂。

首先谈腿上分虚实，这是最直观、最浅显，容易让初学者理解和接受。只有先从腿上分清了虚实，领会了虚实的真正内涵，进而在手、肘、肩、腰、胯等身体诸部位分清虚实，在"虚实之中求虚实"上下功夫，最终才能达到"处处总此一虚实"的最高境界。杨澄甫先师说："如全身皆坐在右腿，则右腿为实，左腿为虚；全身皆坐在左腿，则左腿为实，右腿为虚。"腿上的虚实转换过程是千变万化的。有时是从全实到全虚，如云手、倒撵猴，有时是从全虚到七分实，如左掤式的左腿；也有从全实到三分实，如左掤式的右腿；还有从三分实到九分实，如搂膝拗步到手挥琵琶之右腿等。

就一条腿而言，也有虚实之分，并存在着极其微妙的虚实变化，看似实腿，实际上是实中有虚。简言之，虚中有实、实中有虚，二者相互渗透、相辅相成。腿上的虚实转换过程是由无数个点组成的，而每个点上都有虚实之分。有无数个点就有无数个虚实。

其次，招招式式有虚实，时时处处有虚实，即虚实无处不在，虚实无时不有。虚实之中有虚实，全身无处不虚实。如开合就是虚实，开为实，合为虚，其中开里也含有虚实；合里也含有虚实。动为实，静为虚，其中动中有虚实，静里也有虚实；进与退，进为实，退为虚，其中进里有虚实，退里也有虚实。如用手指人，指尖为实，指根为虚；用掌击人，掌根为实，掌面为虚；手背实则手心虚，手实则腕虚，小臂实则大臂虚，臂实则肘虚，肘实则肩虚、肩实则身虚、胸实则腰虚。上身虚则下盘实，头虚则脚实，眼为实，意为虚，体为实，心为虚等，身体的每一处都有其虚与实。再譬如，左右也要分虚实，左有左的虚实，右有右的虚实；上下要分虚实，其中上有虚实、下也有虚实；内外也要分虚实；身体的每个部位的每个点上也有虚实的存在。如右蹬脚向双峰贯耳转换时，左腿先是实腿立（实），而后左脚掌虚起（虚），左脚根为轴（实），同时松腰，转腰后才能完成双峰贯耳，这是典型的实中有虚。虚中有实，如手挥琵琶，左腿看似虚，但左脚根却有一点的实。比方用拳击人，拳面为实，则拳心为虚；以掌击人，掌根为实，则掌心为虚；採对方时，指为实，手心为虚。一句话，分虚实是太极拳术的灵魂。

▌七、练习太极拳要注意哪几点？

首先，练习太极拳要有良师指导、好友切磋，而最紧要的是每日自身的锻炼。终思无益，不如学也。若能早晚不断，寒暑不易，有时间就默思揣摩，无论男女老幼，则成功一半了。随老师先练拳架，再练原地推手、活步推手、大捋、散手，其次练器械。练拳架时应注意内外上下，即所谓"用意不用力，气沉丹田，虚领顶劲，周身轻灵，节节贯穿，由脚而腿而腰，松肩沉肘"等。初学时，要朝夕揣摩，体会每招每式，以求正确。

其次，习练太极拳时，周身骨节均须松开自然，口腹不可闭气，四肢腰腿不可起强劲，转身踢腿摆腰均不能起强劲。头部要有虚灵的意识，目光向前平视，口似开非开，似闭非闭，呼吸自然。身体要胸空腹空、中正安舒，开合变化时，要含胸拔背、沉肩转腰，初学时更须注意，否则日久难改。练习时两臂骨节均须松开，松肩沉肘，掌要微伸，手尖微屈，以意气运臂，以气贯指，日积月累，内劲自通，此时其中玄妙开始显现。两腿要分虚实，起落犹似猫行。重心移于左，则左实，右脚虚；重心移于右，右脚实，左脚虚。所谓虚，动势仍未断，其中留有伸缩变化的意气。所谓实，不是过分用劲、用猛力。脚掌分蹬脚与分脚，分脚与蹬脚时，注意意到而气到，气到劲到，腿要松开平稳出去。

最后，练习时间，每日起床后两遍，若早晨没时间，则睡前两遍，一天应练七八次，至少早晚各一遍。但醉酒后，饱食后，大病初愈时，夫妻同房后，打雷暴雨时，空气污染中，切勿练拳。练习地点，应在空气流通、光线适宜的地方，勿在寒风与阴湿霉气的场所练拳，因身体运动，呼吸深长，寒风与霉气，易深入腹中有害于肺脏，容易导致疾病。练习的服装宜宽松，鞋子平底舒适即可。

八、学习太极拳如何入门？

太极拳入门，松静为本，守中为根，意气为用，熟招为法，要领为纲，平衡为要，协调为准。呼吸自然，心态自然，拳法自然。顺自然，合自然，自然而然。修心为上，在内不在外，在意不在气，在气则滞，无气纯刚。气需养，呼吸要深长均静，拳要轻慢圆匀。心为一身之机，心流神气，心命百骸。心到意到，意到气到，气到力自到。形之于外，静则松，松则柔，柔则轻，轻则灵；沉则稳，稳则实，实则厚，厚则刚。内外合一，刚柔相济，方谓太极。平心静气求自然，唯求平衡与协调。静力平衡，动力协调，协调平衡出奥妙。头领要虚，肩松、肩活、腋虚，肩扣后而沉。背拔、身拔、胯坐、腰拉、腰塌、腰活，关节松活气腾然。要知道阴阳变虚实，松中求，静中悟，紧中得，推手验，战中用。松紧入手，分松分紧，松紧相系，紧中求松，松中求紧，松紧合融，松紧瞬变，方能分刚分柔，合刚合柔，融刚融柔，不刚不柔，亦刚亦柔，似刚似柔，飘忽不定，无力根，无力源，无滞点，不用意，一切皆在自然中，自然而然。若能明白太极拳中的这些道理，将其注意落实在身体上，逐渐就可以做到"内外相合，上下相随，以气运身，以意运手，步随身换"。

▎九、太极拳的功夫层次是什么?

太极拳功夫层次,目前尚无统一说法。拳论云:"招熟、懂劲、神明"。孙禄堂先生分为"水下、水中、水上"三层。吴图南先生把功夫定为"全身透空",乃杨少侯先生之凌空劲是也。

太极拳功夫一般分为三层。下乘:招熟,拆招破势承转自如,刚柔可分,柔化刚打,或先柔或先刚。中乘:懂劲,知己亦知彼,能听出对方劲之断续、虚实,来龙去脉,摸出形之凹凸、重心之变化,一般为太极态,阴阳交融,亦松亦紧,刚柔相济,化即打,打即化,化打合一。上乘:神明,为无极态,全身透空、虚无,无刚柔,无化打,沾身便弹,出手便摧,无力可挡。

太极拳训练大体有五个阶段:

初级阶段:呼吸促不能随,躯硬肢僵力拙,平衡难控,协调不顺。重点是熟悉要领,熟招记势。

第二阶段:为人阴柔化期。呼吸平和自然,已入腹式呼吸,体松肢柔,协调平衡可控,动势仍不稳定,拳无力,是谓脱胎换骨。

第三阶段:为平衡阴阳期。呼吸顺拳,心态平和,有刚有柔,外柔内刚,劲由内发,出拳有力,劲力充足,平衡协调自控,身备"五弓",上下相随,一动无有不动,一静无有不静,内劲强,是谓强筋健骨。

第四阶段:阴阳相济,呼吸畅达,无形无意,身自协调平衡,步随身换,动亦静,静亦动,化即打,打即化,内气强,是谓太极态。

第五阶段:炼神还虚,呼吸绵绵,全身透空,虚无己身,天人合一,形似随风而飘,无刚无柔,无化无打,劲力凌空,是谓无极态。

▎十、太极拳是内家拳,要怎么避免练拳的误区呢?

传统内家拳,在理论和实践上基本上借鉴了道教内丹理论的成果,首要目的是追求养生、长寿,可以说是对于一种养生运动方式的长期实践总结。但由于种种原因,当前真正内家拳的实践并没有得到普及,因此,太极拳练习者应该知道并尽量避免走入误区。

首先,练功与舞拳套。许多传统内家拳爱好者其实不是在练功,而是在舞拳套,聊起太极拳,他们会告诉你,无论是85式、56

式还是 108 式、42 式，自己都会练，甚至陈、杨、吴、武、孙各式也都会；说到八卦掌、形意拳也会，新老套路都会，不同派别的拳架都知道。有的人练了很长时间，在比赛中拿过金牌，甚至拥有国家颁发的高级别段位，如果向他讨教什么是内劲，却又得不到准确的回答。练内家拳追求的是大道至简，崇尚的是道法自然、顺应自然，这是其中精髓。在太极拳的练功进程中，做的就是减法，不断去掉身心的包袱，当把身上的拙力全部去掉，就至于无为了，无为之后方能无不为。同时，要正确认识内家拳的内劲与力量，两者根本不是一回事。有人练起拳来虎虎生风，简直吓死人，其实真正掌握内家拳的人不是这样的。为什么呢？真正掌握传统内家拳人，身体极为绵软，外表是绝对不显力的。尤其是在高级阶段行功时，动作轻缓，气息柔顺。在行功过程中抱神以静，可以把身体的拙力排除到不剩一丝一毫，把能量的消耗降到最低，又怎么会吓人呢？曾有老先生说："四海堂内武一片，只是高师太少见。中高低来无人判，有段（武术段位）无实误少年"。片面追求力量，而没有好的入手方法，其弊端是显而易见的。

　　其次，练太极拳不能无师自通。太极拳拳谱曰："入门引路须口授，功夫无息法自修"，八卦掌也有"个中奥妙在深玄，掌在师传学在专"的说法，都是讲老师正确传授的重要性。有人可能问：自己若加倍努力，能不能无师自通地参透传统内家拳呢？我的回答是，成功的概率接近于零。因为传统内家拳的发展，有赖于几代甚至十几代人的连续积累。要想练真正的内家拳必须访求明师。我这一路走过来，可以回答一些初学者经常问及的问题："我有书、有视频，能不能自己学习太极拳？"答案既是肯定的，也是否定的。肯定的是，照拳架练没什么坏处，至少可以锻炼身体、愉悦身心。但如果想了解什么是真正的太极拳，什么是传统太极文化，只照书和视频练就不行了，必须访明师（不见得是名师）、得真传。再说明白一点，得真传是掌握传统太极拳的必要条件，其他还需要一些主、客观条件，如勤于思考、勤于练功，有一群志同道合的伙伴。

　　最后，太极拳的柔与刚。当下社会盛行太极拳练习，这是好事，说明人们的养生意识比以前大有增强。但练习要讲科学，如果七八十岁的老年人还进行刚猛的发力，那是在破坏自己的身体。太极拳是内家拳讲究以柔克刚，拒绝用蛮力练拳。太极拳的刚是柔中之刚，是从柔中提炼出的内劲，表现出纯刚，而不是用身体肌肉拉伸的强力。这就涉及如何提炼内劲了，这也是传统内家拳各门各派最为秘密的部分。再说直白一点，就是内家拳的刚是从柔中提炼出来的，是柔的积累。单纯表现外力，就算威风凛凛，圆睁双眼，脚踩在地上咚咚作响，累得气喘如牛，出了大力，而里面丝毫没有什么要求跟着，那等于白练，这句话可谓一语中的。

▍十一、练习太极拳对人的身心健康有什么影响？

　　练习太极拳对人体生理健康有着积极的影响。通过太极拳的锻炼，人体的五脏六腑均得到积极的影响，人的身体健康怎能不好？在太极拳锻炼过程中，讲究"迈步如猫行"，而人体的六条大经络均在腿足部，经常锻炼太极拳，就可以加强先后天之本，增加气血，促进各脏腑之间的功能，大大提高健康状况，逐渐达到体内的阴阳平衡。太极拳练习，要注意调身、调息、调心三要素的有机结合，通过这三方面的锻炼，可以增强人体各系统器官的生理机能，诱导和启发人体的内在潜力。因此，不能把锻炼太极拳称为一招一式的体育或武术运动，它是以整体观念为指导，以意念活动为核心的一种自我身心修炼的方法。太极拳练习可以使人体的气血通畅，可以化瘀破阻，使血管壁弹性增强、血氧饱和度上升，通过内气按摩活血的作用，使面部的透明质酸增加，增加皮肤弹性，消除皱纹，对于眼睛和鼻等五官科疾的病患，也可以有较好的治疗作用。既可以调精神，按五脏，和气血；又可以强筋骨，壮骨节，荣精髓；尚可以健脏腑，疗疾患，促进身心健康。可以使人体处于一种有序化极高的特殊节能状态。

　　长期的太极拳练习可以提高神经末梢的灵敏性，并改善中枢神经系统的能力，从而促进生命活动过程中的平衡进程，对外周交感神经系统和中枢交感神经系统均有良好的作用，能加强肠胃蠕动，促进胃酸及胃蛋白酶的分泌，并且增强唾液分泌量及唾液中淀粉酶的含量和活性，提高唾液腺分泌功能；同时可使肝脏分泌胆汁功能加强，促进小肠内食物的消化；还可以改善血液微循环，调和气血，调整和改善心血管交感中枢，对人体血脂代谢、心脑血管、甘油三酯有积极的影响；还可以提高白细胞吞噬率，提高巨噬细胞的数量和能力，加强集体非特异性免疫功能，同时提高参与免疫反应细胞的数量，提高机体的抗菌、抗病毒能力，从而整体改善人体的免疫功能。总之，正确练习太极拳，确实可以健身养身，延年益寿。

练习太极拳对人心理健康也有着积极的影响。人的不良情绪，如忧郁焦虑、紧张、胆怯、盛怒，甚至内向的性格，直接会影响机体的防御功能，导致免疫力低下。如果长期反复持续地处于超出生理强度的紧张状态之中，就容易导致神经障碍，血压波动，脉搏加快，呼吸加速，血糖升高，肌肉群紧张，头疼眩晕，食欲减退等一系列的症状群。习练太极拳正是对人毅力的锻炼，是陶冶情操的熔炉。可以形成正确面对现实生活的态度，形成对生活的热爱和对未来的强烈向往，增强进取心，视拼搏修炼为乐趣，不畏惧困难；对人能广泛团结，与意见不同的人也能和睦相处，不思报复，坦荡无忧；对突然而至的打击和挫败，能迅速进行心理调适，处乱不惊；对自己的忧郁，有分寸地及时宣泄，不寻烦恼，做一个胸襟坦荡、光明磊落、无私无欲、有德行的人，修炼自然而然，以善从之，潜心养性，不贪不嗔。

太极拳的练习就是将事物的道理触入人生的道理之中，从中得到真谛，在练习中能培养锻炼者艰苦朴素、吃苦耐劳的精神，处事谨慎小心，以德服人，以艺和理服人，决不允许好勇斗狠，恃强凌弱。从以上可以看出，太极拳的锻炼符合人对心身全面塑造的价值要求。而在竞争日益激烈的社会中，还能合理应对挫折和困难，能更好地适应社会，提高练习者的意志力和百折不挠的韧性，去除浮躁不安的心理。

第六章

太极拳拳谱摘录及名家体悟录

太极者，无极而生，动静之机，阴阳之母也。动之则分，静之则合，无过不及，随曲就伸。人刚我柔谓之走，我顺人背谓之粘。动急则急应，动缓则缓随。虽变化万端，而理唯一贯。由着熟而渐悟懂劲，由懂劲而阶及神明。然非用力之久，不能豁然贯通焉。虚领顶劲，气沉丹田，不偏不倚，忽隐忽现。左重则左虚，右重则右杳。仰之则弥高，俯之则弥深。进之则愈长，退之则愈促。一羽不能加，蝇虫不能落。人不知我，我独知人。英雄所向无敌，盖皆由此而及也。斯技旁门甚多，虽势有区别，概不外壮欺弱，慢让快耳。有力打无力，手慢让手快，是皆先天自然之能，非关学力而有为也。

太极者，无极而生，动静之机，阴阳之母也。动之则分，静之则合。无过不及，随曲就伸。人刚我柔谓之走，我顺人背谓之粘。动急则急应，动缓则缓随。虽变化万端，而理唯一贯。由着熟而渐悟懂劲，由懂劲而阶及神明。然非用力之久，不能豁然贯通焉！

虚领顶劲，气沉丹田，不偏不倚，忽隐忽现。左重则左虚，右重则右杳。仰之则弥高，俯之则弥深。进之则愈长，退之则愈促。一羽不能加，蝇虫不能落。人不知我，我独知人。英雄所向无敌，盖皆由此而及也。

斯技旁门甚多，虽势有区别，概不外壮欺弱、

第一节　拳谱太极拳论

太极拳名称始见于清乾隆年间武禹襄太极拳谱第一篇之太极拳论，武称作者是王宗岳。《太极拳论》，系太极拳的文献资料，太极拳界重要的太极拳论有两篇：张三丰的《太极拳经》和王宗岳的《太极拳论》。虽然实际作者有待考究，但是仍被太极拳界奉为瑰宝，影响学习太极拳的人甚深，所有的太极拳门派均不约而同地尊崇《太极拳论》为太极拳界至文，足见其地位重要。

山右王宗岳太极论

太极者，无极而生，动静之机，阴阳之母也。动之则分，静之则合。无过不及，随曲就伸。人刚我柔，谓之走，我顺人背，谓之粘。动急则急应，动缓则缓随。虽变化万端，而理唯一贯。由著熟而渐悟懂劲，由懂劲而阶及神明。然非用力之久，不能豁然贯通焉。

虚领顶劲，气沉丹田，不偏不倚，忽隐忽现。左重则左虚，右重则右杳。仰之则弥高，俯之则弥深。进之则愈长，退之则愈促。一羽不能加，蝇虫不能落。人不知我，我独知人。英雄所向无敌，盖皆由此而及也。

斯技旁门甚多。虽势有区别，概不外壮欺弱，慢让快耳。有力打无力，手慢让手快，是皆先天自然之能，非关学力而有也。察四两拨千斤之句，显非力胜。观耄耋能御众之形，快何能为？

立如平準，活似车轮。偏沉则随，双重则滞。每见数年纯功，不能运化者，率皆自为人制，双重之病未悟耳。欲避此病，须知阴阳。粘即是走，走即是粘。阴不离阳，阳不离阴。阴阳相济，方为懂劲。懂劲后，愈练愈精，默识揣摩，渐至从心所欲。本是舍己从人，多误舍近求远。所谓差之毫厘，谬之千里。学者不可不详辨焉。

是为论。

武当山张三丰太极论

一举动，周身俱要轻灵，尤须贯串。气宜鼓荡，神宜内敛，无使有缺陷处，无使有凹凸处，无使有断续处。其根在脚，发于腿，主宰于腰，行于手指，由脚而腿而腰，总须完整一气，向前退后，乃得机得势。有不得机得势处，身便散乱，其病必于腰腿求之。上下前后左右皆然，凡此皆是意，不在外面。有上即有下，有前即有后，有左即有右，如意要向上，即寓下意，若将物掀起而加以挫之之意，斯其根自断，乃坏之速而无疑。

虚实宜分清楚，一处自有一处虚实，处处总此一虚实，周身节节贯串，无令丝毫间断耳。

长拳者，如长江大海，滔滔不绝也。

十三势：掤、捋、挤、按、採、挒、肘、靠，此八卦也，进步、退步、左顾、右盼、中定，此五行也。掤、捋、挤、按，即（先天八卦）乾、坤、坎、离，四正方也；採、挒、肘、靠，即巽、震、兑、艮，四斜角也。进、退、顾、盼、定，即金、木、水、火、土也，合而言之，则为十三势也。

原注云：此系武当山张三丰祖师遗论。欲天下豪杰延年益寿，不徒作技艺之末也。

十三势

一名长拳，一名十三势。长拳者，如长江大海，滔滔不绝也。十三势者，掤、捋、挤、按、採、挒、肘、靠、进、退、顾、盼、定也。掤、捋、挤、按，即坎、离、震、兑，四正方也。採、挒、肘、靠，即乾、坤、艮、巽，四斜角也。此八卦也。进步、退步、左顾、右盼、中定，即金、木、水、火、土也，此五行也。合而言之，曰十三势。

十三势行功心解

以心行气，务令沉着，乃能收敛入骨。以气运身，务令顺遂，乃能便利从心。精神能提得起，则无迟重之虞（所谓头顶悬也）。意气须换得灵，乃有圆活之趣（所谓变转虚实也）。发劲须沉着松静，专注一方，立身须中正安舒，支撑八面。行气如九曲珠，无微不至（气遍身躯之谓）。运劲如百炼钢，何坚不摧。形如搏兔之鹘，神如捕鼠之猫。静如山岳，动似江河。

蓄劲如挽弓，发劲如放箭，曲中求直，蓄而后发。力由脊发，步随身换。收即是放，断即是连。往复须有折叠，进退须有转换。极柔软，然后极坚刚。能呼吸，然后能灵活。气以直养而无害，劲以曲蓄而有余。心为令，气为旗，腰为纛。先求开展，后求紧凑，乃可臻缜密也矣。

又曰：先在心，后在身，腹松气敛入骨，神舒体净，刻刻在心。

切记：一动无有不动，一静无有不静。牵动往来气贴背，敛入脊骨。内固精神，外示安逸。迈步如猫行，运劲如抽丝。全身意在精神，不在气，在气则滞。有气者无力，无气者纯刚。气若车轮。腰如车轴。

又曰：彼不动，己不动，彼微动，己先动。劲似松非松，将展未展，劲断意不断。

山右王宗岳十三势歌诀

十三总势莫轻视。命意源头在腰隙。
变换虚实需留意。气遍身躯不少滞。
静中触动动尤静。因敌变化示神奇。
势势存心揆用意。得来不觉费功夫。
刻刻留心在腰间。腹内松净气腾然。
尾闾中正神贯顶。满身轻利顶头悬。
仔细留心向推求。屈伸开合听自由。
入门引路需口授。功用无息法自修。
若言体用何为准。意气君来骨肉臣。
想推用意终何在。益寿延年不老春。
歌兮歌兮百四十。字字真切义无疑。
若不向此推求去。枉费工夫贻叹息。

打手歌

掤捋挤按须认真，上下相随人难进。
任他巨力来打我，牵动四两拨千斤。
引进落空合即出，沾连黏随不丢顶。
被打欲跌须雀跃，挤住难逃用蛇形。
拔背含胸合太极，裹裆护臀踩五行。
学者悟彻玄中意，一身妙法豁然能。

此书十不传

一不传外教。
二不传无德。
三不传不知师弟之道者。
四不传收不住者。

五不传半途而废者。

六不传得宝忘师者。

七不传无纳履之心者。

八不传好怒好愠者。

九不传外欲太多者。

十不传匪事多端者。

第二节　杨家老拳谱

此太极拳谱原谱是杨健侯老先生赠予田兆麟的手抄老拳谱，由叶大密先生向田兆麟先生要来，确实是学习太极拳者不可多得的宝贵资料。

▋ 一、八门五步

方位八门，乃阴阳颠倒之理，周而复始，随其所行也。八门者，四正四隅也。四正为掤挒挤按，四隅乃採挒肘靠。合正隅之手，得门位之卦，以身分步，则生五行，以支撑八面。五行者，进步（火），退步（水），左顾（木），右盼（金），中定（土）是也。以中定为枢轴，怀藏八卦，脚踏五行，名之曰八门五步。

▋ 二、沾黏连随

粘者，提上拔高之谓也。黏者，留恋缱绻之谓也。连者，舍己无离之谓也。随者，彼动此应之谓也。学者欲求懂劲，当于此四字三注意焉。

三、顶偏（匾）丢抗

顶者，出头之谓也。偏（匾）者，不及之谓也。丢者，离开之谓也。抗者，太过之谓也。初学者，每犯此四字之病，必于推手之时，密密觉察，随时改去；改之既尽，方能达感觉灵敏，沾黏速随之域。

四、太极圈

退圈容易进圈难，不离腰顶后与前。所难中土不离位，退易进难仔细研。此为动功非站定，倚身进退并比肩。能如水磨摧急缓，云龙风虎象周旋。要用天盘从此觅，久而久之出天然。

五、对待用功法守中正

欲求懂劲，须习推手。推手分掤捋挤按四手，学者必于此四手，用不动步推法，苦下功夫，须练至腰腿皆可粘黏连随，身形和顺，伸舒自如，无丝毫拙力，随感随应，方可谓基本之功足。

六、太极进退不已功

掤进捋退自然理，阴阳水火相既济。先知四手得其真，採挒肘靠方可许。四隅从此演出来，十三势架永无已。

所以因之名长拳，任君开展与收敛。千万不可离太极，对待于人出自然。由兹往返于地天，但求舍己无弥病。上下进退永连绵。

七、太极体用解

理为精气神之髓，精气神为身之髓。身为心之用，劲为身之用。

心身有一定之主宰者，理也；精气神有一定之主宰者，意诚也。诚者，天道；诚之者，人道。俱不外意念须臾之间。

要知天人同体之理，自得日月流行之气。其气意之流行，精神自隐于（微乎）理矣。夫而后言，乃武，乃文，乃圣，乃神，则得矣。特借后天之武事，论之于身心，用之于劲力，仍归于道之本也。劲由于筋，力由于骨。如以持物论之，有力者能持数百斤，是骨节皮毛之外操也，故有硬力。太极拳之内劲则不然。以之持物，或不数斤，盖精气内壮也。若功成之后，较硬力不知妙出若干倍也。

八、太极文武解

文者，体也；武者，用也。文功在武，用于精气神也，为之体育；武功得文，体于心身也，为之武事。夫文武又有火候之谓。在放卷得其时中，体育之本也。文武使于对敌之际，在蓄发适当其可，武事之根也。有文无武，谓之有体无用；武而无文，谓之有用无体。文者，内理也；武者，外数也。有外数无文理，必为血气之勇，有失本来面目，欺敌取败也；有文理无外数，徒思安静之学，未知用的采战，差微则亡矣。

九、太极懂劲解

自己懂劲，接及神明，为之文成。而后采战。身中之阴，七十有二，无时不然。阳得其阴，水火既济，乾坤交媾，性命葆真矣。于人懂劲，视听之际，遇而变化，不着思虑形相，而来往咸宜，自得曲诚之妙。

十、八五十三势长拳解

自己用功，一势一式，用成之后，合之为长拳，滔滔不绝，周而后始，所以名为长拳也。万不得有一定之架子，恐日久入于油滑也，又恐入于硬拳也，决不可失其绵软。周身往复，精神意气之本。用久自然贯通，无往不至，何坚不摧也。

于人对敌，四手当先，亦自八门五步而来。站步四手，碾磨四手，进退四手，天地人三才四手，由下乘长拳四手起，大开大展，练至紧凑屈伸自由之功，则入上中乘之境矣。

十一、太极分文武三成解

盖言道者，非自修身，无由得也。然又分三乘修法。乘者，成也。上乘即大成也，下乘（即）小成也，中乘即诚之者成也。法虽三，其成功一也。

文修于内，武修于外。体育内也，武事外也。修者，内外表里成功集大成者，上乘也；由体育之文，而得武事之武，或由武而得文，中乘也；若唯知体育而成，或专由武事而成者，即下乘也。

十二、太极下乘武事解

太极之武，外操柔软，内含坚刚。练习之久，自得内之坚刚，然非有意坚刚，实自然增长之内劲也。所难者，内含坚刚，而不施于外。即迎敌之时，也以柔软而应坚刚，使坚刚尽化无存。然此步功夫，何等深玄。要非粘黏连随，已由懂劲达神明之域者，不能轻灵玄妙，收四两拨千斤之功若是也。

十三、太极正功解

太极者，圆也。无论内外上下左右，不离此圆也。太极者，方也。无论内外上下左右，不难此方也。圆之出入，方之进退，随方就圆之往来也。方为开展，圆为紧凑。方圆规矩之至，孰能出此外哉。如此得心应手，仰高钻坚，神乎其神，见隐显微，明而且明，生生不已，欲罢不能。

十四、太极轻重浮沉解

双重为病，在于填实，与沉不同也；双沉不属病，因其活泼能变，与重不等也。双浮为病，在于缥缈，与轻不同也；双轻不为病，因其天然轻盈，与浮不等也。半轻半重不为病，偏轻偏重为病者，半有着落也。偏者，偏无着落也。所以为病。偏无着落，必失方圆；半有着落，岂出方圆；半浮半沉为病，失于不及也；偏浮偏沉，失于太过也；半重偏重，滞而不正也；半轻偏轻，灵而不圆也；半沉偏沉，虚而不正也；半浮偏浮，茫而不圆也。夫双轻不进于浮，则为轻盈；双沉不进于重，则为离虚。故曰，上手轻重，半有着落，则为平手，除此三者之外皆为病手。盖内之虚灵，不昧能致于外，气之清明，行乎肢体也，若不穷研轻重浮沉之手，徒劳掘井不及泉之叹耳。然有方圆四正之手，表圆而方，超乎象外，得其寰中之上手也。

十五、太极四隅解

四正，即四方也，所谓掤捋挤按也。四隅，即四角也，所谓採挒肘靠也。学者若不知方极而圆，圆极而方，方圆循环，阴阳变化之理，焉能出隅之手哉。盖吾人外而肢体，内而神气，均贵轻灵活泼，乃能极四正方圆之功。然或有于四正之手，犯轻重浮沉之病者，则有隅手出矣，譬为半重偏重。

十六、太极平正（准）腰顶解

项如準（准），故至曰顶头悬也。二手，即平左右之盘也。腰即平之根株也。若平准稍有分毫之轻重浮沉，则偏显然矣。故习太极拳者，须立身中正，有如平准。使顶悬腰松，尾闾中正，上下如一线贯串。转变全凭二平，分毫尺寸，须自己细辨。默识揣摩，融会于心，迨至精熟，自能随感斯应，无往不宜也。车轮二，命门一，纛摇又转，心令气旗，使自然，随我便。满身轻利者，金刚罗汉炼。对待有往来，是早或是晚。合则发放去，有如凌霄箭。滋养有多少，一气哈而远。口授须秘传，开门见中天。

十七、太极尺寸分毫解

功夫先练开展，后练紧凑。紧凑之后，再求尺寸分毫。由尺而寸而分而毫。盖缜密之至，不动而变也。

十八、太极膜脉筋穴解

节膜、拿脉、抓筋、闭穴，此四功，尺寸分毫得之，而后求之。膜若节之，血不周流；脉若拿之，气难行走；筋若抓之，身无主地；穴若闭之，神气皆无。暗抓络节至半死，伸脉拿之似亡军，筋抓之劲断，死穴闭之无生。气血精神若无，身何有主哉。若欲能节拿抓闭之功，非得真传不可。

十九、太极字二解

挫揉捶打，按摩推拿，开合升降，此十二字（习）皆用手也。屈伸动静，起落急缓，闪还撩转，此十二字于己气也，于人手也。转换进退，顾盼前后，即瞻前眇后、左顾右盼，此八字，关乎神者也。断接俯仰，此四字关乎意劲也。断接关乎神气，俯仰关乎手足也。劲断意不断，意断神可接。劲意神俱断，则俯仰矣。因手足无着也，俯为一叩，仰为一反，不使叩反，非断而复接不可。对待之时，俯仰最当留意，时时在心，手足不使断接之能，非见隐显微不可。隐微如断而未断，见隐如接而未接。接接断断，断断接接，其心意身体神气，极于隐显，又何患不粘黏连随哉。

二十、太极节拿抓闭尺寸分毫辨

封待之功，既得尺寸分毫于手，则可量之矣。然不论节拿抓闭之手易，若节膜拿脉、抓筋闭穴则难。非自尺寸分毫量之，不可得也。节不量，由按而得。拿不量，由摩而得。抓不量，由推而得。拿闭非量而不能得穴，由尺盈而缩之寸分毫也。此四者，虽有高传，然非自己功夫久者，难能贯通焉。

▌ 二十一、太极补泻气力解

补泻气力于自己难，补泻气力于人亦难。补自己者，知觉功则补运动功，过则泻，所以求诸己不易也。补于人者，气过则补之，力过则泻之，此胜彼则所以然也。气过或泻，力过或补，其理虽亦然，其有详夫过补为之，过上加过，遇泻为之，缓他不及他，必更过，仍加过也。补气泻力于人之法，均为加过于人矣。补气名曰结气法，泻力名曰空力法。

▌ 二十二、懂劲先后论

未懂勤之先，易犯顶匾丢抗之病，既懂之后，又犯断接俯仰之病。然未懂故犯病，既懂何又犯病？

盖后者在似懂未懂两可之间，断接无準（准），则视听未正确，尚未达真懂劲之境焉。何焉真懂？知瞻眇颜盼之视，起落缓急之听，闪还撩转之运，转换进退之动，斯为真懂劲。乃能屈伸动静之妙，开合升降之巧。见入则开，遇出则合；看来则降，就去则升。而达神明之域。既明矣，则往后行坐住卧、一动一静，均须谨慎在意，盖无往而非功夫矣。

▌ 二十三、尺寸分毫在懂劲后论

凡未懂劲，先求尺寸分毫，为之小功，不过末技武事而已。所谓能尺于人者，非先懂劲也。如懂劲后，神而明之，自然能量尺寸分毫也。能量然后能节拿抓闭矣。

又必详知络脉筋穴之理，存亡之手，生死之穴。而点穴之要，又在于闭之一字也。

二十四、太极指掌捶手解

自指之下，腕上实者为掌，五指之首为手，五指皆为指，五指组笼为捶。

言其用处，按，推掌也；拿揉抓闭，俱用指也；挫，摩手也；打，捶也。捶有搬搁拦、指裆、肘底、撇身、覆捶。掌有搂膝、换转、单鞭、通背、串掌。手有云手、提手、合手、十字手、反手。指有屈指、伸指、捏指、闭指、量指。量指又名尺寸指，又名觅穴指。指有五，各有其用。首指为手仍为指，故又名为手指。其一，用之为旋指、旋指手；其二，用之为根，指根手；其三，用之为弓，指弓手；其四，用之为中合手指。四手指之外为独指、独指手也。食指为卜指，为剑指，为佐指，为沾指。中指为心指，为合指，为钩指，为抹指。无名指为全指，为环指，属代指，为扣指。小指为帮指，为补指，为媚抬，为挂指。若此之名，知之易而用之难，得口诀秘法，亦不易为也。其次，有封掌、推山掌、射雁掌、亮翅掌、闭指、拗步指，弯弓指、穿梭指、探马手、弯弓手、抱虎手、玉女手、跨虎手、通山捶、腋下捶、背反捶、势分捶、卷挫捶。再其次，步随身换，不出五行，则无失错矣！因其粘连黏随之理，舍己从人，身随步转。只要五行之舛错，身形脚势出于自然，又何虑些须之病也。

二十五、口授张三半（丰）老师之言

予知三教归一之理，皆性命之学也，皆以心为一身之主也。人之身有精气神，才能文思安安，武备动动。安安动动，乃文乃武。大而化之者，圣神也。先觉者，得其寰中，超乎象外矣。后学者，以效先觉之所知能，盖其知能虽人固有之，然以迷故，以渐消失，非效先贤，不复也。夫人之知能，天然文武。目视耳听，天然文也。手舞足蹈，天然武也。前辈大成文武圣神，授人以体育修身之道，而不以武事修身传也。至予得手舞足蹈之采战。惜阴补阳，身之阳男也，身之阴女也，然皆备于一身，非如邪道之以男女后天色身为采补也。予之传斯武事，即本此意，借假修真，以求进于了性保命之境。非徒作技击之末也。然即施之于技击，亦与己身之采战之理相同。盖己身遇敌对待之数，则为采战也。是即汞铅，于人对战，坎离兑震，阳战阴也，为之四正；乾坤艮巽，阴采阳也，为之四隅。此八卦也，为之八门。身足位列中土，进步之阳以战之，退步之阴以采之，左顾之阳以采之，右盼之阴以战之，无论文武，及成功一也，三教、三乘、三元，不出太极，愿后学以易理格致于身中，留于后世亦可。

二十六、张三半（丰）以武到（事）得道论

夫人身之成，由得先天之性命，后天之精血形骸。然人既坠尘也，为七情六欲所迷，本性自失，故贤者欲求复本，不得不加修炼，修炼之道，或由文，或由武。练太极，即由武入也，由命而返性，由假而返真，故足蹈五行，手舞八卦，皆先天地之理也。迨夫日久功深，自能内外合一，尽性立命，然其要在一诚字，盖意诚心正，乃能致知格物，而归先天大道也。

二十七、太极拳真义

无形无相，忘其有己，全身透空，内外为一，应物自然，随心所欲，西山悬磬，海阔天空，虎啸猿鸣，锻炼阴精，泉清水静，心死神活，翻江闹海，元气流动，尽性立命，神定气足。

二十八、八字歌

掤捋挤按世间奇，十个艺人九不知，若能轻灵并坚硬，粘连黏随俱无疑。採挒肘靠更出奇，行之不用费心思，果能轻灵并坚硬，得之环中不支离。

二十九、心会歌

腰脊为第一之主宰，喉头为第二之主宰，心地为第三之主宰；丹

田为第一之宾辅，指掌为第二之宾辅，足掌为第三之宾辅。

三十、周身大用论

一要心性（定）与意静，自然无处不轻灵。二要遍体气流行，一定继续不能停。三要喉头永不抛，问尽天下众英豪。如询大道因何得，表里精细无不到。

三十一、十六关要论

旋之于足，行之于腿，纵之于膝，活泼于腰，灵通于背，神贯于顶，流行于气，运之于掌，通之于指，敛之于髓，达之于神，凝之于耳，息之于鼻，呼吸于胸，往来于口，潭噩于身，全体发之于毛。

三十二、功用解

轻灵活泼求懂劲，阴阳相济无滞病，若得四两拨千斤，开合鼓荡主中定。

用功五

博学是多功夫。
审问，非口问，是听劲。
慎思，时时想念。
明辨，生生不已。
笃行，如天行健。

（以上各节录自田镇峰编著《太极拳讲义》，此谱系杨氏老拳谱，为不可多得的太极拳珍贵资料。为方便大家阅读研究，其中个别明显的别字略有改动，其余一概保持原谱的风貌。）

非在不得已时，不与人交手。与人交手，先有夺人之气。交手时，拦其手，谓之头门；制其肘，谓之二门；截其膀根，谓之三门。每一出手，应先制其膀根，是谓登堂入室。停顿暗，宜沉着加力，转关处，宜活泼随机。

练拳总以用功为主，力是自然之力，不可勉强加力。一身气血周流，方能浑元一气。

初学拳，切勿猛进，戒求速，忌用力。术语云，无力努力伤血，不速求速伤气。气血二伤，则必危机肇临，有力何有施哉。

练时切记存神上丹田，大脑，纳气下丹田，脐下，先使用脑力，然后方能收敛。太极拳与其他拳术不同之处，即在于练时之存神纳气，其形式即与其他拳术，无甚分别。若徒呆练而不加以研究，则结果祇平凡之人而已。

（此谱乃叶大密先生向田兆麟先生处要来，所录拳谱系杨氏老谱，字句稍有舛误，已为校正。）

第三节　太极拳名家语录

太极拳的名家语录，是大师们的心得体会之精华，历来为不传之秘。读懂名家语录就像能看到大师走过的路，如能正确理解他的心得，对练拳帮助匪浅，但是有些东西只可意会不能言传。别人的描述，自己理解可能有所偏差，何况有些意识不能用文字表达得尽善尽美。如佛语，只能意会不能言传。不能死理解，断章取义，更不能无端瞎琢磨。只要练得对，时间长了，功夫到了，自然能理解其中含义。如能理解领会了，再提高自己，对练功而言是一个捷径。

太极拳轻重浮沉分三类十二手名目。

1. 双轻上手，双重病手，双浮病手，双沉上手。
2. 半轻半重平手。
3. 半沉半浮病手，偏轻偏重病手，偏浮偏沉病手。
4. 半轻偏轻病手，半重偏重、半浮偏浮病手，半沉偏沉病手，若不能穷究轻、重、浮、沉之手，即不能进太极拳真义之门。

——叶大密语录

敷：微贴敌身，听彼动静，以取先动之机。

盖：盖世无双，有威胁敌人之意，使敌如鼠见猫，不得动弹。

对：是敌我对待时能取得无意之意，不放而放的妙用。

吞：气吞山河，使敌时时在我掌握之中。

——叶大密语录

关于钻研太极拳的问题，杨澄甫老师曾对我说过："研究太极拳能久则穷，穷则变，变则化，化则道，通则头头是道。"所以对一切事物，如要把它搞通，本来不易，真非有几十年不断的工夫不可，所谓"专家"是也。在"久"字前头需要先有"恒"字，才能"久"字，在"恒"字前头需要最大的决心，坚强（的）毅力。遇到困难不向它低头，则要有高山向我低头，河水向我让路的革命精神才可以。

——叶大密语录

杨家太极拳精义论：无形无象，全身透空；忘物自然，西山悬磬；虎啸猿鸣，泉清水静；翻江闹海，尽性立命。此系太极拳锻炼到最高、最深的境界，也是延年益寿的好方法。绝非庸俗、粗浅、鲁莽、简单之辈可能梦想得到的。

——叶大密语录

谈谈我的推手体会：推手为锻炼太极拳中主要部分之一，如不得劲，不能从心所欲怎么办？照我的经验说来，绝不是专以动手动脚为原则的，必须分析研究如下几个问题，方可得到结论。

1. 身动手不动。
2. 脚动身不动。
3. 脚暗动步不动。
4. 脚运用联环形不停地动。
5. 发劲是接劲，接劲是发劲。
6. 发劲既不是手，又不是脚。
7. 要练成非收非放的基本功。
8. 能接得彼劲，彼自跌出。
9. 靠壁运气（墙壁、板壁、门都可以），自在无碍（此法是先师河北永年杨澄甫老先生在沪时来我家亲自传授，师娘不知道，在他家是不会传我的，故我异常感激，特志此以为纪念），在胸部画成一个横的无形无象的联环形（如∞字形）。
10. 根本的基础是建立在联环式的步法上去，方能使人不知我，我独知人的好方法。

——叶大密语录

"后其身而身先"一般推手都是后其身而手先，因而使对方有机会可待，有机可乘。此非上法，不能操不战而胜之故。

"外其身而身存"这是忘物自然之境，置身于度外，此时已达到周身松净，使对方不知我而我独知人。是战无不胜，攻无不克，使彼跌出而无疑。

——叶大密语录

练太极必须分清轻、重、浮、沉四字，须知轻与沉相承，浮与重相对。太极轻灵，如荷叶承露有倾即泻。膝上有圈，然后能使足掌平伏贴地。两手不知呼应，是谓半无着落。

——叶大密语录

练架子须先求其方，后求其圆；推手须先求其圆，后求其方。从此去做，始能事半功倍。练架子须逢转必沉，推手须流而能留。练架子须三尖归一。心动、气随、腰转，才能精、气、神合一。

——叶大密语录

尾闾如行舟之舵。身有虚实，虚胸实腹，虚腹实胸，此身之虚实也；胸亦有虚实，左进右退右进左退，胸之虚实也。故含胸亦有双重之病。

——叶大密语录

练劲须按部就班，层次而入：先练腰，次练脊，再练背，由腰而脊而背。平时走架专意一处，功久自能劲由脊发矣。

——叶大密语录

推手之圈，以外大内小为佳，外大可以眩人耳目，乱人意志，内小方能转变灵活集中迅速。不丢而丢，不顶而顶，意在人先，变化倏忽，则丢而不丢，顶而不顶矣，是谓即丢即顶。然即丢即顶，全是从不丢不顶中得来。太极推手，能忽隐忽现犹是初步，其后为不隐不现，最后则顺势借力而已。发劲之专注一方，犹有范围，要不出对方中心与两肩三竖线之外，发时自身之三竖线，必须保持齐头并进，方能完整一气。

——叶大密语录

发劲如撒去沾手污泥，非松净松极，不能脆也。

——郑曼青语录

举步如涉水，运剑若游云。

——李景林语录

拳术至练虚合道，是将真意化到至虚至无之境。不动之时，内中寂然，空虚无一动其心。至于忽然有不测之事，虽不见不闻，而能觉而避之。

——孙禄堂语录

圈内打，圈外推人。

——杨露禅语录

初练（太极拳）时，如身在水中，两足踏地，动作如有水之阻力。第二层，则如身在水中，两足浮起，浮游水中，能自如运动。第三层，则身体轻灵，两足如在水面上行走，临渊履冰，神气内敛，不敢有丝毫散乱。此则拳成矣。

——郝为真语录

太极拳乃柔中寓刚，绵里藏针之艺术，姿势要中正圆满，沉着松静，动作要轻灵圆转，纯以神行。

——杨澄甫语录

放松肌腱，松开关节，以求松柔。求其柔者，可使全身能撒散而不连带也。假如推其手，手动而肘不动；推其肘，肘动而肩不动；推其肩，肩动而身不动；推其身，身动而腰不动；推其腰，腰动而腿不动，故能稳如泰山。若放人时，则又由脚而腿而腰而肩而肘而手连为一气，故能去如放箭。若不能柔，全身成一整物，力虽大然遇力大于我者，（被）推其一处则全身皆立不稳矣。柔之功用岂不大哉。故能整能散，能柔能刚，能进能退，能虚能实，乃太极拳之妙用也。

——陈微明语录

太极拳的"轻"不能以单纯不用力来解释。轻是相对于重而言的。轻就是不能用"爆发力"，避免双重。轻也不是松懈。松懈和爆发力均为太极拳之大忌。轻是有力不用。所以说"似松非松，将展未展"为太极劲。太极拳的动作、手、眼、身法、步法都介于有力无力之间。呈现将展未展之势，虚实宜分清楚，才能构成"太极劲"。

——马岳梁语录

第七章

蒋锡荣太极拳传承名录

第一节　传承简略

1940年，15岁的蒋锡荣先生从浙江嘉兴来到上海，在一家炸酱铺做学徒，其间常随邻翁季允卿先生习练太极拳。其间虽有别业，然其拳艺日渐专精，拳理上也多有会心之处，遂开班授徒，与学员共参拳术，教学互长。1949年初，经季允卿先生推荐，随武当太极拳社叶敏之师兄学练太极拳。1950年，投入叶大密先生门下，悉心研习太极拳、武当对剑等。蒋先生视叶家拳为自己一生武学之根底，深入探索，发扬蹈厉，早已暗下决心，欲倾毕生精力，一道贯之，探究太极之妙道，奉行终身。

1952年，蒋锡荣先生正式开门教授太极拳，所从者甚众。太极拳教学几十年如一日，受教学员无数，其间先后教授杨式太极拳、太极剑、武当对剑等，五十年代末，教授简化太极拳，并担任"上海市简化太极拳总辅导"，教授的学员、学生众多，他先后在上海复兴公园、交通大学、上海体育俱乐部、上海静安体育馆、曙光医院、市委宿舍等场所教授太极拳。

1966年"文革"爆发后，太极拳被定为"四旧"，蒋锡荣先生停止教拳了，后转入上海市第四机床厂工作。八十年代初，蒋先生从单位退休，将全部精力投入到太极拳的教学与传播中，这正是受叶大密老师"以天下为己任"的思想影响。在蒋先生的不懈努力下，太极拳传至全国，其中还有部分台湾学生不断地随蒋先生习练太极拳，使太极拳可以造福更多的人，这是蒋锡荣太极拳术传播的目的，也是蒋锡荣太极拳术逐渐形成的过程。

2000年之后，蒋锡荣先生主要在上海、浙江一带教授太极拳，经过先生、弟子以及再传弟子的努力，蒋锡荣太极拳术已传至国外，目前荷兰、法国、美国等，国外所受学生人数也不断增加，国内各个省市的弟子们也将蒋锡荣太极拳术不断开枝散叶。

第二节　传承名录

　　传承名录的学员弟子名单，在本书出版前进行了一次疏理。先生自 20 世纪 50 年代起教授太极拳，至今已有六七十年，教学年限跨度长。在 20 世纪六十年代，先生曾为上海市简化太极拳师资总辅导，所教学员人数众广。先生现在年事已高，先前也未曾记录学员名册，为此，只能将目前已取得联系的学员名单录入本书（以姓氏笔画为序），而那些未能联系上，先生又未能回忆起的学员，此次未能录入，特此说明。

马品荣	孔祥仁	孔祥文	尤静凤	方忠烈	方春朝
方　晓	毛杨伟	毛苏平	王一仙	王二华	王小岳
王小敏	王　文	王必俊	王玉迪	王　伟	王　华
王向阳	王庆棉	王成岳	王成春	王启怀	王良岳
王良绍	王良洪	王连妹	王国义	王国龙	王国强
王岩平	王岩新	王建琪	王青莲	王振东	王振鸿
王　浩	王　章	王逸凡	王新乐	王福荣	王靖民
王　慧	王爵松	车乐亭	付广秋	冯汝芳	冯　武
卢宝清	卢慧隆	厉建增	史久奋	叶文彬	叶长生
叶长青	叶丽慧	叶良忠	叶建梅	叶　明	叶青松
叶海云	白小红	任力荣	任广德	任宗锡	刘小平
刘良进	刘振兴	刘晓冰	孙光义	孙再兴	孙克胜
孙宏栲	孙建余	孙叙明	孙炳康	孙　荣	孙顺友
孙爱华	孙福秀	孙慧斌	庄鲁迅	朱加志	朱汉珍
朱会仁	朱伟峰	朱邦达	朱利根	朱学忠	朱春林
朱显飞	朱洪超	朱炳林	朱晓东	朱晓勇	朱袁军
朱菊千	朱善标	池万尧	池云林	池洪波	池　胜
牟宣伟	许永乐	许　洁	许　静	严云弟	严　旭
严建明	何友兴	何　平	何国龙	何忠节	何信洋
何炯国	余建国	余武忠	吴万金	吴大同	吴飞龙
吴少游	吴圣考	吴存康	吴纪静	吴伯兴	吴寿崇
吴应玉	吴志明	吴秀海	吴其清	吴　波	吴兹然

吴祥波	吴祥淼	吴积静	吴尊微	吴登安	吴骞
宋霞	岑锦光	张万华	张万年	张大可	张小燕
张云力	张仁德	张方平	张乐恒	张华	张宇
张延兴	张成泽	张红敏	张作武	张克强	张志国
张步明	张纯杰	张纯益	张辰扬	张进发	张周通
张宗宝	张建光	张宪芬	张宪金	张晓荣	张珠钗
张积储	张致诚	张高兴	张盛余	张维枢	张维棠
张福斌	张鹏宇	张毅	李千里	李云虎	李日豹
李冬林	李光增	李名钧	李启昌	李建和	李杰
李松强	李林龙	李胜昆	李选钦	李银树	杜谢玲
杨珂	杨万富	杨卫东	杨孔西	杨军	杨成权
杨国华	杨尚裕	杨忠良	杨林海	杨绍旭	杨贤平
汪国良	沈上波	沈平	沈咏嘉	沈爱串	肖开荣
肖平德	邱文岳	邱式荣	邱昌林	邵太金	邵军
邵应飞	邵应旭	邵应星	邵武	邵剑波	邵静
邹启国	邹良银	陆臣剑	陈一威	陈乃植	陈小霞
陈云弟	陈少波	陈文成	陈王雷	陈玉珍	陈玉萍
陈纪宝	陈体真	陈克红	陈志平	陈志达	陈志荣
陈志曦	陈时高	陈更新	陈良华	陈良弟	陈良林
陈国云	陈国平	陈国春	陈国辉	陈建国	陈建珍
陈建眉	陈建祥	陈忠国	陈绍义	陈茂义	陈茂建
陈茂波	陈虎弟	陈诗三	陈贤聪	陈金荣	陈胜琼
陈荣仕	陈荣忠	陈海龙	陈涛	陈爱英	陈祥兴
陈积珍	陈笑梅	陈维本	陈景云	陈智刚	陈锐
陈瑞松	陈赛洁	周卫元	周文龙	周月坤	周志刚
周迎春	周国新	周建强	周翔	宗大威	庞学桂
林友付	林友胜	林庆	林庆波	林克科	林孝龙
林宝森	林建胜	林建鑫	林昌华	林泽恩	林洪书
林钦济	林晓光	林海冬	林㮹	林道益	林筱野
林锦明	林德胜	林鹰	枣翀鹤	武雷	泮家建
范文榜	范光建	范江弟	郎礼平	郑文飞	郑永林
郑时雄	郑陈彬	郑国华	郑建	郑忠华	郑明坤
郑浩宇	郑梦罴	郑普海	金卫忠	金如顺	金钦年
金海光	金笑笑	金清青	金詠	姚良银	姚明芬
姚瑶	姜文兄	姜传发	姜建国	姜茂总	娄树武
施元	施昌坚	施荣华	施赞登	柳志南	胡卫中

胡允明	胡永斌	胡玉萍	胡臣洪	胡志坚	胡碎进
胡福志	赵东良	赵全才	赵建华	赵家亮	赵碎谦
赵 磊	郝联防	项元永	项元永	项公策	项公瑜
项文锋	项丙建	项志兵	项建设	项瑞生	项瑞华
倪东淼	夏小粟	夏洪亮	夏锦春	奚卫华	徐小斌
徐永庆	徐向明	徐存富	徐安武	徐良臣	徐国光
徐建忠	徐明友	徐 茂	徐 彪	徐爱兰	徐景声
涂远见	翁万虎	翁兰芬	钱云国	钱仕贤	钱圣平
钱永弟	钱顺龙	陶小鹏	陶如敏	陶明君	顾成玉
顾 权	顾胜华	高小鹏	崔一平	戚长伟	曹金姆
梅显平	章 虎	章瑶龙	黄友金	黄天济	黄圣法
黄龙青	黄光辉	黄国光	黄建平	黄忠良	黄金旺
黄根良	黄维请	黄献富	黄献富	黄锡奶	黄 镇
傅金言	彭纪谦	彭希洪	彭凌鹏	曾体和	曾步泽
曾国洪	曾涨雨	焦 涛	琚鲁鹏	程向娇	程劲松
程鸿章	程德华	董汉玉	董李武	董淑萍	蒋瑞华
谢丙杰	谢庆丰	谢作寅	谢钦光	谢锦顺	谢鹏弟
韩鹤平	虞姜莉	锦 明	鲍和平	廖洪建	廖联忠
缪永寿	翟俊超	蔡正标	蔡永才	蔡永吉	蔡光荣
蔡向东	蔡志超	蔡宣春	蔡展缨	蔡蔚苗	潘云凯
潘庆德	潘步瀛	潘宝玉	潘贻东	潘富清	潘楣丽
潘 滨	虢兴明	颜霄松	操桂元	薛孝勇	薛春莲
戴全木	魏善静				

第三节　传承系谱

　　叶传太极拳由叶大密先师创叶传始，所传承分支较少，人数不多。蒋锡荣先生于 20 世纪四十年代末入武当太极拳社学练太极拳。叶传太极拳蒋锡荣为第二代传承人，为使其传承弟子的脉络清晰，更好地传承叶传蒋锡荣太极拳艺，蒋锡荣先生按系谱标准，特设蒋锡荣太极拳嫡传系谱版本，为此识别，册页内容均由弟子拜师时填入盖章。

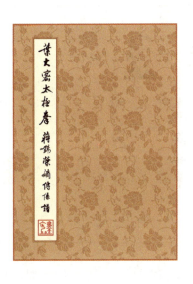

叶大密语

无形无象　全身透空
忘物自然　西山悬磬
虎吼猿鸣　泉清水静
翻江闹海　尽性立命

第　　代弟子

师傅

叶大密太极拳
蒋锡荣嫡传系谱

谨存

回弟子贴

叶传蒋锡荣太极拳博大精深，吾愿将

入门下，领师父之称谓，尽师父之责。特她之为叶传蒋锡

荣太极拳第　　代。

一日为师，终生为敬。愿汝遵师训，勤学磨练，修身

悟道，继往开来，弘扬师门，振兴中华。

师：

年　月　日

系谱

叶传太极拳第壹代 叶大密 先生

叶传太极拳第贰代 蒋锡荣 先生

　　本次传承系谱的梳理，是为了更好地传播和发展叶传蒋锡荣太极拳，弘扬优秀的太极文化。

蒋先生1925年3月出生于浙江海盐，属……当时中央国术馆在南京成立，为救亡图存、强国强种……名师教习太极拳，有杨澄甫、陈……等。蒋先生先学杨式太极拳，基本功扎实……他随老师……那时他才18岁，坚持每天……仍是每天习练不辍……

第一节　媒体文摘

太极拳前辈的无形无象

《新民晚报》　一夏

有些人，只要见一次就受益终身。

蒋锡荣先生如是也。

蒋先生的住所位于浦东金桥一条闹中取静的清幽小路，去时正是一个夏日的午后，燥热逐渐消退。他推门进来，清瘦白皙，一身白衣白裤，穿着一双运动鞋，戴着一副眼镜，拄着一根拐杖，随意找了一个座位。他安静地坐在那里，静静微笑倾听，间或夹杂一两句观感，气定神闲，谦和冲淡。只是偶尔在谈话的间隙，刹那间犀利的眼神，迅捷的行动，隐含了一丝当今太极拳泰斗的锋芒。

蒋先生 1925 年 3 月出生于浙江海盐，这里隶属于嘉兴。1928年，南京"中央国术馆体育传习所"成立。"中央国术馆"提出"术德并重、文武兼修；强种救国、御侮图存"的口号，广设武术技术课。在救亡图存的民族危机下，当时国内赫赫有名的武术名家几乎齐聚国术馆——孙禄堂教形意拳，杨澄甫教杨式太极拳，龚润田教吴式太极拳，陈子荣教陈式太极拳。自古书香之地的东南佳处，从此也开始了大面积习武的风潮。早在蒋先生入学接受正规武术基本功训练前，他的哥哥放学回家后就已经充当起小老师教导弟弟妹妹们。

蒋先生正式走上谋生之路那年，正是 18 岁。当时他虽然 3 年没能跟随老师习武，但仍每天坚持自己练习基本功。蒋老师宿舍楼内的邻居季允卿先生就会打太极拳，而且每天都在公园里教人练拳。出于对武学的热爱，蒋先生正式拜季允卿先生为师。

有句俗语"拳不离手，曲不离口"，蒋先生旦夕不辍苦练。在蒋先生 24 岁那年，眼看徒弟拳艺日渐专精，拳理上也多有会心之处，季允卿师傅欣慰之际也深感自己武学之道有限，便推荐蒋先生随当时的武当太极拳社叶敏之先生学练太极拳。

叶敏之是太极拳一代宗师叶大密的大弟子，当时属于代师授拳。1952 年，蒋先生正式拜入叶大密先生门下。跟随叶大密先生习武，蒋先生对太极拳的理解有如醍醐灌顶，自此勇猛精进，日趋纯熟。一次，他随叶大密先生在公园习练拳术，叶先生初时只凝神看蒋先生练习，良久，突然言道："小蒋已领悟，心意专，意昧三，精愈坚，气愈定，神愈适，浑然一体。"据悉，当年上海武术界将蒋锡荣先生与金仁霖先生、曹树伟先生及叶大密老先生早年的弟子濮冰如，合称为"叶传拳的一大三小"。从其主要履历也可一窥蒋先生当时在全国武术界的地位。

有人曾回忆，20 世纪 60 年代初一个春节，他们拜访蒋先生，想即兴试试他的功夫。蒋先生背墙而立，三个 20 多岁的年轻小伙，最前一个掐着蒋先生的脖子，其余两个叠罗汉一样抱着前方一人的腰。三人齐心协力向前压……蒋先生脖子和脸上青筋"刷"地暴涨起来。说时迟那时快，蒋先生双手左右相合成抱球状，接着由背而腰而臀前后方向"S"形迅速地抖了一下，在一股强劲的暗波冲击下，三个年轻人瞬间脚跟不稳，倒退数步仰身倒地。跟随叶大密先生几十年，蒋先生不仅学到了太极拳精要，更理解了太极拳蕴含的武学真谛——以武入道。

今天他教弟子，从来不讲搏斗，不讲如何击人。他教拳先明理，像当年叶老师传授他一样，告诫弟子心正才能拳正。所以，他只讲身法，看似不动，已破坏对方的平衡，使对方自己跌将下去。

他说，这是人不知我，我独知人，无形无象。

"太极拳是一种技艺，只要你深入去探究它，就会从中领悟到人生的哲理和无穷的乐趣。"靠坐在窗前盆栽前，蒋先生一派儒者风度，一如睿智的长者。今时今日，太极拳所追求的平和、温柔、敦厚，处处讲究与人为善的境界，早就浸润到他生活的每一个细节。

蒋锡荣先生捐赠王遽常章草扇面记事

陈林飞

2014 年 5 月 8 日下午，海盐县档案局副局长汪肖华接到沈咏嘉先生的电话，说著名太极拳家蒋锡荣先生准备把王遽常先生送给他的章草扇面捐赠给家乡档案馆。肖副局长得到这个消息非常兴奋，一两年前，她看过咏嘉先生代蒋先生捐赠给我馆的《蒋师松风——太极名家蒋锡荣先生九十华诞》一书，以及蒋先生太极拳剑和武当对剑的光盘，对蒋先生的印象较为深刻。再则，王遽常先生是一位著名的学者，这件扇面是县档案馆首次能征集的弥足珍贵的藏品，甚为激动！那段时间，我局（馆）正在开展全县范围内的老照片征集活动，征集整理工作很忙，但肖副局长还是设法安排在第二天下午举行了一个简单而隆重的捐赠仪式。

捐赠缘起

在捐赠仪式上我们才了解到，这扇面捐赠里边还有一个动人的小故事。

蒋先生是一位极为淡泊名利的人。早年，他曾是王遽常先生的学生，他非常敬重王先生，王先生凡有不适，蒋先生就为其推拿，他们既是师生又是朋友，关系极为密切。王先生是当代著名书法家，但蒋先生从没向他求过墨宝，这件扇面是为王先生的儿子王平孙先生治愈病以后，平孙先生请父亲写了送给蒋先生的，是他们之间的友谊结晶。

数年前，拍卖行和收藏爱好者都想用高价收购这件扇面，均被蒋先生婉言谢绝。而后他也感到自己年事已高，如果这件扇面留给亲属，他们并不懂得它的艺术价值和精神所在，将来总会流失他处。反复思考后，他觉得只有送给懂得书法艺术的弟子咏嘉先生最为合适。2014年5月，蒋先生回到家乡海盐小住，他特地把扇面带上，当面交给咏嘉先生。见蒋先生以如此贵重之物相赠，咏嘉先生坚辞不受。蒋先生讲明道理"非你莫属"，另一弟子孙再兴先生也劝咏嘉先生不要辜负老师的一片诚意，咏嘉先生这才勉强收下，连说"暂时代为保管"。咏嘉先生回家后顾虑重重，感到肩上的担子很重，他自己当然会珍视它，但子孙就不一定能做得到，到那时如何向老师交代！前后思忖，觉得由县档案馆保存最为妥当。第二天，咏嘉先生把这个想法告诉了老师蒋先生，得到了蒋先生的认可，便有了前面咏嘉先生打给肖华副局长的"捐赠"电话。由此，我们看到了咏嘉先生正直无私的品格，更看到了师徒间肝胆相照的真诚。这件事使我们大为感动，感动他们的淡泊无私，感动他们对县档案馆的信赖！

捐赠仪式

5月9日下午，温暖的阳光洒照着海盐大地，我们迎来了仰慕已久的太极拳名家蒋锡荣先生。局二楼会议室里灯光明亮，我们和德高望重的蒋锡荣先生同坐一桌，感到无比荣幸。下午4点，捐赠仪式准时开始，肖华副局长对蒋先生一行的到来表示热烈的欢迎和由衷的感谢，她首先请咏嘉先生把捐赠的原委和扇面内容作一简单的介绍，然后请蒋先生讲话。

九十高龄的蒋先生红光满面，精神矍铄，谈笑风生，他从学武术到学推拿，从武术竞技到武德，从结交文化人士到与王遽常先生相识，从为王平孙治病到今天捐赠王遽常先生的章草扇面，娓娓道来，无不感人。肖华副局长介绍了档案馆的功能作用与海盐馆的发展概况后，蒋先生把王遽常先生的章草扇面慎重地交给了肖华副局长，顿时，会议室里掌声雷动，经久不息。肖华副局长把赶制好的收藏证书恭敬地交给蒋先生，"咔嚓，咔嚓"的相机快门声把一幕幕历史的瞬间记录了下来。

合影了，我们请蒋先生站立中间，蒋先生双手撑住拐杖，气宇轩昂。参加捐赠仪式活动的人员分列两边，他们是蒋先生弟子沈咏嘉、孙再兴、县体育总会副会长王少波以及我局党组副书记范建忠、副局长汪肖华等9人。

意外惊喜

2014年5月中旬，78岁的王平孙先生专程从闵行赶往浦东拜望蒋锡荣先生。当两位老人热情相拥，重叙友情时，在场所有人无不为他们的深情厚谊所感动。要知道，这是两位老人失联近30年后的首次重逢，而促成他们相聚的，则是源于这件王遽常先生的章草扇面艺术作品。

"没想到当年一别，我们竟然还有再相聚的机会，这真的是缘分啊。"对于此次的相逢，平孙先生难掩激动之情，直呼"缘分"。

"蒋叔捐赠的信息报道后，正巧被我侄儿在网上看到了，他马上告诉了我。"平孙先生得知消息后非常激动，立即给海盐县档案局局长写信了解情况，寻找联系蒋先生的方式。据平孙先生介绍，20世纪60年代初他在清华大学读书时不慎摔伤，父亲请蒋先生为其医治，在蒋先生的悉心治疗下，他只休学了一小段时间就康复返校学习，为增强体质，后来也曾随蒋先生学习过太极拳。

"我们父子与蒋叔这种纯洁和美好的友谊真是令人难忘呀！"平孙先生完全沉浸在找到亲人的喜悦之中。

1986年蒋锡荣先生退休，此后的20多年中，蒋先生开始遍行全国传授太极拳技艺，双方也因为搬迁而鸿雁遂杳。

平孙先生感叹，正因为蒋先生无私大爱的捐赠善举和互联网时代的互联互通，才成就了他们这次意外而又令人欣喜的久别重逢！

文体一家亲

新民晚报记者　孙佳音

文体一家亲 晚报牵线
阔别五十载 师徒重逢

流行歌手庄鲁迅与太极名家蒋锡荣的故事

记者手记

愿这样的重逢多一些

孙佳音

时隔五十年 后台相见

童子功犹在 师徒皆喜

太极与唱歌 互融相通

五十年前庄鲁迅与恩师切练太极剑　　蒋锡荣 提供

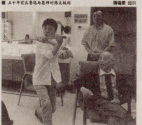

庄鲁迅在恩师府邸表演晚报太极剑，引得一旁的恩师连连赞许
本版图片除蒋锡荣提供外，均为记者孙佳音摄

"还有一件事，想跟大家说一下，有谁知道我最早成名是什么？"上世纪80年代初以热血风格的吉他弹唱引动中国大陆歌坛新风的旅日歌手庄鲁迅，10月1日在上海大舞台激情开唱，悠扬的美国乡村音乐仿佛把观众带回30年前，几曲唱罢，庄鲁迅用流利的上海话跟本地观众聊起家常，"告诉大家，我最小的时候，人家叫我小鲁迅，因为着迷太极拳，我每星期天去复兴公园跟我的师傅习舞太极剑，旁观者人山人海的。"回忆往昔，年过60的庄鲁迅语气里透出感慨来："后来太极拳我虽然不练了，但太极精神一直支持着我，我也寻找恩师寻了四十多年。想不到今朝我的恩师来看我了。"

台上的歌手语气哽咽，台下九旬高龄的太极拳名家蒋锡荣笑得开怀，就好像当年那样，为弟子一招一式的太极剑热情地鼓掌。

暖暖的歌声响起，文体一家亲。

愿这样的重逢多一些

"一位太极拳名家要找一名失散近五十年的唱歌徒弟，而且还是一位当年激情满溢的吉他弹唱歌手，这究竟是怎么一个故事？"带着这样的疑问和好奇，我一路帮忙联系、约见，终于在演唱会后台，促成这对五十年前师徒的重逢。

尽管庄鲁迅台上台下依旧带着青春才会有的昂扬与气息，尽管蹲在恩师面前他依旧像个孩子，但终归，年届六旬的庄鲁迅见到93岁的蒋锡荣，却已是的的刮刮两位"老先生"了。听他们神采飞扬地用地道的上海话回忆往昔，也淡淡讲起失去联系这些年各自经历的生活，让人有点感慨，有点激动。看着庄鲁迅借着师父的拐杖操练起太极剑，一点不显生疏，看着他们之间并没有失联近五十年而可能带来的疏离感，我更为晚报还能促成这样"跨界"的重逢，感到'一丝丝骄傲。

那天的演唱会，去了很多庄鲁迅的老朋友，比如叶惠贤、张行、仲小萍等等，但庄鲁迅在台上尤其激动地介绍了来看他的太极恩师，这让我真真切切觉得，"文体一家亲"。我坐在台下，跟蒋先生一起，为他徒弟的演唱鼓掌，也为他们历久弥新的师徒情鼓掌。如果说音乐总有能拨动人心的力量，体育也能时常叫我们泪流满面，或许人与人之间的情谊才让这座城市永远保有爱，保有温度和热诚。

如果可以，我很希望在将来的日子里，晚报还有机会，能多促成一些这样的相聚。一座流淌着爱的故事的城市，才是最美的。

时隔五十年　后台相见

其实，在台上"相认"前，庄鲁迅和恩师蒋锡荣已在后台匆匆见过一面。"当时我家住的离复兴公园很近，我奶奶跟蒋锡荣老师学，然后把我带去，学了没几年就可以表演了。'小鲁迅，小鲁迅'，那会儿我在复兴公园可出名了。"庄鲁迅回忆起 50 多年前拜师学艺的日子，语气里就有少年的激情和骄傲，他告诉记者说，"这些年一直在寻找蒋老师，我只要有空就常去复兴公园找。"只可惜，1966 年"文革"爆发后，太极被定为"四旧"，蒋锡荣被迫不能再教拳，转入上海市第四机床厂工作。"后来我住松江。"坐在一旁的蒋先生淡淡地补充了一句，大弟子张克强补充说"这一次，也是几个跟老师练功的弟子看到新闻，说庄鲁迅要回来开演唱会了，我们就上网查了，发现晚报很多年前就有庄鲁迅的报道，想着通过晚报一定能联系上他。"于是，一代太极大师蒋锡荣时隔 50 年，在演唱会后台见到了当年他最年幼也是最喜欢的弟子庄鲁迅。

"接到恩师电话时，我激动得不得了，像发高烧一样，浑身发烫。"庄鲁迅难抑激动，太极大师笑盈盈地坐着说，"这么多年没见，本来我比他高这么多，今天我却比他矮了不少。"后台欢声一片。

童子功犹在　师徒皆喜

"他很聪明的，也不顽皮。"今年 93 岁的蒋锡荣老先生清楚地记得当年"小鲁迅"练功的努力，"我们一套太极剑，一根木剑蛮重的，他才六七岁，一遍 20 分钟，一次要重复来上五六遍，从来不喊累。"庄鲁迅蹲在恩师身旁说："蒋老师，我现在睡觉的房间里，就挂着一把太极剑。"说话时，60 岁的庄鲁迅就像一个孩子，他说自己旅居日本多年，有时候会爬上屋顶，看着星星，自己练两下。

"那么来两下。"于是化妆室里有人这么说。"要被蒋老师骂了。"庄鲁迅有点不好意思，但却立马摆开架势，比划起来功架还真有模有样，"灵额灵额"，人群里爆发出阵阵喝彩，连师父蒋锡荣也频频点头，笑着夸说"还可以"。

"很多人就是摆摆架子，蒋老师的功夫是发自身体内的。我们太极看着不用力的，但打完一套，浑身舒畅。"见师父夸赞，庄鲁迅也来了精神，借起蒋先生的拐棍，即兴演示起太极剑，"连蒋老师当年练剑的声音我都一直记得，啪，啪，啪。"一招一式，引得一旁蒋老师徒弟们连连鼓掌。

太极与唱歌　互融相通

当晚演唱会的后半场，是庄鲁迅旅日后为中国古典诗词谱曲的特色作品，这些将中国传统意境与现代演唱风格巧妙融合的作品显得雍容大气。其根据楚霸王作品谱写的《垓下歌》、根据唐代大诗人张九龄作品谱写的《望月怀远》等，皆获得满堂彩声。"唱歌本身是一种很有激情的东西，到太极精神让我保持冷静，保持如山。"在后台的时候，庄鲁迅说虽然现在很少再有机会练全套剑法，但太极对他唱歌的影响延绵至今。蒋锡荣先生的另一位徒弟，上海声乐名家戚长伟先生当晚也在现场，他非常赞同庄鲁迅的说法，"太极里面的要领在唱歌上运用，真的是完全融合、相通的。"

庄鲁迅告诉记者："你知道吗，几十年前，戚老师最早就是跟我学的太极。当时他很年轻，非常英俊，在复兴公园门口用一口上海话问我，'能跟侬学一下太极吗？'当时我比他小20多岁，但我一口就答应了，我说'好啊，我们交换'。于是我教他太极，他教我唱歌，算起来，戚老师也是我唱歌上的启蒙老师。"

关于庄鲁迅的演唱，"启蒙老师"戚长伟如是点评，"他的演唱会我以前就听过两次，庄鲁迅唱歌的特点可以说是饱含激情，但实则又有太极的深意，流畅，沉着。你能感受到他发自内心的，排除杂念，真诚地投入在音乐里，这个非常难得。"跟随蒋锡荣练功多年的戚长伟说，"庄鲁迅吟唱的时候，我会想起蒋先生讲的'用意不用力'，想起老师的轻灵、圆转，松沉、松柔。"

第二节　亦师亦友

精深太极　德施芳泽

沈咏嘉

海盐地处东海之滨，中华南龙入海之境，钟灵毓秀，紫气萦绕，丽景流精，气象浑穆；始皇建县，历史悠久，鸿儒云集，代不乏人，业师蒋锡荣先生就是这璀璨群星中的一颗。

1961年，我高中毕业从海宁返回家乡海盐，经师兄孙再兴引荐得以认识著名太极拳家邑人蒋锡荣先生，蒋先生给我的第一印象是温文尔雅，儒者风度。我喜好书法，蒋先生教拳便往往以藏锋、回锋的笔法喻之太极的拳法，用结体布局计白当黑喻之太极虚实转换的辩证思想，深入浅出，通俗易懂。

武术文化是中华文化的一个部分，所以它同样具备中华优秀文化传统的各个方面。蒋先生教拳重德，常以修德训导。古人云，德薄艺难高。德薄者必寡，失去了相习的对手，技艺的提高只是空中楼阁。蒋先生艺高近乎神化，究之皆德高所致。

蒋先生教拳先明理，他认为学拳的起码作用是防身健体，切不可有丝毫损人之想，只有心正才能拳正，如此方可升华以得真谛。在他的身上总能体现做人的基本道理和行为规范，他的一言一行都在潜移默化地影响着我们。蒋先生与我们的关系既为师长又似朋友，既教授拳剑又畅谈人生，故更为我们所敬重。

蒋先生教拳极为认真，他认为学拳不在多而在精，一招一式学到形似还不够，非到你身上有点东西了才会再授新课，绝不含糊误人子弟。如我这等"学而"不能"时习之"者，只能永远徘徊在太极门外而自惭形秽。

蒋先生的母亲是一位开明通达的母亲，蒋先生再忙每年总会回乡两三次看望她。蒋先生曾教以太极云手，她也每天必练云手五百个，长此以往从不间断，后享得九三高龄无疾而终，子女遵嘱将其骨灰葬于东海。自此，蒋先生凡是回乡总会去海边祭看母亲，孝母口碑传颂于街坊。蒋先生回乡休假期间总是免费为患者推拿治病，有数例危重病人被治愈，其善举感人，德誉乡里。

蒋先生为人低调，崇尚务实、不图虚名，不喜炒作宣扬，数十年来他回乡探亲从不惊动地方政府。20世纪80年代后期正值政府修编县志，我欲把蒋先生的材料提供给县志编纂委员会，因蒋先生恐染"扬名"之嫌而未果。两年前，我收到政府新编县志的征求意见稿，除了勘误外还要求提供新的内容以臻完善，这次我以"存史与授拳意义等同"为理由多次游说，蒋先生这才勉强同意我把他的材料提供出去。当时，海盐武术协会正在筹建之中，县文体局的少波局长欲请蒋先生担任该协会的名誉会长，蒋先生微笑着婉言谢绝："需要我的地方我会尽力的，头衔就不挂了。"淡泊之心可窥一斑。

蒋先生精湛的太极功夫，有史可鉴。20世纪60年代初的一个春节，我和孙再兴、沈海良同去拜访时住小街商业新村老家的蒋先生，请他讲那拳界的逸闻趣事，大家正听得聚精会神，我突然好奇地问蒋先生："假如有人掐住你的脖子你将如何应对？"蒋先生的回答是"试试看"。当时我们都是二十初度的毛头小伙子，竟不知天高地厚无规无矩地真的试了起来。蒋先生背靠墙而立，我双手掐住他的脖子，再兴抱我腰，海良抱再兴腰，三人"用力"向前推压，我见蒋先生脸已微红便急着招呼："好了，开始吧！"说真的，当时我们还真不敢尽力。"我还能说话，怎么好了？"沙哑的声音从蒋先生的喉咙里挤擦出来。为求得正确的结果，我向再兴、海良发出重新使劲的口令……蒋先生脖子和脸上青筋的"唰"地暴胀起来。说时迟那时快，蒋先生双手左右相合成抱球状，接着由背而腰而臀前后方向"S"形迅速地抖了一下，一股强劲的暗波从我的手臂振荡而来，我们三人先是脚跟不稳，而后倒退数步，我与再兴都仰身倒地，海良幸背撞于墙而未倒。在被动的情况下无需动手就把我们三个青年击倒，若非亲历，无法想象！

第二年夏日的一个清晨，我与蒋先生、孙再兴、沈海良、蒋颉云与殷祖光诸友履约乘公共汽车前往澉浦，由澉浦东道主吴雪光、李志浩作向导漫游南北湖。饭后，散步澉浦古镇街头，诸友在前，我与再兴并肩于蒋先生，谈笑风生，雅兴正浓，忽见蒋先生身体晃动，左脚向前滑去，原来踩上了西瓜皮！在即将倒地的一刹那，蒋先生缩身拔背，飞速屈起未踩西瓜皮之右腿，伸展双臂，一个单腿下蹲平衡动作竟把蒋先生稳稳地钉于石板之上。我与再兴先为之捏一把汗，而后又不由得喝彩叫绝！蒋先生脸无惊色，微笑着推了推鼻梁上的眼镜，缓缓起身，若无其事。"蒋先生不愧为武林高手。俗语云'拳教师跌在西瓜皮'，唯独蒋先生踩西瓜皮而不跌！"我惊喜得脱口而出。再兴也兴奋地说："蒋先生反应如此神速，应该是太极听劲与身上功夫都到绝顶境界之故！"众人无不叹服蒋先生之神力！适值蒋先生九十华诞之际谨填"忆秦娥"词以贺：

晴空碧。澉湖映得南山迹。南山迹。含珠东海，潜龙逢吉。高山仰止同游忆。何来开合怀神力。怀神力。精深太极，德施芳泽。

近日，沪上克强兄来电告知他正在编《蒋锡荣太极拳术》一书，已请太极名家写了序言，考虑到该集的完整性要我也写个序。我深知无论从哪个方面衡量我都是不够格的，然克强兄要我写序的原由在于我与蒋先生既是同乡又是师生的双重关系，如此，我断不可推辞了。思忖再三，从史实处下笔，记以往昔琐事。

沈咏嘉，又名永嘉，字梦鹿，号小鹿逊，梦鹿山人。1943 年生于上海，浙江海盐武原人。青少年时期喜书法、武术，好器乐，涉诗词，爱好颇广。20世纪60年代初拜上海忠义国术社职业拳师胡志英先生为师，学化功拳及擒拿，继拜著名太极拳家蒋锡荣为师，习太极拳剑及武当对剑。曾任海盐县博物馆馆长、文化局副局长、副县长、政协副主席。现为中华诗词学会会员，浙江省书法家协会、省博物馆学会、省考古学会会员，嘉兴市政协书画会理事，嘉兴画院画师。

太极雅韵　造化自然

戚长伟

大概两年多前的一天，我看到《新民晚报》刊登了一篇蒋锡荣老师的专题报道，当时就惊呆了——我一直固执地以为蒋老师在温州，寻寻觅觅十数年，竟不知道他和我居然依然生活在同一个城市！

无法描述心中的震撼、遗憾以及庆幸交织一起的激动，放下报纸，我立刻打电话给《新民晚报》相熟的记者朋友，一路辗转找到版面编辑，然后再从版面编辑那里获知克强师弟的联系方式，最终电话拨通蒋老师那一刻，我竟然冲动大喊："蒋老师，我是戚长伟！"

"哦——歌唱家！"清晰而缓慢的节奏，沉稳却含有一丝戏谑的声音一入耳，半个多世纪的岁月，仿佛从未流逝。

一

彼时，我和蒋老师都还在盛年。

那是20世纪60年代中期，蒋老师50岁左右，而我刚过40岁。

我40岁之前，和音乐相伴相长。我出生在一个基督教家庭，从小也算经常能接触音乐。我还记得小时候教我弹钢琴的美国老太太，是一名非常 nice 的传教士，知道小孩子耐心不够，她会用巧克力诱惑我只要好好弹完就有奖励。可惜我小时候比较调皮，往往在她不注意的时候，就会一边胡乱弹琴一边偷吃巧克力，结果到现在我的钢琴水平也是一般般。

不过尽管弹琴我不太专心，但对唱歌倒是真心喜欢。小学六年级的时候，我们学校来了一位毕业自音乐学院的白俄声乐老师，我算是正式启蒙开始学习男高音，并顺利进行了人生第一次登台表演。一边学习知识一边练习声乐的时光一直坚持到我考进沪江大学后，当时专业是会计，但我总感觉自己更喜欢唱歌，在大四开学前夕，我毅然退学，专心拜师学习声乐。1957年，我跟随老师林俊卿先生加入上海声乐研究所，把自己小时的爱好发展成了自己终生追求的事业。

这一"转行"，就唱至今朝。其间自然颇多周折，危机最大的一次就是1965年前后。

1964年，因为反右运动，声乐研究所被迫停止授课，我也开始了下乡劳动生涯。没多久，因为挑担过多，我就得了腰椎间盘突出的毛病。疼痛之下，不仅无法运气唱歌，连直立行走都很困难。幸好当时厂里食堂有个老师傅会推拿，他大概帮我推拿了一个月后，我自我感觉基本上腰都好了，但他告诉我，推拿只能帮我救急治标，如果自己不锻炼的话，明年还有可能复发。

腰疼的感受不仅影响生理活动功能，也将导致我的歌唱事业被迫中断。我开始打听如何自我锻炼自我恢复，正好当时我有个学生是叶大密先生的儿子，他告诉我，太极拳可以救我！

他引荐我认识了蒋锡荣老师。

当时，蒋老师在复兴公园里面有个固定教学点，每周六上午会在那里教学生。在我的学生他的师弟引荐下，蒋老师收下了我这个大龄学生。

蒋老师教学特点总结起来是六个字：耐心、认真、细致。

我学拳时年龄不是很适合了，但他总是一遍一遍详细解释动作要领，耐心示范。我学拳没多久，蒋老师因为工作原因搬到松江定居，但考虑到复兴公园教学点里还有三四名学生，每个礼拜六早上，他都要骑一个半小时自行车到复兴公园上课，直到连我都学会108式后，他依然风雨无阻每周前来教学，一坚持就是三四年。

不过也正因为蒋老师一直坚持在复兴公园教学点上课，而我又恰好住在复兴公园附近，恰好和蒋老师年龄相差不大，我和蒋老师之间，倒多了很多相交机会，逐渐发展成为亦师亦友关系。

比如上午练拳结束后，我一般会邀请蒋老师到我家里聊天休息。交流时间一长，我就发现，原来蒋老师以及他的家人，也是很喜欢唱歌的。蒋老师的妹妹和我一样，经常去教会唱歌，而蒋老师，则往往在熟悉的人面前，还是很愿意高歌一曲过过瘾的。

这时候，我就会变成蒋老师的老师了，但蒋老师对音乐的韵律和节拍，往往也会有独到见解。有次谈到兴起，我把不同节奏的乐曲串烧播放，蒋老师则根据乐曲风格，或快或慢，或动或静打拳。当轻音乐一起，蒋老师的拳如行云流水开始绵绵不断；每个节拍转折时，他拳随律动，起伏转弯，左顾右盼；而当音乐开始进入高潮密集阶段时，蒋老师步随韵换，拳势如波浪滔滔、气势磅礴。

就在那一刻，我突然感悟：太极拳轻缓柔和、顿挫折叠的节奏同音乐高低起伏的"音阶"是一脉相通的。

二

当然，蒋老师更多和我讲述的还是太极。他不仅教拳，也会"科普"一些太极掌故。

从他那里，我第一次知道杨澄甫先生、叶大密先生等前辈太极宗师的武林轶事。我至今记得他说杨澄甫先生当年功夫高深被人挑战的传闻——船进广州，还没靠岸才上船板时，有岸上青年故意撞下来，结果还没到杨先生身旁，杨先生只侧了侧身，跳板上的青年就纷纷噗通通掉落水中。还有叶大密先生的轶事——叶先生出门住宿客房，第二天早上还在洗脸，外边有人潜进来偷袭准备拦腰抱住摔他一下，偷袭者还没使劲呢，叶先生一扭腰，喝声"什么人"，人就被摔到门外边去了。

叶师公的英伟，在我拜访他时其实并没有看出来。蒋老师曾带我去拜见过师公叶大密先生。我只觉得他平易近人而已，当时叶老师看我练拳后，给我做了一番指点，虽然话不多，但一再指出我手部要更柔、更松才行。

时间一长，可能见我学拳态度比较认真积极，蒋老师将师公送给他的一本练拳心得转赠给我。这是一本杨澄甫先生所著《太极拳体用全书》民国原版本，当时整本书都是一页页宣纸订制而成，上面一张图一个讲解，旁边还有红笔圈注的各种心得标注，我当时以为是叶大密师公和蒋锡荣老师的心得体会，后来才知道这是民国年间杨氏太极拳的原版经典著作。

其后30年间，虽然蒋老师因为工作原因逐渐没办法在复兴公园授课，而我之后也旅居东南亚逐渐和蒋老师失联，我依然带着此书勤练太极。

有音乐相伴，有太极相伴，多年来虽然身处异国他乡，但我依然因为太极和歌声相交满天下。在旅居马来西亚时，因为太极拳结识了马来西亚新山永年太极拳学会社长，为表诚意我们互赠礼物时，我将陪伴了我30多年的《太极拳体用全书》转赠与他，当时整个东南亚都轰动了，媒体专门找我采访报道了好几次。

此后没多久，我就决定回国，回上海寻找蒋老师。

三

有道是人生匆匆，弹指一瞬间。离开时，华发英姿，回来时，满头银丝。隔着近半个世纪的时光，我依旧不变的，是歌声，是太极拳。

不同于年轻时略显脆嫩的高音，多年习练太极，感悟以太极功法运气，以太极意念共鸣，朋友们都说，如今我的高音相比以前更有力更通透。但是，教会我太极拳，延续我音乐生命的伯乐，我却始终找寻不到。

蒋锡荣先生是浙江海盐人，叶大密先生是浙江温州人，我很固执地认为，叶落归根，蒋老师多半是要回嘉兴或者温州的。我寻找各种线索，往往仅凭只言片语我就可以前往浙江寻觅，可惜一去十几年都毫无进展，直到——看到了《新民晚报》特地为蒋锡荣先生刊登的报道。

兜兜转转50年，我早已想象过如果蒋先生已经将我遗忘，我该如何自我介绍如何娓娓道来陈年旧事唤起其记忆之种种细节，唯独没有料到，他竟然还和50年前一样，亲昵熟悉地打趣我。

一切都是那么自然而然。隔着半个多世纪第一次通话，隔着半个多世纪的第一次见面，他自然而然唤我歌唱家，我自然而然认出蒋老师，也自然而然打了套拳，认认真真听他的点评，一如50多年前在复兴公园里的上课现场，一如半个世纪前我们在小小房间里伴着蹩脚钢琴声放声高歌，尽兴舞拳。

音乐和太极，是贯穿了我前半生和后半生的两场缘分，有幸，我遇上了音乐，更有幸，遇上了太极。而蒋老师，从相识到离别再到今天的相聚，则更是一场造化奇缘。

戚长伟，汉族，1931年出生于上海市，中国著名男高音歌唱家、国家一级演员。长期从事声乐教授工作，在培育音乐人才方面有着非凡业绩。被邀列入《中国当代艺术界名人录》大型辞书，曾多次获得各种奖项。

第三节　弟子感悟

虚弱修养生　健康悟哲理

卢宝清

　　我是太极拳爱好者，也是太极拳的受益者，在练习爱好太极拳的同时太极拳理论也有所提升。1960年我开始学习太极拳，50多年来曾跟过多位老师，今生有缘得到贺鸣声、蔡春官和蒋锡荣三位恩师的教诲。

　　1965年5月下旬，我生了一场大病，整整休息两年，其间住医院将近一年，出院后体质还是极差，我这个疾病缠身的人，经过太极拳锻炼由虚弱走上健康，由健康再追求哲理。1967年我有幸遇到恩师贺鸣声先生。先生辞世至今已有30多年了，他那慈祥和善的音容笑貌，诲人不倦的为师风范依然深深留在我的记忆中。在怀念贺老师的片段中回想三十多年前老师教给我的很多理论观点，而自己体悟不深，感到无限的愧疚！

　　2002年，我已学习太极拳40多年，对贺老师、蔡老师的生前谆谆教导未有所悟，我有缘认识叶大密老先生的入室弟子著名太极拳家蒋锡荣老师门下，学习叶传蒋锡荣42式太极拳。经十多年蒋老师谆谆耐心的教导，对太极拳身法与理论有所提高，感悟与认知有了进一步的认识体验。几年前我写了一篇怀念贺鸣声老师的文章，现把原文片段附下。怀念贺老师：练拳要求全身放松，用意不用力，丝毫不能用力，到底是有力还是无力？无力又如何使人被动？力用到什么程度才算合度？这些都是要探讨的课题。人出生后就逐步积累后天的力量，力来力对付，是很正常的事。太极拳是要求力来避开，力去跟随，动作要求"随曲就伸、粘连黏随、舍己从人、避实击虚"，最后达到"从人仍由己"。如何做到上述的要求呢？唯一的道路，只有放松的锻炼。长期放松不用力，才能逐步使自身感觉灵敏，沉着对应。练太极拳所用的力，我认为是用最少的力来维持正确的动作姿势。放松要始终在意识的引导下，无意识的放松是属于瘫，"松"

和"瘫"的分水岭，是有意无意之间。由于练拳长期处于放松况态，灵敏度提高了，对方稍动即知。听劲能力提高了，才能做到"随曲就伸、舍己从人"，才不容易产生"顶、扁、丢、抗"，才能做到，"粘、连、黏、随"。这些都是通过长期放松不用力的锻炼才能获得的。

关于对"彼不动，己不动、彼微动，己先动"的体会。在推手时，我们的动作是适应对方而动，同对方的运动方向相一致，不发生顶偏丢抗，又不自作主张盲动，是随对方动而动。拳论中上句，"彼不动，己不动"是容易理解的，但下一句，就自相矛盾了。彼不动，我不动说明对方未动我亦不动，而对方微动为什么又要自己先动呢？对方微动，虽是小动，是说明动在我先，但拳论中偏偏又说是"彼微动，我先动"。按照这样推演，岂不是说成"彼先动我先动"了？这样的话未免太矛盾了。

太极拳论又是前人经过艰苦磨炼而写成的经验总结，有些文章是搏斗后血和汗的经验积累，它本身没有半点玄虚。这句拳论是总结推手，取胜对方的重要原则之一。在练太极拳时要求先练开展后练紧凑、先练大圈后练小圈、先练有形后练无形。我对这句拳论是这样理解的，自己的功夫比对方好，也就是说自己在太极拳推手中，转的圈比对方小，对方转的是大圈，我转的是小圈，所以拳论中说："你不动，我不动、你微动，我先动"，就非常科学了。这里的圈好比是门臼和门扇的关系，门臼转 90 度，弧线路程仅是几厘米，而门扇转 90 度，弧线路程就有几十厘米。你微动，虽动在我先，但你转的是大圈，是外圈，你的线速度虽快，但弧度小。二个人转动相同的角度，你转外圈虽然开始转动早于我，但你走的路程长，我转的是内圈，是小圈，虽然迟动于你，但我走的路程短，你未到我早已到了。在推手时，当你不动，我不动，你微动，我到在先，你就被动了。这句拳论证明太极拳为什么慢能打快的道理之一。

太极拳功深的人，能做到拳论上说的，"一触即发"与"触处成圆"。能做到触处成圆，才能做到一触即发。如何练好触处成圆呢？在用意不用力的基础上，在接触的位置上，要求是一个圆点，在这个圆点上，要研究对方的运动方向、运动速度、运动力量。方向、速度、力量是任何武术运动的三要素，练太极拳就是要更加注重三要素的最佳利用。因为打击对方必须接触对方，在接触点上，正确区分对方的力量大小、速度快慢、向那个方向，根据这三个要素，在触处作圆运动，它不是直来直往的运动，而是在圆弧中走出直线。这条直线就是我们劲力的路线，是一触即发的根本要求。只有在摸清或分析清楚这三要素之后，才可能从容沉着应对。如何做到沉着应答对方？需要在接触点上"听"出对方的运动力量、方向、速度，在这个基础上作出相应的变"化"。化不能自作主张，需要"粘"住对方，粘住还不够，还要在粘的基础上，在瞬间"拿"住对方的劲路，使对方的力量、方向、速度在瞬间出现呆滞现象，对方的劲路被拿住了，被动了，才能"发"对方。"触处成圆"除需要做到在触处知道对方的运动"力量、方向、速度"以外，还需要在触处运用"听、化、粘、拿、发"五个动作。"触处成圆"有这么多的要求，但在触处是不能有动作的，因为触处的圆心在腰、脊。把中丹田部位的前丹田与后丹田间作一条直线和左右面的两肾间作一直线，这两条直线相交成十字交叉线，这是水平位置的前、后、左、右十字线。把前丹田与后丹田间的直线与脊柱上下交叉成前、后、上、下的十字线。又把左右两肾间的直线与脊柱上下相交成为左、右、上、下的十字线。这三条十字线的交叉点是命门，命门向外作圆周扩散，如果把水平十字线的方位定为东、南、西、北，那么东南西北的中间方位即是东南、东北、西南、西北的另外四个方位，这样就有八个方位的方向，这八条线以命门为中心向外扩散，而所扩散的线不能有长短，这就是八面支撑。其他两条十字线也向外扩散，成上、下、左、右、前、后六个方向，扩散的线也不能有长短，因为有长短就不圆满。这是拳论上说的六个方位。六个方位立体空间都要有力量的存在，要求向前必有向后之意、意向上，必有寓下之意，向左必须还有向右之意。腰脊的转动，带动触处旋转，触处虽有上述这么多的要求，但实际还是被动的，如果触处是主动的话，这同拳论的要求还是有矛盾的，拳论要求，"推手不用手、用手非太极"。"触处的成圆"，其源头就在腰脊，只有腰脊要求做对了，才算真正形成"触处成圆"，才可以做到"一触即发"。"触处成圆、一触即发"是太极拳运动力量形成的重要一环，它不在接触点上和对方直接对抗，而是调动全身的力量对付局部的来力，是以旋转对付直线，以最小的力来破坏对方平衡。

在学习叶氏蒋锡荣太极拳之前，怀念贺鸣声老师的文章片段基本正确的，学习叶氏蒋锡荣太极拳之后对太极拳拳理的感悟与认知更有所提高。现在谈谈个人的心得体会。

有一次我问蒋老师练习太极拳七十多年练些什么？老师说练什么！放松了都有了。以前我练太极拳也讲放松，研究"松"和"瘫"的分水岭是什么。研究"顶、扁、丢、抗"和"粘、连、黏、随"的关键所在。经过蒋老师多年的教导，现在体悟练松的关键是没有练好紧，松和紧是对立的，没有紧好谈不上松，以前只是容易把紧误解为用力或有力，太极大师李亦畬的五字诀说彼之力方挨我皮毛，我之意已入彼骨里。是说太极拳推手方挨皮毛已不得动弹，说明松紧是对立统一的，以前只强调松没有理解紧的含义。以前认识"触处成圆、一触即发"如何引成、如何做到，不是很明白，在蒋老师的教导下有了进一步认知，触处成圆是命门为中心向外作圆周扩散，触处成圆是球体表面的圆。这表面的圆。如何做一触即发呢？触处成圆的点要做到"听、化、粘、拿、发""听、化、粘、拿、发"不是讲讲能做到，现在体悟到一触即发的形成是长期练习锻炼的结果。要学习听劲首先要做到舍己从人，舍己从人才能做到正确的化，化中要粘住对方，在运行过程中发现对方劲路出现止点，原来称呼拿，这是中空的点、是无中生有的点，是太极图中的 S 线上阴阳动静平衡点，在此点发劲力量最佳。"听、化、粘、拿、发"是长期练锻炼的浓缩的结果，引成一触即发的效果。

太极拳作为武术，古代武术首要任务是搏击。练武的首要任务是打败敌人，古称兵武同源，随着时代的发展，现在学习太极拳参加竞技搏击的人不少，蒋老师是从来不讲太极拳搏击，老师讲自己是太极拳探索者，他讲练太极拳是每天快快乐乐锻炼健身、要养生、求长寿、是艺术。为了使我们练太极拳的人知道搏击的内涵，提高我们兴趣，把武术的搏击太极拳与少林拳的四大特点作了分析对比，少林拳是机动搏击、刚强、力量大、速度快取胜，太极拳是以静待动、柔软克刚、以小力胜大力、以慢胜快的特点取胜。少林拳太极拳都是中华文化遗产宝贵的财富。太极拳做到了上述四个特点，才能做到以静制动。平时我们经常听到练太极拳的人说太极拳以静制动，现在感悟到，没有练好太极拳基本功的人是不可能做到以静制动的。制字是带刀的，制字是两人比功夫了。但蒋老师讲太极拳是艺术，他又从来不讲太极拳如何搏斗，也从来不讲什么秘诀与奥秘。老师把学习太极拳在雾里看花模糊动作作了剖析，太极拳密码逐步解开，使我们逐步理解如何用最小力破坏对方平衡，体悟搏击的胜利奥秘所在，在锻炼中取得最大的快乐娱乐和健身效果。

我是一个太极拳终生健康受益者。1999 年 6 月是我到了退休年龄，正遇到企业改制。当时企业内部矛盾重重，我是企业老员工，上级领导要我留下来继续工作，帮助企业改制。我当时不想留下，上级领导对我说；组织最需要你的时候为什么不留，我服从组织答应留下，当天一夜未睡眠。在留厂期间，工作压力很大，当年下半年 11 月份只觉得腰背很痛，想想自己大概太辛苦了，不知道自己肾脏已轻度损伤。肌酐 154，还一直努力工作至留任到期，退休后再留下工作，我曾多次要求早日让我离开工作，谁也不知道我是怀着深厚的感情，带着病时离开我工作了 40 多年的工作岗位。退休后没有认真治疗，2011 年 4 月肌酐上升到 415，医生对我说，你肌酐那么高如果不认真治疗最多是二年时间肾脏会衰竭，这对我震动很大。从那以后我天天吃药，在 2013 年之后，还是到医院看病，医生动员我早日做血透析的准备，我同医生开玩笑说，病人是被你医生吓死的，七十多岁的人，死也是正常现象，是生命的自然规律，只要我每天练拳，没有什么可怕的。我第一次生病端午时节还穿棉袄晒太阳，练太极拳使我健康了，能在零下 7 至 10 度气温穿着背心练拳。第二次生病是 1999 年开始，今年 11 月 13 号体检肌酐 550，我每天风雨无阻上午练拳两个小时，下午散步半小时，精神尚好，做到疾病和健康同存。

我的学生枣翀鹤身体不好跟我学习太极拳，我要求他练拳多用意念小用力，争取做到用意不用力。尽量悟到拳无拳、意无意、无意之中是真意。即要求他明白拳无拳、意无意、拳就是意、意就是拳的道理。他自己写的 2010 年时的症状自述如下：

1. 双手十指一天 24 小时处于麻痹状态，后来发展到两手无名指弯曲变形后不能伸直；

2. 大拇指后翻形成猿猴爪形状，无法正常拿握茶杯；

3. 两手腕关节水肿积液致使通过手腕的十条神经其中的七条受到压迫，手掌无支撑力和旋扭力，连矿泉水瓶盖都拧不开；

4. 两腿膝关节肿胀疼痛，上下楼梯困难，下蹲后无力站起，需他人搀扶，

5. 晚间睡觉多噩梦、失眠；

6. 脸色阴暗，精神不振、性格易怒；

7. 严重的恐高症；

8. 体质虚弱，稍微活动大量出汗、心跳加速、缺氧，几乎丧失野外活动能力。

练习太极拳及太极推手后：

一个月后，手掌和手指的麻痹状态基本消失。

三个月后无名指、大拇指的形状开始恢复原状。

半年后，手腕、膝关节肿痛消退，体质明显增强，逐步走向健康状态。

经过 6 年的太极拳和推手锻炼，他如今身体机能全面恢复，身体强壮，面色红润，即使进行较大运动量的活动，稍作休息很快恢复正常。特为神奇的是已有十多年历史的恐高症，也随着松、沉、静、

定不断的训练而不治而愈。太极给了我第二次生命。

太极拳使我和学生枣狮鹤由疾病的身体走向健康，还有好几个学生也由体质差的走向健康。我传承太极拳 40 多年现在叶传蒋锡荣太极拳中山片区的培训基地成员分布温州地区，有鹿城、龙湾、瓯海、洞头、瑞安、平阳、苍南、乐清。在省内外的有黄岩、玉环、宁波、德清、广州、南京、沈阳、及法国、荷兰、意大利等地，计有数百名学生。太极拳给人带来健康、美好、幸福的生活。

传承叶传蒋式太极拳的心得体会

吴伯兴

传承叶传蒋锡荣太极拳的经过

我是温州人氏，一生与武术结缘，经过漫长的探索，最后遇到了叶式蒋传太极拳，修炼至今，颇有所得。

我从十五岁开始练拳，先后学过南拳、猴拳、散打等，跟一些拳师切磋过，常以速度和巧劲取胜，在温州武术界有些名气。后来有缘跟卢宝清老师学推手，初窥太极拳的堂奥，然而对太极拳的以慢制快、舍己从人的拳术风格还是颇不以为然的，以为实战起来未必然。2001 年，上海的蒋锡荣老师来到了温州，经卢老师介绍，我认识了蒋老师，结下了一生的师生缘。起初，我对坊间传闻的蒋老师的武功已达神乎其技的说法是颇不以为然的，以为见面试手才知真假。蒋老师给了我见面的机会，笑嘻嘻地说随便攻来，我以手搭其臂预备制之，哪知顷刻间被连根拔起，跌落沙发，我连自己怎么被打出的都不知道，心中不服，又试了几次，仍旧是"应手即仆"，终于心服口服，始信天下有如此精妙神奇的拳术。我与温州的几个拳迷一起迎请蒋老师来温州授拳，其间曾住我家中，得以早晚请益，亲聆謦欬。老师言传身授，督责甚严，我经过十余年的勤苦练习，终于尝到了太极拳神奇应变、令人如醉如痴的滋味。

蒋老师师从叶大密师公。叶师公本是浙江温州文成县人，是我的同乡。叶大密先生在 20 世纪 30 年代定居在上海，将杨式太极拳、孙门内家拳和武当剑三家精华熔于一炉，形成了严谨舒展、内外兼修、松柔轻灵、连贯圆滑的独特风格——叶式太极拳。随后，叶式太极拳逐渐影响到全国乃至海外武坛。叶式拳经由蒋老师最终反哺故土，而我也有幸成了第三代传人。

　　蒋老师 12 岁始习武，自此日夕不辍，一生献身于武术事业，练习太极拳已达 70 多年，终身勤苦修炼，功夫臻于化境。"历经数十载不断地印证、求索，真正体会到拳术之技，进乎道者，不在形似，而在神通。并确切地印证了叶大密先生的'拳练到最后是云里雾里'这句隐微之言，武术界同仁评价蒋锡荣先生的太极拳，是融杨澄甫太极拳与叶大密武当剑于一体，极具特色的'蒋锡荣太极拳'，气势磅礴、潇洒飘逸，富于变化，合乎中道而又利于实战。"（《思微定志生道合一》，2013 年李千里整理执笔）他在继承叶师公的拳术基础上，总结出一套练习太极拳内劲的方法，能化繁就简，举重若轻，直陈要害，使我人一旦领悟之后，无不欣欣然有手舞足蹈之感。所谓"名师易得、明师难求"，学习太极拳这种内家拳上乘武术，要找到一个明师是很不容易的，只有得到明白的老师来正确引导我们，才能不走弯路、少走弯路。所谓"师父领进门，修行在个人""入门口诀需口授，功夫不息法自修"。古人云："博学之，审问之，慎思之，明辨之，笃行之。"其实学太极拳也要"学问思辨行"，多想，多练，刻刻提示，念念不忘，时时琢磨，常常练习，久之才能豁然贯通，若有所得，从而使我们的举手投足、起势运招，无不合乎太极拳理，一旦推手、散手，则运用无方，发挥最大威力。

我的些许心得

　　1. 采天之气，借地之力。乾为天，坤为地，人生天地之间，是谓三才，人与宇宙之间有奇妙的感应。太极拳是古人智慧的结晶体，其有异于外家拳的地方就是善于借天地之力，所以要做到"天人地合一"，采天之气，借地之力，其目的是由后天返先天，由先天导后天，达混沌虚空、灵妙变化之境，从而最大限度地开发潜能。拳论云："太极者，无极而生，动静之机，阴阳之母也。"太极拳有传统哲学的依据，所以要从根本上来思考它成立的依据。

　　相传为唐李道子所授的《授秘歌（四言八句）》云："无形无象，全体透空。应物自然，西山悬磬。虎吼猿鸣，水清河净。翻江播海，尽性立命。"将拳术提高到"尽性立命"的高度。即通过先天与后天之间的往返训练，忘其有己，内外如一，锻炼阴精，心死神活，从而由技通乎道，以武入道，达到性命双修的至高境界。

2. 内外结合，意气相通。太极拳由张三丰老祖创立，属于道门武术，其训练学习就是炼精化气、炼气化神，炼神还虚，炼虚合道的过程。经过长期的训练，可以使腰肾坚固，心肾相交，精神饱满，获得强身健体的效果。更重要的是，由于不断地进行后天返先天的训练，在松沉自然的状态下"以心行气"，即拳谱所云"以心行气，务沉着，乃能收敛入骨，所谓'命意源头在腰隙'也""心为令，气为旗，神为主帅，腰为驱使，所谓'意气君来骨肉臣'也。"（《十三势行功要解》）在体能产生了一股"能量流"，可以任由心意所指向而运转。一旦推手的时候，意念一动，这种能量流即可灌注于手上作用于对方的身体，就像水渗透进去一样，对方往往无力反抗。古拳谱也说"彼之力方碍我皮毛，我之意已入彼骨内。"（李亦畬《五字诀》）"蒋老师从来不讲搏斗，不讲如何击人，他只讲身法，看似不动，已破坏对方的平衡，使对方自己跌将下去"（《思微定志生道合一》）。在微笑之间把对发出去，对方还不知道，这真是觉得奇怪。要紧的是，在运用这股能量流的时候，手是不能妄动的，更不可顶牛，否则心意被束缚了，这股能量流就发挥不了作用了，只能发出僵劲。太极拳一贯提倡"用意不用力"，即是靠心意催动能量流。把人轻轻松松发放出去，而免了伤害他人的不良后果，所以蒋老师说推手是一门艺术，而且是一门"仰之则弥高，俯之则弥深"的高深艺术。

无论是练太极拳，还是推手，都要做到"以身变手，以气变手，以意变手"，就是要把腰劲（丹田）练到手上，浑身是手，手上决不能用力，稍一用力，即落"旁门"，因为太极拳是心意所至，气血灌输，久练之后，内劲蓬生。如果不这样练的话，就跟"壮欺弱、慢让快耳！有力打无力，手慢让手快，是皆先天自然之能，非关学力而有为也"（王宗岳《太极拳论》）的"旁门"没有什么区别了。拳谱云："差之毫厘，谬之千里"，此处不可不辨。

3. 掤劲为母，拔敌之根。太极拳八法是掤、捋、挤、按、採、挒、肘、靠，而以掤劲为八法的基础。有了掤劲，八法的运用才能到位，否则只能得了形似。"所谓掤劲者，如水负行舟。"有了掤劲，就可以意念拔敌之根，使其纵有大力也无从施展，才能达到"牵动四两拨千斤""应手即仆"的奇妙效果。武禹襄《十三势说略》："凡此皆是意，不在外面。有上即有下，有前即有后，有左即有右。如意要向上，即寓下意。若将物掀起，而加以挫之之力，斯其根自断，乃坏之速而无疑。"之所以能做到以意念拔敌之根，其实是先要有掤劲为基础。

而要做有掤劲，必须明开合。气下行谓之合，上行谓之开。"气向下沉，由两肩收入脊骨，注于腰间，此气之由上而下也，谓之

'合'；由腰形于脊骨，布于两膊，施于手指，此气之由下而上也，谓之'开'"（ 李亦畬《五字诀》）。

因此，太极拳行拳走架，要做到"根松催，中通顺，梢发透"，如此才能全身虚灵，守中用中，无有无不有，达到佛家所讲的"空中生妙有"，道家所讲的"有生于无""有无相生"之境。武禹襄《十三势说略》："气宜鼓荡，神宜内敛。勿使有缺陷处，勿使有凹凸处，勿使有断续处。其根在脚，发于腿，主宰于腰，形于手指。由脚而腿、而腰，总须完整一气，向前、退后，乃能得机得势，有不得机得势处，身便散乱，必至偏倚，其病必于腰腿求之。上下、前后、左右皆然。"在保持松空的状态下，借天地之力，引根之反作用力上行，由脚到腰、脊、肩、肘、腕而行于手指，如此才能发挥太极拳的威力。

4. 敷盖对吞，擎引松放。有了掤劲，有了意念的运用，太极拳即可由"懂劲而阶及神明"。武禹襄的《四字秘诀》是"敷盖对吞"，说出了太极拳在推手、散手时以意念、以气笼罩、控制对方的四种情况，真正做到"形如搏兔之鹘，神似捕鼠之猫"（《太极拳解》）。尤其是"敷"，"敷者，运气于已身，敷布彼劲之上，使不得动也。"李亦畬有专论之："乃知'敷'者，包护周匝，'人不知我，我独知人'。气虽尚在自己骨里，而意恰在彼皮里膜外之间，所谓'气未到而意已吞'也。"（《清代李亦畬太极拳论》）《撒放秘诀》是"擎引松放"，是散放的四种情况。而要做到这种太极拳的高级运用，必须有悟性、明拳理、苦练习。

我曾叫某徒弟找来太极拳谱资料来印证我多年修炼所得的心得，发现所得与古拳谱若合符契，由此可见古人所论不虚。至于虚实变化、折叠往复、中定、乱环诸理，在此就暂打住了。谨以以上几点见解，供太极拳爱好者参考。

思微定志　生道合一

——记太极拳家蒋锡荣先生
李千里

蒋锡荣先生自幼慧颖强识，尤嗜爱武术。12 岁始习武，自此日夕不辍。1940 年入沪，初学徒于上海酱酒店，后任职于徐汇区汇丰酱号。燕居常随邻翁季允卿先生习练太极拳。其间虽有别业,然其拳艺日渐专精,拳理上也多会心之处,甫开班授徒,与学员共参拳术,教学互长。1949年初,在衡山公园际会郝少如先生,得习形意拳。郝少如先生为形意拳一代名师,蒋先生得其亲传,为日后更好地研习中国内家拳术打下基础。

新中国成立伊始,经季允卿先生推荐,随武当太极拳社叶敏之先生学练太极拳。其时先生正值婚娶之年,母亲多次催促不得其果。哪知先生此时早已暗下决心,欲倾毕生之精力,探究太极之妙道。观先生之志,正可谓廓然大公者。此非有大格局不能办。先生心中有一太极之大格局,其志在无限妙道,故能不为俗世所限。一道贯之,奉行终身。

1952年,蒋锡荣先生正式开门教授太极拳,所从者甚众。次年与金仁霖、曹树伟二人同投入叶大密先生门下,悉心研习太极拳、武当对剑等。叶大密先生曾得杨澄甫、孙禄堂、田兆麟、李景林各位宗师真传,融会贯通,不断研究创新,自成一家。叶师宝爱其才,尽以绝学传之,先生的太极拳功夫在此期间勇猛精进,日趋纯熟。当年上海武术界将蒋锡荣先生与金仁霖先生、曹树伟先生及叶大密老先生早年的弟子濮冰如,合称为"叶家拳的一大三小"。蒋先生视叶家拳为自己一生武学之根底,深入探索,发扬蹈厉,得此赏誉,正是实至名归。

1954年,蒋锡荣先生成为上海市武术界联谊会会员,会中每次表演,均受到在场武术名家的一致肯定与好评。在此期间,蒋锡荣先生经常陪伴叶大密先生拜访田兆麟先生。蒙田先生口传身授,得窥杨式太极拳堂奥。一次,随叶大密先生在公园习练拳术,叶先生初时只凝神看蒋先生练习,良久,突然言道:"小蒋已领悟,心意专,意味三,精愈坚,气愈定,神愈适,浑然一体。"当是之时,蒋锡荣先生甫而立之年,能博得叶师如此赞誉,可见其太极拳技艺,已非常人能望其项背。

1957年,先生参加上海市武术集训队,得以与同道切磋砥砺,获益良多。1958年代表上海武术队赴北京参加全国武术表演大会,与濮冰如表演武当对剑,震撼全场,掌声若雷鸣,经久不息。与会裁判、武术名家及特邀嘉宾,无不击节称赞。会后,各大新闻媒体竞相报道,一时间名动京城。

1960年,离开上海武术队,被顾留馨(*原上海体育宫主任,上海体育科研所副所长,中国武术协会委员和上海市武术协会主席*)聘为"上海市武术简化太极拳师资总辅导员",上海各个区县教授太极拳的老师，均由蒋锡荣先生统一辅导。又曾在上海市政府机关宿舍、上海市教委、海关俱乐部、曙光医院、华东医院、电力设计院、静安体育俱乐部、公费第一门诊部（原卢湾区）等场所，教授太极拳术，为太极拳的普及和发展作出了卓越的贡献。至今为众多太极拳练习者所铭记。同年10月，与金仁霖、濮冰如、傅钟文、张玉等共同担任上海第三届运动会武术比赛太极拳组裁判。

1966年，"文化大革命"爆发。太极拳被定为"四旧"。先生被迫停止教授拳术，转入上海第四机床厂工作。君子蒙艰以利贞，先生此时更把全部可能的时间和精力都扑在研习太极拳术上。历经数十载不断地印证、求索，真正体会到拳术之技，进乎道者，不在形似，而在神通。先生确切地印证了叶大密先生的"拳练到最后是云里雾里"这句隐微之言，武术界同仁评价蒋锡荣先生的太极拳，是融杨澄甫太极拳与叶大密武当剑于一体，极具特色的"蒋锡荣太极拳"，气势磅礴、潇洒飘逸，富于变化，合乎中道而又利于实战。

1986年，先生从单位退休。此后的20几年中，先生于武学之事更见通达澄明。遍行全国以传授太极拳技艺，门下弟子甚众，学有所成者百又余人，弟子及再传弟子一两千人。其影响已遍及全国，蜚声海外。目前，在美国、荷兰、意大利各国均有人教授叶传蒋锡荣太极拳术。太极拳赖蒋先生之传，已开枝散叶，蔚为壮观。蒋锡荣先生太极拳套路、武当对剑和自练精选套路、太极剑及口传多个单练动作，使我们看到蒋先生纯熟的功架，与炉火纯青的功夫。观看蒋老师演练拳术，如饱览一场太极拳精品艺术的盛宴；蒋先生演练拳架，又是我们练习叶传蒋锡荣太极拳架临摹的范本。

蒋锡荣先生习武近80年，研练太极拳术70年，他对太极拳路、拳术以及拳理的理解经历了口眼身心多重体证，已得其中三昧。跟蒋先生练拳，有一种以武入道的崇高体验，从中可以领略到中华传统文化的博大精深。一般习武之人，总觉得武术的灵魂是技击，是搏斗，蒋先生从来不讲搏斗，不讲如何击人，他只讲身法，看似不动，已破坏对方的平衡，使对方自己跌将下去，拳艺之道，深无止境，得其浅者求一人敌，得其深者何尝不可万人敌？故技击之术，亦当在日常习练中融会贯通。当年叶大密先生将修炼太极拳的基本要点总结为："用意放松、连绵不断、周身完整、分清虚实、敛腹含胸、拔背顶劲、松腰收臀、沉肩垂肘、坐腕伸指、缓慢均匀。"而蒋锡荣先生用叶传太极拳，将这些要领诠释得淋漓尽致。

蒋先生把多年所得太极拳之义理妙境熔在教学中，此一节最为难得。那些看似十分抽象的理论，在蒋先生的教拳过程中变得简易直接，看似深奥的太极拳理论，经过蒋先生逐一演示分析讲解，令人茅塞顿开。在教学实践之中，在具体动作上使学生能看得见摸得着拳理内涵，使拳理在动作中得到体现，使学生技艺日进。学生由此进入太极拳内功身法与太极拳理论的无穷妙道，得此径路，实是不二法门。

蒋先生讲的用意不用力，在同我们推手中可以清晰感觉到，先生轻灵圆转，松柔、柔软，我们的手方挨老师皮毛，先生的意已入我们骨里，完全不得动弹。先生说动作没有模式，而应对方的变化而变化，沾连粘随，如胶似漆，任你变化不能逃脱。先生多次讲解"往复须有折叠，进退需有转换。极柔软然后极坚刚。"先生多年来研究太极拳"以柔克刚"，把听起来很轻松的，"以柔克刚，放松了，什么都有了"，做起来十分神奇。先生的言传身教，在叶传太极拳推手中表现得淋漓尽致。同蒋先生推手之际，找不到先生的重心与中心，这才悟到拳论中的"人不知我，我独知人，无形无象（忘其有己）的境界"。先生练得一身炉火纯青功夫，此所谓返虚入浑，积健为雄。雄浑之境界，得入自然妙道，可参天地之化育。

逝者如斯，当年的"三小"蒋锡荣现已九旬高龄，成为国之耆老，全国凤毛麟角的太极拳大师。蒋锡荣先生全面掌握了叶传太极拳的精髓，现今已形成了叶传蒋锡荣太极拳独特的风格，2000年以后，先后有《蒋锡荣太极拳精编四十二式》《蒋锡荣太极剑》《蒋锡荣武当对剑》等教学光盘问世，众弟子与众多武术同仁，多次请求将其研习成果推广于世，然蒋锡荣先生总是说："让更多的人受益是根本，绝不能为了名利去宣传，修炼太极拳术、剑术及推手可以很好地强健体魄，同时它们又是一种技艺，只要你深入去探究它，就会从中领悟到人生的哲理和无穷的乐趣。"

蒋锡荣先生不仅深得太极拳内功精华，伤科、推拿的功夫，也甚是精湛，曾跟随中医推拿名家陆文先生学习中医伤科、推拿。在回老家县镇时，曾治愈数位重病患者，为人们所敬重爱戴。蒋锡荣先生始终遵奉张三丰先祖立教之道，大道长寿。现今太极拳技艺，可以说已经到了"无形无相、全身透空、内外一体、随心所欲、神定气足、尽性立命"的境界。以武入道，得天养之福，有大德者必得其寿。

随太极名家蒋锡荣先生游南北湖有感

徐 茂

"太极者，无极而生，动静之机，阴阳之母也。动之则分，静之则合。无过不及，随曲就伸。人刚我柔，谓之走，我顺人背，谓之粘。动急则急应，动缓则缓随。虽变化万端……"最早的直观认知太极拳还是 20 世纪九十年代观看李连杰、洪金宝、张敏等饰演的《倚天屠龙记之魔教教主》，当时张无忌和张三丰的搞怪一直记忆犹新。孰料 20 年后机缘巧合，我居然有幸接触到谱系完整、原汁原味的太极拳，有幸聆听当代太极大师的教诲，是缘分，更多的感觉则是幸运。

太极功夫习练多，数代英雄尽消磨。

明师引路勤体悟，岁月易逝莫蹉跎。

2016 年 5 月，春夏之交，正值"太极拳月"，我们跟随蒋锡荣先生至浙江海盐南北湖拓展修炼，我一时兴起，做了上面这首打油诗以述近年感悟。为什么会去南北湖呢？缘先生乃浙江海盐人也。山顶，蒋先生深情地望着故乡那山、那湖、那海，一时竟有忘乎所以的感觉。先生与我们聊起，嘉兴人杰地灵，当年党的一大也曾在嘉兴南湖召开，金庸、茅盾、张乐平、王国维等也都是嘉兴人，言语中充满了自豪。我没有想到蒋先生居然也了解金庸，就信口问先生那金庸笔下的张三丰是不是真的。老人说据他听前辈叙述张三丰确有其人，而且对我们太极拳的产生和发展也起到了至关重要的作用。中间同门有人说道章草大家王遽常也是嘉兴人，而先生曾拥有王遽常先生亲自赠送的一幅扇面，不过现在这幅扇面已经被先生无偿地捐献给了故乡。蒋锡荣先生说道，当时和王遽常老人是亦师亦友的朋友关系，他非常敬重王先生，王先生凡有不适，蒋先生就亲自为其推拿。王先生是著名章草大家，但蒋先生从没向他求过墨宝，王先生曾赠予先生一幅扇面，而这件扇面还是蒋先生为王平孙（王遽常先生的儿子）治愈病以后，平孙先生请父亲写了送给蒋先生的，是他们之间的友谊结晶。许多拍卖行和收藏爱好者都想用高价收购这幅扇面，均被蒋先生婉言谢绝。其实蒋先生是想把这件宝贝留给故乡。2014 年 5 月，蒋先生回到家乡海盐小住，他特地把扇面带上捐赠给了海盐县档案馆。

现在全世界有超过 1.5 亿人在一百多个国家和地区习练太极拳，可谓是"太极功夫习练多"。1978 年 11 月，时任副总理邓小平在接见日本友人时欣然写下"太极拳好"，简单朴实的一句话给太极拳带来了新的生机，进入了蓬勃发展的新阶段。不久，由湖北省体委主办的"国际太极拳（剑）邀请赛"在武汉举行，来自中国、日本、加拿大、新加坡、美国以及香港等数十个国家和地区的几百名选手参加了表演比赛，并切磋技艺，成为太极走向世界的一声春雷。随后，首届亚洲武术锦标赛在日本横滨举行。中国、日本等十多个国家和地区的运动员参加了比赛。太极拳作为正式比赛项目，终于亮相亚洲，令全世界为之动容，这是太极拳竖立起走向世界体坛的一个崭新里程碑。1991 年 10 月，第一届世界武术锦标赛在中国北京举行，太极拳以重要的组成部分走向世界级比赛赛场，这表明源于中国的太极拳已不再单单只属于中国人民，而是全世界人民的共同财富。千禧之年，中国武术协会决定将每年的 5 月定为"太极拳月"，太极拳俨然已经成为一项世界性的运动，太极功夫习练者多矣！

"数代英雄尽消磨"，张三丰、张松溪、王征南、王宗岳、杨露禅、杨班侯、杨健侯、孙禄堂、杨澄甫、杨少侯、吴鉴泉、叶大密等等，从武当张三丰创立太极拳开始，一路走来，这些英雄大家在太极拳的历史长河中熠熠生辉，他们的名字如雷贯耳，200 年前杨露禅向陈家沟陈长兴学太极拳术，向赵堡镇陈清平学太极拳理，创造了一个重要流派"杨式太极拳"，并把太极拳带到了北京，向皇亲国戚王公大臣们传授，从此使太极拳发扬光大，在太极拳发展史上竖了一块光辉的里程碑。从此，太极拳流派纷呈：武式太极拳创始人武禹襄，从陈清平那里学到了太极拳精妙的技艺和拳理，还从他那里得到了王宗岳的《太极拳谱》，并据此创造了武式太极拳。李瑞东向杨露禅学太极拳，创造了"李式太极拳"。吴保亭（全佑）向杨露禅学拳，还向杨露禅之子杨班侯拜师，创造了"吴式太极拳"。孙禄堂师从武式太极拳郝为真，创造了"孙式太极拳"。人事有代谢，往来成古今，江山代有才人出，各领风骚数百年。

"明师引路勤体悟"，现代信息社会"名师"很多，网上一搜一大堆，真正能够称得上"明师"的并不多。也是听蒋先生说起，杨澄甫可谓是明师，教育培养了一大批诸如田兆麟、董英杰、陈微明、牛春明等等一大批杰出的太极拳大师，而他的兄长杨少侯功夫并不见得比杨澄甫先生逊色，但是出色的学生却未尝听闻。叶大密老师也是"明师"，培养了叶敏之、濮冰如、郑曼青、金仁霖、曹树伟等一批太极拳中坚力量（蒋先生甚是谦虚，未将自己列于其中）。这中间，蒋先生讲到，其实叶大密老师也是杨澄甫老师的学生，靠墙运功法就是杨澄甫老师所密授。所谓"名师易得、明师难求"，学习太极拳这种内家上乘功夫，要寻到一个明师是极不容易的，只有得到明白的老师来正确引导我们，才能不走弯路、少走弯路，当然最后还是要靠自己的悟性苦功才行。所谓"师父领进门，修行在个人"、"入门引路需口授，功夫无息法自修"。又曰"百练不如一悟"，其实学太极拳要"悟"，所谓"先在心，后在身"，心悟是前提，更为重要的则是要在身上予以体现即"体悟"，能够在身上运用出来，否则不过是空谈家的纸上谈兵罢了。只有心头常想，身上多练，刻刻留心，念念不忘，时时琢磨，常常练习，久而久之，才能够"心与意合，意与气和，气与劲合"，也才能够真正达到"屈伸开合听自由"。

　　"岁月易逝莫蹉跎"，人生不过百年，转瞬即逝，不抓住机会修炼太极，就只有老大徒伤悲了。"详推用意终何在，益寿延年不老春。"和众多学习太极拳的人先习太极后逐步认识大师不同，我是先认识蒋锡荣先生后才开始学习太极拳的。那是2012年的冬天，随克强老师在金桥吃饭，席间有一耄耋老者，清瘦白皙，戴着一副眼镜，微笑安静，气定神闲，谦和冲淡，眼神犀利。克强老师介绍说"这是我的太极拳老师，蒋老师！"我斟好酒恭恭敬敬地敬了先生一杯，先生喝的是红酒，这是我和蒋先生的第一次谋面。对先生直观的感受就是温文尔雅，谦谦君子也。与蒋锡荣先生谋面后不久，我开始跟随克强老师学习太极拳，说来也惭愧，我是不够认真的那种。克强老师戏称我为"居士"，意为十天、半月才练习一次的那种。每次（一至两周一次）我过去学拳时，蒋锡荣先生总会微笑着说"练比不练好，练总是对的"，彼时我不能够理解，觉得蒋先生这位长者是在给我台阶下罢了。此时蒋锡荣先生已经和克强老师一起生活，外地的同门都很羡慕我，觉得我是守着大好机会不好好利用，温州的几位师兄数人与我说过"克强老师这么好的老师，蒋师公又可以在旁边耳提面命，多好的机会啊！"跟随克强老师学习时间越来越长，与蒋锡荣先生接触也越来越多，慢慢地开始熟悉和了解这位"上海市武术简化太极拳师资总辅导员，中央国术馆第五号董事叶大密先生入室弟子"。"练比不练好，练总是对的"，按照太极的精神往"松、空"去练，一分耕耘一分收获，没有耕耘哪来的收获呢？蒋先生九十多岁，依然精神矍铄，经常指导我们练拳，给我们喂劲，真正体现了太极的益寿延年不老春。我们这些后生晚辈一定要刻苦努力修炼，莫使岁月蹉跎，空贻叹息！

蒋先生一代太极名人，大家，为人低调，崇尚务实、不图虚名，不喜炒作宣扬，真正体现了"非淡泊无以明志，非宁静无以致远"的情怀，也正是这份"太极拳探索者"的宁静、淡泊，成就了今天的蒋锡荣先生。

蒋锡荣太极拳术

历代太极名家拳照赏析

第九章

"太极"，古人认为是天地万物生化的根本及变化规律，是大自然的法则。世界上的事物发展，建立在一定的理论基础之上，不懂其原理、文化及历史发展轨迹，就不能很好地研究。太极拳至今长盛不衰，其根本原因在于其建立在中国传统文化的基础之上，而形成一支自然风格的人体生命科学。

　　人体的衰老是一个复杂的渐进过程，从生理生化的角度衡量，导致衰老的原因是机体内环境稳定性的失调和自我修复功能的减退，包括：细胞的衰老，结缔组织的衰老，激素的改变，神经系统的改变，心血管的改变，呼吸系统的改变，器官功能的改变，免疫功能的改变。太极拳是生命科学，通过太极拳锻炼可以保持人体相对稳定的内环境和气血的调和。适宜生命发展规律的运动，最为重要，而太极拳则为十分理想的运动，它是自然体系的功夫，以自然为宗旨，养生的意义不言而喻。《十三势歌》言："十三姿势莫轻视，命意源头在要隙……若言体用何为准，意气君来骨肉臣，想推用意终何在？益寿延年不老春。"

　　太极拳是以"道"家思想为主，并结合"儒""释"的哲学思想，在传统文化的基础上慢慢孕育而生，其养生方面有独到之处，对人体的中枢神经系统、呼吸系统、循环系统均有着不可代替的积极作用，但利用现代科技手段去进行的实验研究还远不够。

　　经过漫长的岁月，不同时期的太极拳大师们，通过继承先辈们的太极拳精华，以及自身不断修炼研习，各自展现出了不同的风采。由于当时社会发展的限制和生活条件艰苦，留下的拳架资料不多，能保留下的拳照是我们广大太极拳爱好者的宝贵财富，对我们研究、练习太极拳有很大帮助。通过赏析太极拳拳架，可以看出太极拳大师们的技艺风格、个人特点、拳架意境等。太极拳大师们在继承先辈们的基础上，通过自身的不断修炼体悟，随着长年累月的积累，古人也将其也称"工夫（功夫）"，拳架上那种岁月沉淀下的"工夫（功夫）"不同，拳架上那种精气神与气血化合的结晶不同，拳架上那种呈现出的意境也不同。现在我们沿着历史发展的轨迹，欣赏一下不同时期的太极拳大师们的拳架艺术。

第一节 清末民初太极拳大师的拳照

▍一、杨澄甫

杨澄甫（1883—1936），生于北京，其祖父杨露禅、伯父杨班侯、父亲杨健侯均为太极名家。下面拳架为 1931 年拍摄，时年 48 岁（其中后三幅为杨澄甫早年拳照）。

杨澄甫拳照

▍二、陈微明

陈微明（1881—1958），又名慎先，男，湖北蕲水人，武术名家，光绪二十八年（1902）科举考中文举人。"民国"二年北洋政府设立清史馆,他曾任清史馆篡修之职,是《清史稿》中的 20 多位作者之一。在编修史稿的同时,开始学习武艺。"民国"四年(1915)从师孙禄堂,习形意、八卦。后又从杨澄甫为师,学艺八年,尽得杨式太极拳之精髓。民国十四年(1925)在上海创办致柔拳社,自任社长,传授内家、太极、八卦、形意等拳术,并在苏州、广州等地设立分会。著作有《太极拳》《记太极拳》《太极拳剑问答》。下面拳架是 1932 年在中山大学授拳时拍摄,时年 51 岁。

陈微明拳照

三、孙禄堂

孙禄堂(1860—1933),名福全,字禄堂,晚号涵斋,别号活猴,河北省完县人(今属顺平县),孙式太极拳暨孙门武学创始人,清末民初蜚声海内外的著名武学大家,堪称一代宗师,在近代武林中素有"虎头少保,万能手,天下第一手"之称。弟子遍及海内外,家人传承有孙存周、孙剑云;孙存周再传有孙叔容、孙婉容、孙宝亨;孙剑云所传有孙家后人孙伟、孙琦。下面拳架,是为 1919 年出版《孙禄堂武学录》时所拍摄，时年 59 岁。

孙禄堂拳照

▌四、孙存周、孙剑云

　　孙存周（1893—1963），孙式太极拳创始人孙禄堂的次子，讳焕文，号二可。自幼秉承家教，文武兼修，又敏而好学，深得太极、形意、八卦诸拳之精髓，尤以武术击技闻名于世。拳术名家褚桂亭曾叹："孙存周武艺绝伦、技击独步，同时代无人能出其右。"孙存周一生笃技击、好任侠、远浮名，书剑合璧、轻利重义。以其一生对武学研修的苦心孤诣和潇洒超脱、求真忘我的精神境界感召后人。

　　孙剑云（1914—2003），名贵男，字书庭，孙禄堂之嫡女，孙氏太极拳第二代掌门人。1931 年随父赴江苏省国术馆任教。1957 年被聘为中国武术表演赛国家名誉裁判。1959 年任第一届全运会武术比赛裁判长。1983 年，创立孙氏太极拳研究会，被选为会长，并出任北京市形意拳研究会的第一任会长，北京市武术协会副主席。1995年被中国武术协会授予"十大武术名师"之一的称号。

孙剑云拳照

五、吴鉴泉

吴鉴泉（1870—1942），又名爱绅，满族，河北大兴县（现大兴区）人，吴式太极拳创始人。吴自幼喜爱武术，随其父习练太极拳。（其父吴全佑，随杨露禅、杨班侯父子学习太极拳大、小架，为一代太极名师）。

吴鉴泉拳照

六、马岳梁、吴英华

马岳梁（1901—1998），字嵩岫，满族，先后练过三皇炮捶、通背拳、少林拳及摔跤等武术。后拜吴鉴泉为师，专攻吴式太极拳。历任上海鉴泉太极拳社副社长、社长等职。一代太极拳大师，也曾是著名的微生物学家。著作有《吴鉴泉氏的太极拳》《太极拳详解》等。1992 年被中国武术协会授以"中国武术协会荣誉委员"称号。1995 年为中国武术协会、国家体委武术运动管理中心授以"中华武林百杰"光荣称号。

吴英华（1907—1997），吴氏太极拳宗师吴鉴泉之长女，自幼从父学太极拳，天赋聪颖，所练拳架柔和、大方、极其工整，历任上海鉴泉太极拳社副社长、社长，为弘扬吴氏太极拳作出了杰出的贡献。1978 年，上海恢复鉴泉太极拳社，吴英华任社长。1992 年，被中国武术协会授以"中国武术协会荣誉委员"称号。1986 年，与夫马岳梁一起编写《吴氏精简太极拳》，另有《吴氏太极拳详解》《吴氏太极拳快拳》《正宗吴式太极拳》等经典著作。

马岳梁、吴英华拳照

▍七、郝少如

　　郝少如（1907—1983），字梦修，生于太极世家（郝为真——郝月茹——郝少如）。1928年，随父到南京、上海授拳，一生勤奋，桃李满园。郝少如的太极拳识渊博，以理论与实践的高度驾驭着精湛的拳艺。他不仅能正确地解释王宗岳、武禹襄、李亦畬三家拳论中每一字的含义，而且能将其精华演练得淋漓尽致，乃表里俱精，素负盛名的一代名师。

郝少如拳照

▌八、叶大密

　　叶大密（1888—1973），名百龄，号柔克斋主，浙江文成县人。叶大密曾得杨澄甫、孙禄堂、田兆麟、李景林各位宗师真传，融会贯通，不断研究创新，自成一家。1926年11月，在上海法租界望志路（今兴业路）南永吉里19号寓所创办了以太极拳命名，专业性明确的武术团体"武当太极拳社"，不仅在上海，在全国也是第一家。随李景林学习武当对剑；叶老师又从杨少侯、杨澄甫兄弟俩学习拳架、剑、刀和杆子。后来他改编了太极拳架，吸收了杨式大、中、小拳架的主要特点，八卦掌里的斜开掌转身法以及武当对剑中的转臂捷用法等内容，形成了沉着松净、轻灵活泼、舒展大方的独特风格，人们称之为"叶家拳"。叶大密的学生有濮冰如、金仁霖、蒋锡荣、曹树伟等。

叶大密及弟子（濮冰如、金仁霖、曹树伟）拳照

▌九、蒋锡荣

　　蒋锡荣（1925—　　　），汉族，浙江海盐人。自幼慧颖强识，尤嗜爱

武术。1953 年，与金仁霖、曹树伟二人同投入叶大密先生门下。1954年，成为上海市武术界联谊会会员。1958 年代表上海武术队赴北京参加全国武术表演大会，与濮冰如表演武当对剑，震撼全场，会后，各大新闻媒体竞相报道，一时间名动京城。1960 年，离开上海武术队，被顾留馨聘为"上海市武术简化太极拳师资总辅导员"。同年 10 月，与金仁霖、濮冰如、傅钟文、张玉等共同担任上海第三届运动会武术比赛太极拳组裁判。

蒋锡荣习武近 80 年，研练太极拳术 70 年，他对太极拳路、拳术以及拳理的理解经历了口眼身心多重体证，已得其中三昧。现在门下弟子甚众，弟子及再传弟子一两千人，其影响已遍及全国，蜚声海外。目前，在美国、荷兰、意大利各国均有人教授叶传蒋锡荣太极拳术。

逝者如斯，当年的"叶家三小"蒋锡荣现已九旬高龄，成为国之耆老，著名的太极拳大师。蒋锡荣全面掌握了叶传太极拳的精髓，现今已形成了叶传蒋锡荣太极拳独特的风格，2000 年以后，先后有《蒋锡荣太极拳精编四十二式》《蒋锡荣太极剑》《蒋锡荣武当对剑》等教学光盘问世。

蒋锡荣拳照

第二节　太极名家拳架影像参照

▌一、捋式影像参照（4人照对比）

杨澄甫 捋　　　　　陈微明 捋　　　　　蒋锡荣 捋

李雅轩 捋　　　　　董英杰 捋

▌二、按式影像参照（4人照对比）

杨澄甫 按势　　　　　李雅轩 按势

蒋锡荣 按势　　　　　崔毅士　　　　　　牛春明 按势
　　　　　　　　　杨式太极拳按势

▌ 三、单鞭影像参照（4人照对比）

杨澄甫 单鞭　　　　　陈微明 单鞭

蒋锡荣 单鞭　　　　牛春明 单鞭　　　　郑曼青 单鞭

■ 四、搂膝拗步影像参照（4人照对比）

杨澄甫 搂膝拗步　　　崔毅士 搂膝拗步　　　蒋锡荣 搂膝拗步

李雅轩 搂膝拗步　　　汪永泉 搂膝拗步

■ 五、提手上势影像参照（4人照对比）

杨澄甫 提手上式　　　李雅轩 提手上式

蒋锡荣 提手上式　　　牛春明 提手上式　　　汪永泉 提手上势

六、白鹤亮翅影像参照（4人照对比）

杨澄甫 白鹤亮翅　　　牛春明 白鹤亮翅

蒋锡荣 白鹤亮翅　　傅钟文 白鹤亮翅　　李雅轩 白鹤亮翅

第三节　现代太极拳拳架与传统太极拳拳架赏析

　　1949 年后，党和国家领导人提倡"发展体育运动，增强人民体质"，太极拳也迎来了发展的春天，我们将这一时期为了促进全民运动推广发展和太极拳名师们整编的太极拳，称为"现代太极拳"。通过赏析现代太极拳拳架与传统太极拳拳架，我们能深刻地认识和了解太极拳。

　　传统陈式太极拳：

掩手宏捶　　　　　　雀地龙　　　　　六封四闭（1）

六封四闭（2）　　　护心捶（1）　　　护心捶（2）

现代陈式太极拳：

掩手宏捶

雀地龙

六封四闭（1）

六封四闭（2）

护心捶（1）

护心捶（2）

传统杨式太极拳：

倒撵猴

肘底看捶

云手

单鞭　　　　　　弯弓射虎　　　　　　如封似闭

现代杨式太极拳：

倒撵猴　　　　　　　　　　　　肘底看捶

云手　　　　　　　　　　　　　单鞭

弯弓射虎　　　　　　　　　　　如封似闭

传统吴式太极拳：

搂膝拗步

进步搬拦捶

单鞭

斜飞式

提手上势

撇身捶

现代吴式太极拳：

搂膝拗步

进步搬拦捶

单鞭

斜飞式

提手上势　　　　　　　　撇身捶

传统武式太极拳：

左揽雀尾　　　　打虎式　　　　分脚

按势　　　　　三通臂　　　　单鞭

现代武式太极拳：

左揽雀尾　　　　　　　　　打虎式

分脚

按势

三通臂

单鞭

传统孙式太极拳：

白鹤亮翅

云手

手挥琵琶

三通臂

搂膝拗步

高探马

现代孙式太极拳：

白鹤亮翅

云手

手挥琵琶

三通臂

搂膝拗步

高探马

杨氏太极拳学者修改太极拳经典著作的例证

蒋锡荣与师弟金仁霖合作的论文
原载《上海武术》1994 年第 3 期

▌ 一、增添"动静之机"四字

杨氏《太极拳谱》传本在王宗岳《太极拳论》第一句"阴阳之母也"之前，增添了"动静之机"四字。这样，不仅使之和"阴阳之母"四个字对仗，成为地地道道的骈体文句，并且也使之和后一句中的"动之则分静之则合"起到了承上启下的作用，因此，无论在法结构和文义用词方面都是无可非议的。

这个改动，在出版物中出现得最早的，是 1921 年 12 月出版的许禹生的《太极拳势图解》。其次，是 1927 年 9 月出版的，徐致一的《太极拳浅说》。然后，是在 1929 年九福公司出版的《康健指南》《太极拳全图》，1931 年 10 月出版的吴图南的《科学化的国术太极拳》，1935 年 6 月出版的吴公藻的《太极拳讲义》上编，抄本则仅见于"上海武当太极拳社"社长叶大密转抄的杨健侯（老三）先生持赠田兆麟老师的藏本。

历史资料证明，许禹生（1879—1945）和田兆麟都曾向杨健侯学太极拳，吴鉴泉的父亲全佑则先在旗营跟杨露禅后，从杨露禅之命在端王载漪府拜杨班侯为师学太极拳。鉴于永年李福荫所辑廉让堂本《太极拳谱》（以下简称李廉让堂本）和李亦畬（1832—1892）工批手抄自留本和持赠郝和本《太极拳谱》（以下简称李亦畬抄本）中的王宗岳《太极拳论》第一句都没有"动静之机"四个字，我们认为，这个改动时间较早，大约是杨露禅、杨班侯父子俩还在北京端王府及诸旗营教拳讲课时，由向他们父子俩学拳的王公们或陪伴王公们学拳听课的文人学子所增添的。

二、把"连而不断"改成了"断而复连"，"能粘依"改成了"能呼吸"

在杨、吴两家《太极拳谱》传谱中，把李廉让堂本误为李亦畲写，而实际为武禹襄写的《十三势行也歌解》和李亦畲抄本中武禹襄《打手要言》中的第一个解曰一段，并穿插了李廉让堂本武禹襄《太极装解》和李亦畲抄本中武禹襄《太极要言》第二个解曰中的部分内容，把它们合并起来统称之为《十三执行工（或作"功"）心解》。其中"收即是放，连而不断"一句，杨、吴两家传本中都把它改成了"收即是放，断而复连"。这是杨氏学者在李廉让堂本王宗岳《太极拳论》后的又曰，和李亦畲抄本《打手要言》第二个又曰中"劲断意不断"的基础上，再根据杨氏二代教拳经验，总结成"劲断意不断，藕断丝犹连"一句话的意思而改写成的。

这在陈秀峰《太极拳真谱》（十三势用工心解）之后的"又曰：彼不动，己不动，似松非松，彼微动，己先动，将展未展，劲断意不断"句后有"陈秀峰加此：彼不动，己先动，劲断神不断，藕断丝犹连"，以及杨澄甫《太极拳使用法》（原文解明）中说的"杨老师常言'劲断意不断，藕断丝犹连'，盖此意也。"双双得到证明。不过陈秀峰本把"犹"字写成了"又"字，这当然是谐音笔误所造成的。

在同篇中"极柔软，然后极坚刚"的后半句，李廉让堂本和李亦畲抄本中都还保持原来的"能粘依然后能灵活"，而杨、吴二家的诸多传本中，却都已把它改成为"能呼吸，然后能灵活"了。这个改动表明了修改者对太极拳实际功夫的体验，比原作者更加深入了一层。因为，即使是在一般推手时，仅仅只是在外形肢体上能够跟随得上对方，还是不够的，必须在外形肢体上能够跟随得上的同时，还要在内在呼吸上也能够跟随得上对方的呼吸。那才是全面的所谓完整一气，才真正是里里外外的所谓"合住对方"，才能既轻松而又干脆地把对方发放出去。更何况，进一步要把它运用到太极散手和太极器械方面去了。

▌三、把"每一动，惟手先着力，随即松开……"改成了"一举动，周身俱要轻灵，尤须贯串"

李廉让堂本中武禹襄〈十三势说略〉开头一段"每一动，惟手先着力，随即松开，犹须贯串一气，不外起承转合，始而意动，继而劲动，转接要一线串成"，计三十九字，李亦畬抄本中武禹襄《打手要言》最后一段，又曰："每一动，惟手先着力，随即松开，犹须贯串，不外起承转合，始而意动，既而劲动。I接要一线串成"，也是三十九字。在杨、吴二家的诸多传本中，都把它改成了"一举劲，周身俱要轻灵，尤须贯串"十三个字。除了在杨澄甫《太极拳使用法》中把这篇文章称之为《禄禅师原文》，最后还注有"原注云：此系武当山张三丰老师遗论，欲天下豪杰延年益寿，不徒作技艺之末也"外，其他各本都把它称之为《太极拳论》并附上原注的这个篇名和原注，显然也是杨氏学子所改定的。实际上，武禹襄原文头一句"每一动，惟手先着力，随即松开"是有很大语病的，既然是《打手要言》，当然是指推手。在双方功夫相差很大的情况下，功夫好的加上体力占绝对优势的，固然可以此得到"惟手先着力，随即松开"，如果功夫体力二者不相上下，一搭手手上既然已经用上了力，再想要把它松开，那已经是千难万难的了。更何况像现在的竞技推手比赛，称过了体重再来分组配对，双方的功夫又是差不了多少，主观上偏偏又都想抢先用力来推对方。除了只能出现像吴修龄在《手臂录》中所批评的"去柔存刚，几同斗牛""气力奋发，殆同牛斗"之外，想要意思安闲、神态自如、若无其事地来进行推手比赛，简直是不可能的。从这一角度来看，杨氏学子把原来这三十九个字改成为"一举动，周身俱要轻灵，尤须贯串"十三个字，无论在理论上或实践上都是有它的积极意义的。

▌四、把"静"字改成了"净"字

李廉让堂本和李亦畬手抄本《十三势行工歌诀》中"腹内松静气腾然"一句中的"静"字，以及李廉让堂本《十三势行工歌解》、李亦畬手抄本《打手要言》中第一个解曰中"发劲须沉着松静，专注一方"一句中的"静"字，在杨、吴二家的《太极拳谱》传本中都已改成了"净"字。从字义上来说它已含有数量上比较多少的意思了。就拿前一句"腹内松净气腾然"来说吧，唯其是腹内放松得干净，内气才有翻腾上升的现象出现，腹内放松得愈干净，内气也就翻腾得愈厉害。但应该指出的是这种翻腾现象是动的，而不是静的，静了是不会有什么东西可以腾然的。再如后一句"发劲须沉着松净，专主一方"，发劲时思想上固然要坚定沉着，肢体上却要放松得干干净净，而且是愈干净愈好，然后"认定准头"专注一方而去，才能将对方发放得干脆利落，一往无前。

五、把"存心"改成了"在心"，把"动牵"改成了"牵动"，把"蓄神"改成了"精神"

李廉让堂本中王宗岳《太极拳论》后武禹襄所加的解曰和李亦畲抄本中《打手要言》第一个又曰：一段："先在心，后在身，腹松，气敛入骨，神舒体静，刻刻存心。切记：一动无有不动，一静无有不静；视静犹动，视动犹静，动牵往来气贴背，敛入脊骨，要静。内固精神，外示安逸，迈步如猫行，运劲如抽丝。全身意在蓄神，不在气，在气则滞。"其中第一句末了"刻刻存心"中的"存"字，在杨、吴二家的传本中，除了陈秀峰本和叶大密抄藏的杨健侯先生传本中没有改动外，其余各本都把"存"字改成了"在"字。说明这个字在杨班侯、杨健侯兄弟传出的谱本中，还没有改动。改动的时间，应该还在他们的谱本传出以后。

把"存"字改成了"在"字，在意义上并没有多大出入，只是把平声字换成了仄声字，读起来比较协调顺口而已；另外，"动牵往来气贴背"一句中的"动牵"二字，杨、吴二家传本中也都把它改成了"牵动"，这两个字颠倒过来意义完全一样，但平仄却协调了。

至于"全身意在蓄神"一句中的"身"字，陈秀峰本、陈徽明本和吴图南本都保持着原来的"身"字，而徐致一本、九福公司本、吴公藻本则都把它写成了"神"字，这当然是吴鉴泉在后来的传本中谐音笔误所造成的。因为这个错误比较明显，所以没有什么多研究的必要。但在同一句中的"蓄神"两字，除了陈秀峰本、吴图南本仍保持着原来的面貌以外，其他杨、吴二家的传本都把它改成了"精神"二字，那当然是从杨健侯传本开始改动的。但我们不可以掉以轻心，小看了这一字之改动，因为"蓄神"二字，充其量也只不过是"内固精神"一语的重复叮咛，而"精神"恰就是"精""气""神"中的精和神。俗话说"有精神"却必须先要内气充盈体内，才能使精神显现于体表的，所谓"神完气足"也就是俗话说的"神气實足"。

六、把"沾连粘随"改成了"粘连绵随"

李廉让堂本和李亦畬抄本中《打手歌》，同样都是"掤、摆、挤，按须认真，上下相随人难进，任他巨力来打我，牵动四两拨千斤，引进落空合即出，粘连粘随不丢顶"六句共四十二字，其中"任他巨力来打我"一句中的"我"字除了陈秀峰本、叶大密老师抄藏杨健侯老先生传本作"咱"以外，其他如杨、吴二家传本都是统一写作了"我"字。最后一句"粘连粘随不丢顶"中的"粘"字，叶大密老师抄藏杨健侯老先生传本作"沾"。根据田兆麟老师所藏《太极拳谱解》杨健侯传本（俗称老谱）中（沾粘连随解）节有"沾者，提上拔高之谓也"的解释，则"沾"是提，是擎，也就是向上向高方向的引进，所以"粘连粘随不丢顶"一句，原文应该是"沾连粘随不丢顶"。由于北音有把"沾"字读成 zhan 的，但意义上还是和"粘"差不多，所以抄写者便把"沾"字含糊地写成了"粘"，也就可以说是谐音笔误吧。至于徐致一本、九福公司本、吴图南本索性把"粘"字写成了"黏"，那无非是因为旧字典只有"黏"或"作粘""俗作粘"这一类注释的关系。

这里有个小故事，是"上海武当太极拳社"社长叶大密老师亲自讲给我们听的。1930 年 11 月 11 日，李景林、孙禄堂、杨少侯、吴鉴泉、杨澄甫、褚民谊、田兆麟、武汇川、陈微明、陈志进等人都到当时的法租界萨坡赛路（今淡水路）南永吉里十九号祝贺"武当太极拳社"成立五周年纪念。在闲谈中，陈微明老师首先向诸多太极拳老前辈提出是否要把《打手歌》末一句中的"粘"字改回为"沾"字的问题，因为陈微明老师在初版《太极拳术》中是把"沾"字写成"粘"字的。当时，田兆麟老师首先回忆道："老三先生（指杨健侯）和我打手时常常说'一沾就成功嘛'。"接着，杨澄甫老师索性补充道："沾起来就打嘛。"这就说明了"沾"字不仅含有《太极拳谱解》〈沾连粘随解〉中所说提上拔高的引进的意思，并且含有"即丢即

顶"逢丢必打"的意思，也就是说已经属于随便"找劲"的了。"找劲"是推手的高级阶段，当然不是初学推手的人所适宜于学习的。因此，孙禄堂老先生提出"要使初学推手的人，在推手时能够做到连绵不断，就该把《打手歌》的最后一句，改成为'粘连绵随不丢顶'才恰当"。后来，陈微明老师果然在1933年再版《太极拳术》时，把《打手歌》的末一句修改为"粘连绵随不丢顶"。再从1957年9月初版、1988年2月修订，孙禄堂原著、孙剑云整理的《孙式太极拳》附参考资料五，推手歌诀的末句来看，同样也已改写成了"粘连绵随不丢顶"，可以作为旁证。

七、把"必至偏倚"一句删去，把"不是"改成了"不在"，把"物将"改成了"将物"

李廉让堂本《十三势略说》和李亦畬手抄本《打手要言》中有曰"有不得机得（手抄本无此得字）势处，身便散乱，必至偏倚。其病必贫腰腿求之"，这一段中的"必至偏倚"四字一句，杨、吴二家传本中都把它删去了。理由是散乱到了一定程度，就会清楚地暴露出自己的弱点所在，给了对方一个可以乘虚而入的机会，不一定要等到表现出自己的身躯已经偏倚时。

接下去，"上下前后左右皆然。凡此皆是意，不是外面"这一段的最后一句"不是外面"，杨、吴两家传本中也都把"不是"两字改成了"不在"，以使不表现在外面的意思更加明确、更加肯定些。

再下去，"有上即有下，有前即有后，有左即有右。如意要向上，即寓下意，若物将掀起，而加以挫之之力，斯其根自断，乃坏之速而无疑"这一段中，"若物将掀起"一句中的"物将"两字，杨、吴二家传本中，又都把它颠倒过来改成了"将物"。

从文言文法上讲，这一段中"如意要向上，即寓下意"是承应第一句"有上即有下"而作了一般文字上的说明，再举"若将物掀起，而加以挫之之力，斯其根自断，乃坏之速而无疑"这个日常生活中既简单而又具体的例子作为补充说明。

这里所用的"挫"字，是作向下掀按的意思来解释的。如果用了原来的"物将"，则这一句的意思就变成了犹如物体自身将要掀耸起来的时候，而给它一个向下掀按的力。这样，作用的结果就不会是"斯其根自断，乃坏之速而无疑"。恰恰是把这刚掀耸起来而自立不稳的物体，重新揿按回去，从而使它恢复平稳，这岂不是在给这物体自身的稳定帮了个大忙？

这里，如果是把"挫"字当作"摧断"的意思来解释，则对于"若物将掀起而加以挫之之力"，这一句话本身的意思，倒也可以自圆其说地说得过去，但和前面的"如意要向上，即寓下意"，在文法上已是互不相干，而和接下去的"斯其根自断，乃坏之速而无疑"，更是颠顿不通了。

以我们低水平的理解，这一段讲的正是《打手歌》最后一句，"沾粘连随不丢顶"中的"沾"字。杨氏老谱《太极拳谱解》"沾粘连随"节中，对"沾"字的解释是"沾者，提上拔高之谓也"。则可以知道，"沾"是向上向高处的引进，也就是李亦畬《撒放秘诀》中"擎起彼身借彼力"的"擎"字。可得注意，李氏已将"擎"字说得清清楚楚，是要借用对方的反作用力的。

为了防止对"擎"字的错误理解，李氏在后面的小注中又特为注了"中有灵字"，说明了在使用"擎"字时要轻灵，绝不是凭着力气大来蛮干一下，就算是符合了的。

主要参考文献

[1] 杨澄甫．太极拳选编 [M]．北京：北京市中国书店，1984．

[2] 王宗岳，等．太极拳谱 [M]．北京：人民体育出版社，1991．

[3] 陈微明．陈微明太极拳遗著汇编 [M]．北京人民体育出版社，1994．

[4] 吴英华，马岳梁．正宗吴式太极拳 [M]．北京：北京体育大学出版社，1999．

[5] 魏树人．杨式太极拳术述真 [M]．北京：人民体育出版社，1999．

[6] 孙禄堂著，孙剑云编．孙禄堂武学录 [M]．北京：人民体育出版社，2001．

[7] 解守德，太极内功心法 [M]．北京：人民体育出版社，2006．

[8] 蔡光复．武当叶氏太极拳研究修订版 [M]．上海：上海辞书出版社，2008．

[9] 叶大密．柔克斋太极传心录（内部资料未正式出版）．

[10] 季培刚．太极拳往事 [M]．长春：吉林大学出版社，2009．

[11] 二水居士．一多庐太极体悟录 [M]．台北：逸文武术文化有限公司，2012．

[12] 顾留馨著,顾庄元整理.太极拳史解密[M].台北:逸文武术文化有限公司,2013.

[13] 二水居士校注.王宗岳太极拳论[M].北京:北京科学技术出版社,2016.

[14] 二水居士校注.太极功源流支派论[M].北京:北京科学技术出版社,2016.

[15] 二水居士校注.太极拳法说[M].北京:北京科学技术出版社,2016.

[16] 李天骥主编.武当绝技(秘本珍本汇编)[M].长春:吉林科学技术出版社,1988.

后　记

太极拳是近代形成的拳种，流派众多，各有特色，呈百花齐放之态，它针对意、气、形、神的锻炼方式，非常符合人体生理和心理的需求，对人的身心健康有着非常重要的促进作用。太极拳也是中国人用人体文化来表达对宇宙认识的运动形式。叶传太极拳由叶大密博采众家之长在上海所创，是近代一个非常富有特色的太极拳拳种，它融入了优秀的传统文化元素、医疗保健元素，是民族文化的一部分。

蒋锡荣先生是叶大密先生早期的主要传承人之一，他系统地继承了叶大密先生的太极拳术，经过 70 多年的不断探索研究，逐渐发展为现在极具特色的"蒋锡荣太极拳术"。蒋先生是上海武术队第一届太极拳运动员，他见证和经历了中华人民共和国成立前后的太极拳发展和变化，今年已 93 岁高龄，本书的照片和随书视频均是蒋先生 92 岁时所拍摄。看到这些照片和视频，我最大的感受是：近百岁的老人依然可以这样神采奕奕，说明得到太极拳的真谛，可以祛病延年，练习太极拳真的可以达到"太极不离手，健康随身走"的功效，所以它十分珍贵。蒋锡荣太极拳术现已成为上海地域文化的重要组成部分，目前在上海有较多的人习练。我们应该有紧迫感、有使命感、有社会责任感，继承和弘扬这种优秀的传统文化，让太极拳术的真谛为更多地世人所知，更好地造福于社会。我们应该为复兴传统文化和实现中国梦，负起国人应尽的责任。

2012 年初，有幸得到蒋锡荣先生的信任和鼓励，协助张克强老师编著《蒋锡荣太极拳术》一书，我负责其中的文字工作，几年的整理期间，也深知挖掘整理传统武术文化的艰辛和困难。我接触蒋锡荣太极拳术近十年的时间，这次整理本书前后花了几年的时间，这对我来说是一种深刻的经历，也是一次成长，更是对蒋锡荣太极拳术的一种全面学习，同时也是思想的升华。《蒋锡荣太极拳术》的出版，是对武术先辈们最好的缅怀和纪念。本书在写作过程中得到了温州叶传蒋锡荣系师兄弟的帮忙，特别是吴伯兴老师、卢宝庆老师等的帮助，以及其他武林同仁志士的大力鼓励和支持。其间，对本书的照片和视频进行处理的吴波老师和从事装帧设计的上海教育出版社的王捷老师所付出的诸多努力，在此表示感谢。同时，还要感谢上海书画界名家的题字，季陆生先生的出谋划策和陈群编辑的多次努力，为本书的成功面世画上了浓墨的一笔。最后，感谢上海教育出版社的大力支持。

由于各种原因，书中不当之处，恳请读者、武术前辈和同仁不吝指教。

本书整理者　李千里

图书在版编目(CIP)数据

蒋锡荣太极拳术 / 张克强著. —上海：上海教育出版社，
2017.11
ISBN 978-7-5444-4851-2

Ⅰ．①蒋...　Ⅱ．①张...　Ⅲ．①太极拳—基本知识
Ⅳ.①G852.11

中国版本图书馆CIP数据核字(2017)第283218号

策划编辑　季陆生　王　捷
责任编辑　季陆生　陈　群
文字编辑　郝东辉
文字整理　李千里
封面题字　张克强
装帧设计　王　捷

蒋锡荣太极拳术
张克强　著

出版发行　上海教育出版社有限公司
官　　网　www.seph.com.cn
地　　址　上海市永福路 123 号
邮　　编　200031
印　　刷　上海盛通时代印刷有限公司
开　　本　787×1092　1/16　印张 19.5　插页 21
字　　数　370 千字
版　　次　2018 年 1 月第 1 版
印　　次　2018 年 1 月第 1 次印刷
书　　号　ISBN 978-7-5444-4851-2/G·3865
定　　价　188.00 元

如发现质量问题,请向本社调换　电话 021-64377165